지구화 지방화 시대의
여성 정치

필자소개(집필순)

권수현 젠더정치연구소 여.세.연 부대표

황영주 부산외국어대학교 외교학과 교수

이진옥 젠더정치연구소 여.세.연 대표

김명희 경상대학교 사회학과 교수

하이케 헤르만스 경상대학교 정치외교학과 교수

김민정 서울시립대학교 국제관계학과 교수

이혜숙 경상대학교 사회학과 교수

김원홍 상지대학교 교양대학 초빙교수

지구화 지방화 시대의 여성 정치

초판 인쇄 2019년 1월 30일
초판 발행 2019년 2월 8일

저자 경상대학교 여성연구소 | **펴낸이** 박찬익 | **편집장** 황인옥 | **책임편집** 유동근
펴낸곳 패러다임북 | **주소** 서울시 동대문구 천호대로 16가길 4
전화 02) 922-1192~3 | **팩스** 02) 928-4683
홈페이지 www.pjbook.com | **이메일** pijbook@naver.com
등록 2015년 2월 2일 제305-2015-000007호

ISBN 979-11-965234-0-4 (93340)

* 패러다임북은 ㈜박이정출판사의 임프린트입니다.
* 책값은 뒤표지에 있습니다.

* 이 도서는 경상대학교 GAST의 지원으로 기획되고 제작되었습니다.

Globalization   localization   Women in Politics

경상대학교
여성연구소
기획도서 4

지구화 지방화 시대의
여성 정치

경상대학교 여성연구소

패러다임북

책머리에

정치란 인간이 자신의 생활에 대한 기획과 결정을 하는 행위이며 자신이 추구하는 이익과 목적을 위해서 상대방에게 영향력을 행사하는 과정이다. 정치에 참여하지 못한다면 의사결정과정에서 배제되는데 정치는 성불평등이 가장 적나라하게 드러나는 곳이다. 대부분의 사회에서 여성을 정치로부터 차단하는 구조가 일상적인 생활문화와 사회제도 속에 체계화되어 있다. 정치는 공적 활동을 의미하는 것으로 여겨왔고 개인적이고 사적인 영역을 담당하는 여성은 자연히 비정치적인 존재로 규정되어 공적인 정치 영역에서 소외되어 온 것이다.

한국에서는 1948년 정부수립과 함께 여성에게 참정권이 부여되었고 여성 총리에 이어 여성대통령이 선출되었다. 또한 여성정치할당제의 법적 제도화라는 성과를 거두었다. 여성정치할당제는 실질적으로 여성의원의 비율을 증가시켜서 과거보다는 여성의 정치참여가 증가하였다. 하지만 여성정치할당제로 인한 여성의 정치참여 확대는 여전히 비례대표를 중심으로 하는 여성할당에서 크게 벗어나지 않고 있으며 의석의 대부분을 차지하는 지역구 선출직의 경우에는 아직 부족한 실정이다. 따라서 단순히 여성의 정치참여의 수가 늘어나는 것이 여성의 정치세력화를 의미하는 것은 아니다. 여성의 정치참여의 수적 확대를 위해 진입장벽을 낮추고 많은 여성을 정치권에 진출시키는 문제와 함께 여성의 실질적인 대표성에도 관심을 가져야 한다. 또한 여성의 정치세력화는 단순히 여성의 정치적 대표성 확대만을 의미하는 것이 아니라 여성의제나 여성관련 쟁점에 대한 세력화, 사회전체를 성평등한 사회로 바꾸는 방향으로의 여성운동의 대중화 등의 측면으로도 살펴보아야 한다.

지구화 지방화 시대 여성의 정치참여의 확대와 정치세력화가 중요하고 이에 대한 논의들이 좀 더 대중적으로 확산되어야 한다는 문제의식에서 이 책은 기획되었다. 경상대 여성연구소 기획도서의 하나로 출발했지만 필자들은 모두 여성의 정치참여와 정치세력화에 관심을 두고 연구하거나 관련 단체에서 활동해 왔으며 이러한 문제의식을 공유하고 있다고 하겠다.

이 책은 2부 8장으로 이루어졌다. 1부에서는 여성의 대표성과 정치세력화 운동을 다루었는데 1장에서는 한국정치의 맥락 속에서 여성할당제와 여성대표성의 관계, 할당제에 대한 정치권 내 남성정치인들의 저항, 여성대표성이 가진 딜레마와 정당의 역할 등을 검토해보고, 현재 여성할당제를 둘러싼 교착상태를 타개하고 모두를 위한 대표성 강화와 더 나은 민주주의를 위한 새로운 전략으로써 남성할당제와 남녀동수를 제시하고 있다. 2장에서는 국제정치를 규범적으로 파악하면서 남성들이 구축한 조악한 현실을 비판하고, 일원적 사유보나는 교차적 사유를 하는 특징을 가지고 있는 페미니즘 국제정치학을 다루고 있으며 특히, 국가안보, 국제정치경제, 지구화 영역에 대하여 페미니즘 국제정치학이 제시하는 새로운 대안과 관점을 다루었다.

3장에서는 여전히 여성은 과소대표되고 남성은 과잉대표되고 있음에도 불구하고 여성정치세력화 운동은 최근 공백 상태에 있다는 문제의식에 천착하여 여성정치세력화 운동을 둘러싼 담론에 대한 비판적 분석으로 출발한다. 그리고 여성의 대표성 확대 및 페미니스트 정치적 대표성을 위해 여성운동과 정당과의 관계를 재구성할 것과 전략적 제휴 관계를 위한 과제들을 제시하였다. 4장은 오늘날 일본군'위안부' 문제를 둘러싼 역사적 트라우마가 공적 기억의 일부로 부상하게 된 과정을 시인(recognition)의 정치라는 관점에서 다시 읽어낸다. 특히 이 글은 한국의 '교과서'와 '평화의 소녀상'에 재현된 일본군'위안부'의 사회적 기억을 매개로 피해자와 청중의 접촉-근접성 공간이 확장되는 메커니즘에 주목하고 있다.

2부는 지방선거와 여성정치의 측면을 살펴보았는데 5장에서는 1995년 지방선거가 본격적으로 시작된 이래 지방의회 선거와 여성후보자의 성격을 중앙선거관리위원회의 선거통계시스템 자료를 분석하여 구체적으로 살펴보았다. 6장에서는 2018년 지방선거를 중심으로 선거에 출마한 여성들은 누구이며 어떤 여성들이 당선 되었는지를 살펴보면서 여성후보 당선에 영향을 미치는 요인을 검토하였다. 이와 더불어 여성당선자의 비율을 높이기 위한 제도의 중요성을 과제로 제시하고 있다.

7장은 지방선거와 여성의 정치참여 흐름을 정리하면서 여성주의적 관점에서 2018년 6.13 지방선거에 나타난 여성의 정치참여 현황과 성격을 검토하였다. 특히 경남지역을 중심으로 여성의 정치참여 현황을 정당별, 성별, 시군별로 구체적으로 검토함으로써 지역현실에 기반한 여성정치세력화의 방향과 과제를 제시하고 있다. 8장은 지방화시대를 맞아 여성의 대표성을 중심으로 한 지방선거의 역사와 동향을 살펴보았다. 역대 지방선거에서의 여성의 대표성 관련 선거법·제도를 살펴보고, 이러한 선거법과 제도의 변화가 지방선거 여성대표성에 미친 영향을 살펴보고 향후 과제를 제시하고 있다.

지구화 지방화 시대 여성정치에 대해서 쓰면서 전체적으로 통일성을 갖추고자 하였으나 각 주제별로 개별 집필진이 자유롭게 쓰다 보니 내용이 겹치는 부분도 있고 다루지 못한 부분도 있다. 그러나 이왕 책이 나왔으니 이 책이 여성의 정치참여 확대와 정치세력화에 관심을 두고 있는 일반 대중이나 연구자들, 여성정치지망생, 여성의원들에게 조금이나마 도움을 주었으면 하는 바람이다. 끝으로 어려운 출판 환경에서도 이 책의 출판을 기꺼이 맡아주고 편집을 위해 애 쓰신 패러다임북 측에 깊은 감사를 드린다.

2018년 10월
저자 일동

차례

제1부

여성의 대표성과
정치세력화 운동

제1장
여성할당제 너머: 남성할당제와 남녀동수[1]

권수현(젠더정치연구소 여.세.연 부대표)

1. '남자뿐인' 후보를 소개합니다

제7회 전국동시지방선거(2018 .6. 14.)를 한 달 정도 앞두고 더불어민주당은 '광역단체장 후보를 소개합니다!'라는 제목으로 17개 지역 광역단체장 후보들의 얼굴을 표시한 이미지를 자당 홈페이지에 올렸다(〈그림 1-1〉 참조). 이들 후보의 성별은 모두 남성이었고 연령은 50대 이상이었다. 이에 한국여성단체연합은 "더불어민주당 광역단체장 '남자뿐인' 후보를 소개합니다!"라는

---

1 이 글은 한국젠더법학회가 주최한 '2018년 춘계학술대회'(2018년 4월 28일)에서 발표한 논문을 수정한 것입니다

제목과 함께 패러디 이미지를 올리고 '더불어민주당 광역자치단체장 후보 중 여성 0명, 여성후보 공천 없이는 성차별·성폭력 사회구조를 변혁할 수 없다'는 내용의 성명서를 발표했다(한국여성단체연합 페이스북 2018. 5. 3.). 한국여성단체연합이 성명서를 올린 페이스북에는 짧은 시간 안에 500여 개의 댓글이 달렸는데 "그만 징징거려라, 가산점 받고도 떨어지면 여성이 무능력한 것 아니냐, 당 지도부한테 떼써서 쉽게 후보될 생각만 한다, 성별 문제가 아니라 능력 문제다"와 같은 내용이 다수를 차지했다.

〈그림 1-1〉 6·13 지방선거 더불어민주당 광역단체장 후보 포스터

더불어민주당 광역단체장 후보 소개 포스터   한국여성단체연합이 패러디한 포스터

자료: 더불어민주당 홈페이지와 한국여성단체연합 홈페이지 참조

한국여성단체연합 페이스북은 현재 약 5,900명 정도가 팔로우를 하고 있으나 올라오는 게시물에 '좋아요'와 같은 반응을 하는 사람은 평소 100명을 넘는 경우가 많지 않을 정도로 대중적인 계정이 아니다. 수많은 게시물 중에서 유독 더불어민주당 광역단체장 후보 전원이 남성이라는 한국여성단체연합 비판성명에 왜 그렇게 많은 사람들이 또는 동일한 사람이 비슷한 내용의 반박 댓글을 남겼을까? 한국여성단체연합의 성명을 둘러싸고 벌어진 이 현상은 우선적으로 남성들(과 일부 여성들)의 여성할당제에 대한 거부감이나 저항감이 상당히 크다는 것을 보여준다. 그리고 그 거부감과 저항감 이면에는 여성할당제가 능력이 없는 여성에게 혜택을 주는 제도라는 편견이 강하게 자리 잡고 있다는 것을 말해준다.

여성할당제에 대한 거부감과 저항감이 생기게 된 데는 여러 가지 요인이 복잡하게 작용하고 있지만 무엇보다 한국의 할당제가 정치적 차원에서도 정당들 그리고 정치인들 간에 충분한 숙고와 합의에 기초해 도입된 제도가 아니라는 점이 중요한 요인으로 작용하고 있다. 한국의 여성할당제 도입은 할당제 채택이라는 세계적 변화의 흐름과 한국 여성단체들의 외부적 압력 하에서 국회의원 당사자들의 실리가 맞아떨어지면서 도입되었고 따라서 쉽게 반격의 대상이 될 수도 있고, 다수(의 남성정치인들)의 힘으로 몰아붙이면 철회될 수도 있는 허약한 제도적 기반을 갖고 있다.

더욱이 제도에 대한 이해와 수용도가 낮은 상황 속에서 형식적 수준에서 여성할당제를 적용하거나 정당의 이해관계를 극대화하기 위한 방식으로 여성할당제를 활용해오다보니 할당제에 대한 편견도 함께 커졌다고 할 수 있다. 현재 법에 명시된 여성할당제가 그나마 지켜지고 있는 영역은 비례대표 공천이다. 그런데 의회정치에서 정당들은 스스로 비례대표제를 전(全)국구가 아닌 '전(錢)국구'로 풍자하거나 '비리'대표라고 희화화하면서 스스로 비례대표(제)의 위상을 낮추고 폄하하고 있다(이진옥 · 황아란 · 권수현, 2017: 215).

이러한 상황 속에서 비례대표 50% 여성할당 이후에 발생한 공천 오류는 성별화된(gendered) 방식으로 재현되었다. 비례대표 공천비리는 18대 총선의 친박연대 양정례, 19대 총선의 새누리당 현영희, 20대 총선의 국민의당 김수민 등 여성의 몸에 각인되어 기억되고 있으며, 20대 총선에서 새누리당의 파행적인 공천은 정부와 여당의 기조에 충실히 협조했던 비례대표 여성당선자들(비례5번 최연혜, 비례7번 신보라, 비례9번 전희경, 비례15번 김순례)로 집약된다(이진옥 · 황아란 · 권수현, 2017: 219−220). 이들 여성은 능력 없는 여성이라거나 비리 여성이라는 낙인을 받게 되었고 정치권 스스로가 만들어낸 비례대표제와 여성할당제에 대한 편견은 시민들의 편견으로 확산되었다.

여성할당제는 한국정치에서 단순히 여성의 수만 늘리는 것이 아니라 의회에서 논의되는 의제의 다양성을 확대하는 등 긍정적인 효과를 가져왔고 더 많이 가져올 수 있음에도 불구하고 제도설계(institutional design) 자체에 내재한 한계와 제도에 대한 정치권 안팎의 저항과 편견(이자 낙인)에 직면해있는 상태이다. 이러한 교착상태는 여성할당제에 대한 재검토만이 아니라 여성대표성, 정당의 역할, 대표의 자질 등 한국정치 전반에 대한 재검토를 요구한다.

이에 이 글은 한국정치의 맥락 속에서 여성할당제와 여성대표성의 관계, 할당제에 대한 정치권 내 남성정치인들의 거부감, 여성대표성이 가진 딜레마와 정당의 역할 등을 검토해보고, 현재 여성할당제를 둘러싼 교착상태를 타개하고 모두를 위한 대표성(representation for all) 강화와 더 나은 민주주의를 위한 새로운 전략으로써 남성할당제와 남녀동수를 제시해보고자 한다.

2. 한국 여성할당제와 여성대표성의 상관관계

해방 이후부터 한국 여성들은 여성의 정치참여를 요구했다. 남조선과도입법의원 선거를 앞둔 1946년 9월, 독립촉성애국부인회, 독립촉성여자청년단, 조선여자국민당, 불교여성총연맹, 여자기독청년연합회 등 5개 여성단체들은 러치(A. Lerch) 장관에게 입법의원 중 1/3을 여성에게 할당할 것을 요구하는 진정서를 제출했고, 남조선과도입법의원[2]이 구성된 이후에 진행된 '입법의원선거법' 제정논의 때는 여성의원 1/4을 요구했다(권수현, 2014: 46).

이러한 여성들의 정치참여 요구가 법제화된 것은 50년 이상이 지난 2000년이다. 16대 총선을 앞두고 정당법이 개정되면서 "정당은 비례대표 전국선거구 국회의원 선거후보자와 비례대표 선거구 시·도의회의원선거 후보자 중 100분의 30이상을 여성으로 추천하여야 한다"는 조항(제31조 4항)이 신설되었다. 이후 여성할당제는 〈표 1-1〉과 같은 과정을 거쳐 현재에 이르고 있다.

〈표 1-1〉 여성할당제의 변화

년도	국회	광역의회	기초의회
2000년	• 비례대표 후보 30% 이상 여성 추천 (의무사항)		
2002년		• 비례대표 후보 50% 이상 여성 추천 + 명부 교호순번제 (의무사항) + 위반 시 등록 무효	

2　1946년 10월 선거를 거쳐 동년 12월 12일 '남조선과도입법의원'이 구성됐다. 관선의원 45명과 민선의원 45명으로 총 90명으로 구성되었으며, 네 명의 여성(신의경, 박승호, 박현숙, 황시덕)이 미규정에 의해 관선의원으로 뽑혀 입법의원에 참여했다.

년도	국회	광역의회	기초의회
		• 지역구 후보 30% 여성 추천 (권고사항) + 여성추천보조금 지급	
2005년	• 지역구 후보 30% 이상 여성 추천 + 여성추천보조금 지급 • 비례대표 후보 50% 이상 여성 추천 + 명부 교호순번제		• 지역구 중선거구제 실시 • 지역구 후보 30% 이상 여성 추천 • 비례대표 후보 50% 이상 여성 추천 + 명부 교호순번제 + 위반 시 등록 무효
2006년			• 지역구 여성추천보조금 지급
2010년		• 광역의회나 기초의회 선거 중 한 선거에서 국회의원 지역구마다 1명 이상을 여성으로 추천(일부 지역 제외) + 위반 시 등록 무효	
2018년	• 비례대표 후보 명부 위반 시 등록 무효		

자료: 국회법률정보시스템 내용을 바탕으로 직접 재구성

한국 여성대표성의 변화는 〈그림 1-2〉와 같다. 여성의원 비율이 유의미하게 변화한 시점은 여성할당제가 법적으로 도입된 시점과 일치한다. 특히 비례대표 후보 50% 여성할당이 의무화되고 이것이 처음으로 적용된 모든 선거에서 여성의원 비율이 이전보다 유의미하게 상승했다. 국회는 2004년 17대 총선에서 여성의원 비율이 16대 5.9%에서 13.0%로 두 배 이상 증가했고, 광역의회도 2002년 선거에서 이전 6.1%에서 9.2%로 3.1%p 증가했다. 기초의회는 2006년 선거에서 이전 2.2%에서 15.1%로 7배 이상 증가했다.

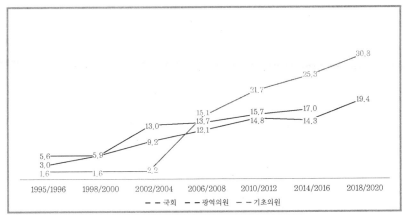

〈그림 1-2〉 여성의원 비율 변화: 국회·광역·기초

자료: 중앙선거관리위원회 선거통계시스템 자료를 활용해 직접 작성

여성의원 비율 증가에 있어 한국의 법적 할당제(legislative quota)가 제도적 효과를 발휘한 것은 사실이지만 그 효과는 제한적이었고 이제는 현 제도만으로 할당제 효과를 기대하기 어려운 상황이 되었다. 할당제가 본격적으로 실시된 2004년 17대 총선부터 2016년 20대 총선까지 12년 동안 국회 여성의원 비율은 4%p밖에 증가하지 않았다. 광역의회는 2014년 선거 때 오히려 이전(14.8%)보다 0.5%p 하락한 14.5%를 기록했다. 물론, 2018년 지방선거에서 광역의회 여성의원 비율은 19.4%로 4년 전보다 5.1%p 증가했다. 기초의회 여성의원 비율은 2006년부터 지속적으로 증가했고 2018년 지방선거에서 30.8%로 임계량(critical mass)을 달성했다.

문제는 한국 의회구조가 국회 〉광역〉기초 순으로 위계화 되어 있는 동시에 기초의회가 보유한 권한이나 권력이 세 층위 중에서 가장 적다는 점에서 여성의원 증가가 성별화된 방식으로 진행되고 있다는 점이다. 또한 의회정치 70년 동안 여전히 여성이 진출하지 못한 영역이 존재한다는 것도 문제이다. 전국동시지방선거가 실시된 지 20년 이상이 지나고 있지만 지난 7번의 지방선거에서 광역단체장 후보 399명 중 여성후보는 단 16명(4.0%)이었으며, 당선된 여성후보는 한 명도 없다.

현재 한국의 법적 할당제가 지금보다 더 나은 제도적 효과를 갖기 위해서는 추가적인 제도 개혁이 이뤄져야 한다. 무엇보다 절대적으로 적은 비례대표 의석수를 증가시켜야 하며, 연동형 비례대표제로 선거제도를 변경해야 한다. 그리고 유명무실화되고 있는 지역구 후보 30% 여성할당을 의무조항으로 변경해야 하며, 지역구와 비례대표 모두 할당조항을 지키지 않았을 경우에 정당이 받는 불이익이 할당조항을 지켰을 경우에 정당이 받는 이득보다 크게 만들어야 한다. 프랑스는 남녀동수 공천할당과 관련해 지방의회선거 비례대표 명부작성을 위반할 경우에 해당 정당의 후보자 명부를 접수하지 않으며, 소선거구 다수대표제로 후보를 선출하는 하원의원선거 후보공천에서 남녀동수 원칙을 지키지 않은 정당에 대해서는 정당보조금을 삭감하도록 하는 제재조항을 두고 있다(윤이화·하세현, 2014: 351).

또한 여성추천보조금 지급 방식도 변경되어야 한다(〈표 1-2〉 참조). 현재의 방식은 기득권을 유지하고 있는 거대정당에 절대적으로 유리하고, 소수정당에게는 절대적으로 불리하며, 어느 정당에게도 여성을 30% 이상 후보로 추천할 유인을 주지 못하는 방식이다. 여성추천보조금은 정당의 국회의석수나 (이전 선거에서의) 득표율이 아닌, 각 정당이 공천한 지역구 여성후보 비율을 기준으로 배분·지급해야 한다.

<표 1-2> 여성추천보조금 지급 방식: 정치자금법 제26조(2016년 1월 기준)

30% 이상	15% 이상 ~30% 미만	5% 이상 ~15% 미만
• 보조금 총액(당해 연도에 책정된 총액(=유권자 총수 × 100원) 중에서 50%)의 40%는 지급 당시 정당별 국회의석수 비율에 따라 + 40%는 최근 국회의원선거에서 정당이 얻은 득표수 비율(비례와 지역구에서 정당이 얻은 득표수 비율의 평균)에 따라 + 잔여분은 각 정당이 추천한 지역구 여성후보자수의 합에 대한 정당별 지역구 여성후보자수 비율에 따라 배분/지급	• 보조금 총액의 50%를 앞의 기준에 따라 배분/지급	• 보조금 총액의 30%를 앞의 기준에 따라 배분/지급

자료: 국회법률정보시스템 홈페이지

할당제에 대한 제도개혁 요구는 오래 전부터 있어 왔고 구체적인 개혁내용 또한 이미 마련되어 있다. 그러나 국회는 할당제 개혁안에 대해 심도 있는 논의를 진행하지 않았으며, 이는 20대 국회도 다르지 않다. 2017년 7월 17일, 젠더정치연구소 여·세·연, 한국여성단체연합, 한국여성정치연구소가 공동으로 청원한 할당제 개혁안(청원번호 2000110) 중에서 20대 국회는 비례대표 여성후보자 추천 비율과 순위 위반 시 후보자 등록 신청 수리를 거부하고, 등록을 무효화하는 내용만을 수용했다.[3] 국회에서 할당제 개혁이 이뤄지지 않은 데는 여러 가지 요인이 있지만 무엇보다 할당제에 대한 (주로 남성) 의원들의 보이지 않는 거부감이 중요한 영향을 미치고 있다고 할 수 있다.

---

[3] 이러한 내용의 공직선거법 개정안은 2018년 3월 30일 국회 본회의에서 통과되었다(금강일보 2018. 4. 1.).

3. 여성할당제에 대한 남성 정치인들의 백래쉬

한국에서 할당제는 여성단체들의 지속적인 요구와 압력, 정치개혁에 대한 전 사회적인 요구, 할당제 확산이라는 국제적 흐름 등이 정당과 국회를 압박했고, 이 과정에서 여성대표성 제고라는 명분보다 지역구 국회의원들의 기득권을 침범하지 않아야 한다는 국회의원들의 전략적 이해관계가 더 크게 작동하면서 채택되었다(전진영, 2013: 47). 이렇듯 할당제는 할당제의 필요성과 유의미성에 대해 의원들과 정당들 사이에 충분한 공유가 이뤄지지 않은 상황에서 도입되었고 지속적으로 절대 다수를 차지하는 남성 정치인들의 저항에 직면하고 있다(권수현, 2017: 91).

이러한 저항이 정치권에서 노골적으로 나타나기 시작한 것은 20대 총선이다. 20대 총선을 앞두고 원내 거대정당들(새누리당과 더불어민주당)은 야합을 통해 비례대표 의석을 54석에서 47석으로 축소했고, 비례대표 명부 작성원칙도 지키지 않았다. 더불어민주당은 당선가능 순번으로 점쳐진 15번에 여성이 아닌 남성을 배정함으로써 홀수순번의 여성후보 추천규정을 위반했고, 비례대표 여성후보 비율을 60%로 확대하겠다고 약속한 새누리당은 당선 가능성이 낮은 후순위에 여성들을 배치하는 꼼수를 부렸다.

또한 정당의 대표가 자당의 여성들이 모인 자리에서 여성에 대한 혐오를 거침없이 드러내기도 했다. 2015년 8월 20일, '국민이 원하는 여성정치인 여성정치참여의 양적·질적 확대를 위한 토론회'에서 새누리당(현 자유한국당) 김무성 전 대표는 "여성 국무위원 숫자는 94위, 여성 최고지도자 숫자는 39위, 합계 93위다. (순위가) 나쁜 것에 대해서 남성의 책임이라고 미루는 게 사실 아닌가. … 여러분 정신이 거기에 머물러있으면 절대로 여성 숫자가 안 올라간다"며 "정신 차려라. 모두 여성들 책임이다. 떼쓰지 말고 스스로 개발하고 노력해야 한다"(여성신문 2015. 9. 19.)며 여성의 노력 부족을 질타했다. 그리고 2016년 2월 3일, 새누리당 '20대 총선 여성예비후보자대회'에서도 김무성 전 대표는 야당 여성후보를 "꽃꽂이 후보"(서울신문 2016. 2. 3.)로 비하했다.

할당제를 반대·거부하는 이유는 다양한데 가장 많이 제기되는 반대논리 중 하나가 '(남성에 대한) 역차별'이라는 것이며, 다른 하나는 '능력 없는 여성이 정치에 진입'하거나 '일부 여성만이 상징적으로 등용'될 뿐이라는 것이다. 이와 관련해 20대 국회의원을 대상으로 실시한 설문조사[4] 결과를 살펴보면((그림 3) 참조), 응답한 남성의원 109명 중 27명(22.3%)이 '할당제는 역차별이다'라는 데 대해 (다소 그리고 매우) 동의한다는 입장을 밝혔다. 반면, 응답한 여성의원 37명 중에서는 한 명도 이에 동의하지 않았다. 그리고 '할당제는 일부 여성들이 상징적으로 등용되는 효과가 있다'에 대해서는 남성의원 122명 중 50명(41%)이 (다소 그리고 매우) 동의한다는 입장을 밝힌 반면, 여성의원(37명) 중에서는 2명(5.4%)만이 동의한다고 밝혔다. 또한 '할당제는 필요 없으며, 능력을 바탕으로 선출하는 것이 좋다'에 대해서도 남성의원(121명) 중 31명(25.6%)이 (다소 그리고 매우) 찬성했으며, 여성의원(38명) 중에서는 1명(2.6%)만이 찬성했다(신기영, 2017: 43-44).

---

4 이 설문조사는 한국연구재단으로부터 일반공동연구 지원(연구기간: 2016. 11-2018. 10)을 받은 ReGINA(Research on Gender Inequalities in the National Assembly) 연구팀이 2017년 2월부터 3월까지 한 달 동안 실시한 것이며, 의원 299명 중 163명(회수율 54.3%)이 응답했다

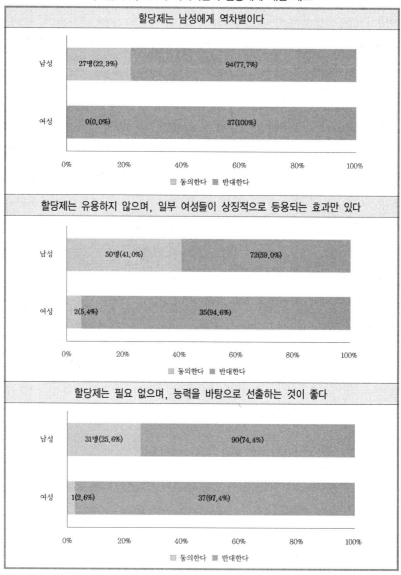

〈그림 1-3〉 20대 국회의원의 할당제에 대한 태도

할당제는 남성에게 역차별이다

남성 27명(22.3%) 94(77.7%)

여성 0(0.0%) 37(100%)

0% 20% 40% 60% 80% 100%

▨ 동의한다 ▨ 반대한다

할당제는 유용하지 않으며, 일부 여성들이 상징적으로 등용되는 효과만 있다

남성 50명(41.0%) 72(59.0%)

여성 2(5.4%) 35(94.6%)

0% 20% 40% 60% 80% 100%

▨ 동의한다 ▨ 반대한다

할당제는 필요 없으며, 능력을 바탕으로 선출하는 것이 좋다

남성 31명(25.6%) 90(74.4%)

여성 1(2.6%) 37(97.4%)

0% 20% 40% 60% 80% 100%

▨ 동의한다 ▨ 반대한다

자료: 〈대한민국 제20대 국회의원 정치대표성 인식조사〉 설문조사 자료(raw data)

앞서 인용한 설문조사에는 "국회의원 비율은 남녀 어느 한 성의 비율이 60%를 넘지 않아야 한다"는 문항이 포함되어 있다. 이는 남녀동수(parity) 또는 성균형(gender balance) 의회에 대한 규범적 선호를 묻는 것으로 이 질문에 대한 20대 국회의원들의 응답은 찬성 45%, 반대 55%로 나타났다. 특히 이러한 태도에 성별 차이가 존재하는지를 살펴본 결과, 여성의원은 응답자 중 4/5 이상이 찬성하는 반면, 남성은 1/3 정도만 찬성하는 것으로 나타났다 (신기영·황아란, 2017: 42). 이는 한국 의원들 전체가 아직까지 규범적 차원에서도 남녀동수/성균형 의회를 수용하고 있지 못하며, 특히 남성의원들에게서 이러한 경향이 더 크게 존재한다는 것을 보여준다.

이러한 인식은 정부라고 다르지 않다. 국회의 개헌논의가 교착상태에 빠지면서 2018년 6월 13일에 실시되는 지방선거에서 개헌투표가 이뤄지지 못할 것을 우려한 문재인 정부는 2월 초에 '국민헌법자문특별위원회'를 구성하고 한 달 동안의 의견수렴 과정을 거쳐 3월 20일 대통령 개헌안을 발표했다. 이 과정에서 여성단체들은 다양한 통로를 이용해 청와대 개헌안 작업에 영향력을 미치고자 했다. 2018년 3월 16일, 2005년 호주제 폐지 이후 처음으로 진보와 보수 여성단체들(한국여성단체연합, 한국여성단체협의회, 한국YWCA연합회, 한국여성유권자연맹, 한국여성정치연맹, 헌법개정여성연대, 한국여성정치연구소, 젠더정치연구소 여.세.연, 젠더국정연구원)이 모여 '성차별 해소를 위한 개헌여성행동'을 구성했고, 3월 19일에 기자회견을 열어 "여성에 대한 차별과 폭력을 해소하고 실질적 평등을 실현하기 위하여 적극적 조치를 실행하여야 하며, 선출직 임명직의 공직 진출에서 여성과 남성의 동등한 참여권을 보장하기 위하여 노력해야 한다"는 내용을 정부 개헌안에 포함시킬 것을 촉구했다.

그러나 문재인 정부의 개헌안에 '여성과 남성의 동등한 정치참여'와 관련한 내용은 포함되지 않았다. 2018년 1월 말부터 지속되고 있는 #미투운동의 근본적 원인이 성차별적이고 성불평등한 남성 중심의 권력관계에 있음에도 불구하고 문재인 정부는 근본적인 원인을 해결할 수 있는 규범이자 지침이 될 수 있는 조항의 수용을 거부했다.

이 외에도 '페미니스트 대통령'을 외쳤던 문재인 정부는 후보 시절에 '대통령 직속 성평등위원회 설치'를 공약으로 내걸었으나 취임 이후에 100대 국정과제를 제시하면서 '대통령 직속 성평등위원회 설치 추진'으로 한 발 후퇴했다. 그리고 한국의 강간문화를 옹호하는 저작을 발표했고, 이를 보도한 언론사 중 유독 〈여성신문〉만을 상대로 손해배상 소송을 진행하고 있는 탁현민 행정관을 여전히 고용하고 있다.

또한 문재인 대통령은 불법촬영 편파수사에 대한 여성들의 항의에 대해 단순한 수치만을 제시하며 여성들의 주장이 "맞지 않다, 상식이 아니다"라고 반박했을 뿐 아니라 여성들의 문제제기를 성적 수치심과 명예심 때문인 것으로 축소·왜곡해버렸다.

> "편파수사라는 말은 맞지는 않다. … 일반적인 처리를 보면 남성 가해자의 경우에 더 구속되고 엄벌이 가해지는 비율이 더 높았고 여성 가해자인 경우는 일반적으로 가볍게 처리됐다. … 그게 상식이다. … 여성들의 성과 관련된 수치심, 명예심에 대해서 특별히 존중한다는 것을 여성들이 체감할 수 있도록 해 주어야 여성들의 원한 같은 것이 풀리지, 이대로 가다가는 정말 큰일 날 것 같다."(아시아경제 2018. 7. 3.)

더욱이 청와대 보도자료와 언론을 통해 나타나는 문재인 대통령과 김정숙 여사의 모습은 이성애 부부와 자녀로 구성된 가족만을 정상가족으로 이상화하며 그 가족 속에서 남편을 내조하는 아내의 역할을 강조함으로써 전통적인 가부장적 가족 이데올로기를 공고화하는 데 기여하고 있다.

여/성문제에 있어서 문재인 정부는 박근혜 정부와 크게 다르지 않다. '여성' 대통령을 내세우며 당선된 박근혜 정부에 여성이 존재하지 않았듯이 '페미니스트' 대통령을 내세우며 당선된 문재인 정부에도 페미니즘과 페미니스트들은 존재하지 않는다. 정부를 비롯한 정치가 페미니스트들의 언어를 맥락을 제거한 채 갈취해 남용함으로써 페미니스트들이 오랜 시간 구축해온 페미니즘을 왜곡하고 있을 뿐 아니라 여성의 목소리가 온전히 전달되는 것을 막고 있다.

#미투운동의 확산에도 불구하고 정부와 의회가 성차별과 성불평등을 해소하는 데 소극적인 모습을 보이는 데는 한국 보수 개신교 집단의 조직적이고 집단적인 압력과 영향력도 무시할 수 없다. 보수 개신교 집단은 국회 개헌논의가 진행 중이던 2017년 7월 27일, '동성애·동성결혼 개헌반대 국민연합'(이하 '동반연')을 발족하고 '양성평등 찬성, 성평등 반대', '성평등=동성애·동성결혼 합법화'라는 프레임을 들고 개헌과정에 적극적으로 개입했다. 동반연은 유교·불교·천주교·개신교 등 종교계와 300여개 시민·사회단체가 연합한 단체라고 말하지만 실제는 보수 개신교 단체들이 주도적인 역할을 하고 있다 (김은주·이진옥·권수현·황연주, 2018: 57).

동반연은 국회 헌법개정 특별위원회(이하 '국회개헌특위') 의원들에게 수천통의 항의문자를 보내고 국회개헌특위 홈페이지에 성평등 개헌 반대를 연달아 수십 수백 건씩 올리고, 국회개헌특위가 주최한 개헌국민대토론회에 조직적으로 참여해 자신들의 주장을 일방적으로 말하고, 다른 의견을 가진 사람들의 발언에 야유를 보내고 물리적 위협을 가하기도 했다. 또한 19대 대통령 후보들뿐만 아니라 김이수 헌법재판소장 후보와 김명수 대법원장 후보를 상대로 동성애에 대한 입장을 밝힐 것을 집요하게 요구했고, 여성가족부가 주최하는 제2차 양성평등기본계획 공청회에 난입해 공청회를 무산시켰으며, 광화문 정부서울청사 앞에서 여성가족부 해체와 정현백 장관 사퇴를 요구하는 시위를 벌였다. 그리고 성소수자 특집 방송을 한 EBS를 찾아가 〈까칠남녀〉 프로그램의 폐지와 출연자 하차를 요구했고, 충남인권조례 폐지에도 적극 개입했다.

이러한 활동을 통해 동반연은 소기의 성과를 거두었다. 자유한국당 국회 의원들은 동반연의 주장을 그대로 국회개헌특위 회의에서 읊으면서 성평등 반대에 적극 나섰고, 상대적으로 진보적인 정당의 국회의원들은 침묵으로 동조했다. 그리고 김이수 헌법재판소장 후보자는 낙마했고, 여성가족부는 '함께하는 성평등, 지속가능한 민주사회'라고 명시했던 비전을 '여성과 남성이 함께 만드는 평등하고 지속가능한 민주사회'로, '성평등 시민의식의 성숙'이라는 목표를 '성숙한 남녀평등 의식 함양' 등으로 변경한 '제2차 양성평등 정책 기본계획'을 발표했다(경향신문 2017. 12. 20.). 또한 EBS의 〈까칠남녀〉에 출연 중이던 은하선씨는 하차 통보를 받았고 프로그램도 조기종영되었으며, 충남인권조례도 폐지되었다.

동반연의 양/성평등 담론 왜곡과 정치권을 비롯한 모든 영역을 대상으로 한 전방위적인 압력은 2018년 1월 말부터 시작된 미투운동의 열기 속에서 잠시 소강상태를 맞고 있다. 그러나 정치권은 여전히 보수 개신교 세력의 눈치를 살피고 있다. 보수 개신교 세력이 선거에 미치는 조직적인 영향력을 무시할 수 없기 때문이다. 그리고 권력과 조직력과 자금을 갖고 있는 동반연의 활동은 언제든 다시 재기될 가능성이 높다. 이들이 퍼트리는 왜곡된 양/성평등 프레임을 대체할 새로운 프레임을 만들고 이를 확산시키지 못한다면, 2018년 한국사회를 지배하고 있는 차별과 혐오는 성적 지향과 성별 정체성만이 아니라 성별, 계급, 종교, 인종, 연령, 장애 등 자신들이 설정한 기준에 맞지 않는 소수집단에 대한 차별과 혐오로 확산될 수 있다. 실제 동반연은

'양성평등 찬성, 성평등 반대'를 외치면서 성수소자에 대한 혐오만이 아니라 이주민, 특히 무슬림에 대한 혐오를 노골적으로 드러내고 있다.

> "샤리아법은 노출이 심한 여성이 길을 지나갈 때 강간할 수 있도록 허용하는 법입니다. … 무슬림들은 아내를 때려도 된다는 것이 코란에 있습니다. … (제5차 국민개헌대토론회 회의록, 85-86쪽).", "이슬람이 지금 몰려오고 있습니다. … 이슬람이 오면 4명 이상 부인을 두고 다산을 하면 학교와 교육 … (제9차 국민개헌대토론회 회의록, 87쪽)", "스웨덴은 강간의 92%가 이슬람 난민에 의해 자행되었다고 … (제11차 국민개헌대토론회 회의록, 59).

4. 여성대표성의 딜레마, 정당의 책임은 없나?

그동안 여성대표성 연구는 의회에서 여/성(women and gender)의 이해가 대변되기 위해서는 여성의원 비율이 최소한 30%(임계량: critical mass)가 되어야 한다고 이야기해왔다. 즉 여성의원 비율이 최소 30% 또는 35-40%가 되어야지만 여성친화적인 또는 페미니스트적인 정책이 현실화될 수 있다고 주장해왔다(Dahlerup, 1988; Kanter, 1977; Studlar and McAllister, 2002). 여성의원 비율이 절대적으로 낮거나 초선인 여성의원이 많을 경우에는 여/성을 위한 목소리를 내기보다는 정당의 결정이나 의견을 따를 수밖에 없는 가능성이 높기 때문이다(Beckwith, 2007; Debus and Hansen, 2014). 한국의 여성의원들, 특히 비례대표 여성의원들 또한 정당 구속력으로 인해 개인의 신념이나 소신보다는 당론의 영향을 많이 받으며, 따라서 자유로운 의사표현과 활동이 불가능한 경우가 많은 것으로 나타났다(윤이화, 2009: 83).

임계량 이론(critical mass theory)은 여성의 수적 증가를 의미하는 기술적 대표성(descriptive representation)의 증가가 여성의 이해(women's interests)를 대표하는 실질적 대표성(substantive representation)의 증가로 자연스럽게 연결될 것이라고 주장해왔다. 왜냐하면 남성보다는 여성이 여성의 이해를 더 잘 대표할 것이라고 가정했기 때문이다. 그리고 여러 연구들은 여성의원이 증가할수록 여성친화적인 정책(women-friendly policy)이 형성되는 경향을 보여줌으로써 임계량 이론을 경험적으로·실증적으로 뒷받침해주었다(Bratton and Ray, 2002; Celis, 2006).

그런데 여성의원 비율이 30%가 되지 않는다고 해서 또는 30%가 되기 전까지 여성의원은 여성의 이해를 대변하지 못할까? 여성의원이 남성의원보다 여성 관련 의제에 더 많은 관심을 보이고, 그에 대해 더 많이 발언하고, 더 많은 관련 법안을 제출해왔다는 국내 연구결과들은 여성의원 비율이 30%가 되지 않는다고 하더라도 여성의 이해를 대변하는 것이 충분히 가능하나는 것을 보여준다(김원홍·이현출·김은경, 2007; 김원홍·윤덕경·최정원, 2008; 김원홍·양경숙·정형옥, 2009; 김은경, 2010; 박숙자·김혜6, 1999; 박영애·안정화·김도경, 2011; 서복경, 2010; 엄태석, 2010; 이혜숙, 2014; 전진영, 2009; 최정원·김원홍·윤덕경, 2007). 실제 한국 여성정책사에 있어 중요한 변화들이 이뤄졌던 시기는 지금보다 여성의원 비율이 낮았던 16-17대 국회였다.

한편, 여/성문제에 관심이 없을 뿐만 아니라 남성성(masculinity)을 내재한 여성들이 정치영역에 진입하고 이들이 다수를 차지할 때 과연 이들이 여성의 이해를 대표하는 역할을 할 수 있을까? 20대 국회 여성의원 비율은 17%로 17대 때보다 4%p 증가했지만 20대 여성의원이 17대 여성의원보다 여/성문제에 더 많은 관심을 보인다고 할 수 없다. 오래 전부터 제기되어 온 성별 임금격차와 여성대표성 문제뿐 아니라 낙태(임신중절), #OO 내 성폭력, 군형법 96조의2, (보수 개신교에 의해 촉발된) 양/성평등 논란 등 여/성을 둘러싼 수많은 문제제기가 일어나고 있지만 전면에 나서서 싸우는 여성의원은 찾아보기 어렵다.

더욱이 특정 정당의 일부 여성의원들은 여/성문제에 대한 무관심을 넘어 무지를 드러내며, 오히려 여/성문제를 정파적으로 이용하고 왜곡하고 있다. 서지현 검사와 김지은 씨의 #미투 이후 자유한국당 성폭력근절대책위원회 위원장을 맡은 박순자 의원은 "자유한국당도 성폭력 문제로부터 자유로울 수 없지 않냐"는 질문에 "성폭력에서 우리 한국당도 자유로울 수 없다는 것에 공감한다. 그래도 보수진영인 한국당은 성도덕에서 보수적이다. 우리에게 있었던 불미스러운 일들은 거의 '터치'나 술자리 합석에서 있었던 일들이었지, 성폭력으로 가서 하룻밤 지내고, 이틀밤이나 일주일 지내고 이런 일들은 없었다"는 답을 내놓았다(HUFFPOST 2013. 3. 8.).

한국 사례는 임계량을 달성하지 못하더라도 여성의 이해가 대표될 수 있는 동시에 기술적 대표성의 증가가 실질적 대표성의 증가로 자연스럽게 연결되는 것이 아니라는 것을 보여주는 중요한 반증사례이다. 그런데 여성의 기술적 대표성이 실질적 대표성으로 연결되지 못하는 것이 과연 여성의원 개인의 문제이거나 책임이라고 할 수 있을까?

여성대표성 확대를 주장하는 이유이자 목적은 높은 교육 수준과 중산층 이상의 이성애 남성들이 다수를 차지하는 국회의 구성을 다양화함으로써 배제되고 소외된 집단의 목소리와 요구가 정치적으로 대표되고 정책으로 반영될 수 있도록 하기 위함이다. 즉 '좋은' 대표성(good representation)을 확보하기 위함이다. 좋은 대표성은 핏킨(Pitkin, 1967)이 제시한 대표성의 유형들, 즉 형식적·기술적·상징적·실질적 대표성이 통합적으로 위계 없이 작동하는 조건에서 보다 잘 발생할 수 있으며, 이는 의회가 한 사회의 인구학적 구성에 비례해 구성될수록 가능하다. 다시 말해, 다양한 인구경제적인 특징을 체현하는 대표자가 존재해야 다양한 이익을 주창(claim—making)하는 대표성의 핵심적 기능이 수행될 수 있다(이진옥·황아란·권수현, 2017: 210).

하지만 대의제 민주주의 이후 정당정치는 높은 교육 수준과 중산층 이상의 이성애 남성들에 의해 운영되었고 이로 인해 정당운영 원칙은 암묵적으로 이성애 남성/성을 기본값(default)으로 해서 작동하고 있다. 할당제를 실시한 지 10년 이상이 지났지만 국회의 여성의원 비율은 여전히 20%가 되지 않으며, 정당 고위당직자 중 (2015년 기준으로) 여성비율은 새누리당(현 자유한국당)이 6.5%, 더불어민주당이 10%이다(주재선·송치선·박건표, 2017: 470). 당원의 40-50%가 여성이지만 이들 다수는 하위직에 포진되어 남성을 보좌하는 역할에 머물고 있으며, 여성이 대표직에 있다 하더라도 핵심요직의 절대 다수는 남성들이 차지하고 있다.

남성/성이 규범으로 작동하는 정당조직에서 정치진입의 첫 번째 관문인 공천제도의 기준과 과정이 여성에게 유리할 리 없다. 공천제도가 여성에게 불리하게 제도화되어 있고, 이러한 공천제도로 인해 여성후보가 적고 여성의원 수와 비율이 낮을 수밖에 없다는 것은 이미 널리 알려진 사실이다(박경미, 2012; 엄태석, 2011; 황아란·서복경, 2011). 대표적으로 가산점제와 관련해 많은 사람들이 여성에게만 가산점을 부여한다고 알고 있지만 청년과 장애인에게도 동일하게 부여되고 있다. 그리고 이 가산점제는 경선을 치를 경우에 경선에서 개인이 획득한 득표수의 10%에서 25%까지의 비율을 가산하는 것이기 때문에 경선 후보에 포함되지 못할 경우에는 의미가 없다. 더욱이 당원의 표와 동원력이 중요한 경선에서 여성들은 자본과 인맥, 네트워크와 정보 등의 부족으로 저조한 득표율을 얻을 수밖에 없고 이때 가산점은 큰 의미를 갖지 못하게 된다.

또한 남성화된 제도 하에서는 남성성이라는 규범에 순응적이거나 적극적인 여성들이 공천을 통과할 가능성이 높다. 철도민영화 반대파업에 참여한 코레일 노동자를 대거 징계했던 전 코레일 사장 최연혜(비례5), 노동개혁을 위한 청년 1만 명 서명의 여권 이슈를 적극적으로 지원했던 '청년이 여는 미래' 대표 신보라(비례7), '국정교과서 전도사'로 활동했던 전 자유경제원 사무총장 전희경(비례9), 세월호 유족들에게 '시체장사,' '거지근성'이라 막말을 했던 대한약사회 여약사 회장 김순례(비례15) 등이 대표적이다(이진옥·황아란·권수현, 2017: 220). 이러한 이유로 의원이 된 여성들이 여/성의 이해를 대표할 가능성은 높지 않다.

여성의 정치진입에도 불구하고 여/성의 이해가 대표되고 있지 못하다면, 그 일차적 원인은 여성의원이 아니라 정당이다. 정당들이 여/성의 이해를 대표할 수 있는 여성을 영입하고 후보로 공천하지 않았기 때문이다. 성차별적이고 성불평등한 정당의 구조와 제도, 규범을 바꾸지 않는 한, 여성의 정치진입과 여성대표성 확대에도 불구하고 성차별적이고 성불평등한 법과 제도, 그로 인해 차별과 혐오, 불평등을 겪고 있는 여성들의 현실은 변화하기 힘들다. 물론, 정당의 일차적 책임에도 불구하고 여성의원들의 책임이 면죄되는 것은 아니다. 여성의원들의 국회 진입은 여성할당제 덕분이고 여성할당제 법제화는 여성단체들의 투쟁 덕분이다. 이러한 점에서 여성의원들은 여성단체들과 여성할당제에 일정 정도 빚을 지고 있으며, 여/성의 이해를 위해 복무할 책임이 있다.

문제는 한국 정당들이 자발적으로 변화하지 않는다는 것이다. 변화한다고 하더라도 그 변화는 남성지배(male dominance)를 침해하지 않는 범위에서 이뤄질 가능성이 높다. 정당이 외쳐왔던 개혁과 혁신 속에 여/성이 우선적인 고려대상이 된 적은 없었다. 여/성을 위한 정당의 변화는 외부의 힘에 의해 이뤄져왔고 이뤄질 수밖에 없는 것이 한국의 현실이다. 그렇다고 할 때 법적

할당제가 존재하는 속에서 외부에 존재하는 여성들은 무엇으로 정당의 변화를 이끌 수 있을까. 과대대표(overrepresentation)되고 있는 남성지배를 멈추고 다양한 이해가 대표되도록 여성들은 무엇을, 어떤 내용을 제시해야 할까.

5. 새로운 전략의 모색: 남성할당제와 남녀동수

대표성의 불균형을 시정하기 위한 적극적 조치인 할당제는 지속적으로 여성의 저대표성(underreprsentation)을 강조하는 방향에서 논의되어 왔다. 이로 인해 여성들은 자신들이 전통적인 남성성 기준에 부합하는 괜찮은 사람이라는 것을 증명해야 할 뿐만 아니라 남성보다 더 나은 또 다른 가치들을 갖고 있다는 것을 제시해야 했다. 그러나 그럼에도 불구하고 남성보다 열등한 존재로 취급받았으며, 끊임없이 능력에 대한 검증을 요구받아 왔다(Murray 2014: 523). 반면, 남성들이 갖고 있는 대표로서의 자질과 역량에 대해서는 문제제기도 검증도 이뤄지지 않았다.

이러한 문제의식 하에서 머레이(Rainbow Murray)는 할당제를 저대표되고 있는 집단을 위해 목표량을 제공하는 것이 아닌, 과대대표되고 있는 집단에 대한 한계를 설정하는 것으로 재개념화하고 남성(뿐만 아니라 특정 계급과 인종 등)을 대상으로 한 할당제를 주장한다. 그리고 이렇게 할 때 모두를 위한 대표성의 증진, 즉 대표성의 질이 높아질 수 있다고 강조한다. 왜냐하면 현재 의회를 지배하고 있는 특정 집단에 속한 남성들의 비율을 제한함으로써 남성들 또한 경쟁을 통해 자신을 능력과 자질에 대한 검증을 받게 되며, 의회에 진입할 수 있는 (그러나 그동안 배제되었던) 후보자의 범위(pool)가 넓어져 다양한 이해가 대표될 수 있기 때문이다.

물론, 후보자와 대표를 선출하기 위해서는 '좋은' 대표에 대한 '기준'이 있어야 하며, 이는 논쟁적이다. 그러나 분명한 것은 현재 후보자와 대표를 판단하는 여러 기준이나 조건(시간, 자금, 미디어 홍보, 웅변능력, 카리스마, 조직력, 지적 능력, 정당에 대한 충성심, 교육 수준, 전문성 등)이 남성/성에 기초한 편향된 기준이며, 그러한 기준이 좋은 대표를 판단하는 데 있어 적절한 기준인지, 대표의 다양성과 질을 높이는 데 절대적으로 필요한 기준과 조건인지는 확실하지 않다는 것이다.

또한 남성성이라는 것도 정형화된 하나의 유형이라는 점에서 남성들 간의 차이와 다양성을 삭제해버리기 때문에 의회를 점령하고 있는 다수 남성의원들이 다양한 남성의 이해를 대표하고 있다고 할 수도 없다. 남성성의 범주에서 벗어난 남성들의 이해는 오히려 여성들이나 다른 집단에 의해 대표될 수 있다. 이러한 점에서 그동안 의회를 지배해왔던 남성들의 자질과 자격은 할당제를 통해 재검증받아야 하며, 이들이 만들어왔던 남성성 그리고 대표의 기준과 조건에 대해서도 재검토가 이뤄져야 한다.

머레이의 남성할당제가 성평등(gender euqality)이나 공평(fairness)의 관점에서 제기된 것은 아니지만 그녀가 남성할당제의 최상한선을 50% 또는 60%로 설정했다는 점에서 이는 동수(parity) 또는 성균형(sex or gender balance) 논의와 분리되기 어렵다. 그리고 현재 대표성 논의에 있어 세계적인 추세는 동수/성균형 의회를 헌/법적으로 보장하고 실천하는 것이다. 1994년 아르헨티나가 헌법에 여성과 남성의 동등한 정치참여 보장과 이를 위한 적극적 조치를 명시했으며, 1999년 프랑스가 헌법에 동수 규정을 명시한 이후 벨기에(2007)와 포르투갈(2005)에서도 동수가 도입되었다. 그리고 2000년대 후반부터 남미국가들(에콰도르 2008, 볼리비아 2009, 코스타리카 2009, 파나마 2012, 온두라스 2012, 니카라과 2012, 멕시코 2014, 아르헨티나 2017)에서도 동수가 헌/법에 명시되었다〈표 3〉 참조).[5]

〈표 1-3〉 남녀동수를 헌/법에 명시한 국가와 조항의 내용

국가	조항	내용
아르헨티나 (1994)	제II장 제37조	-선출직과 당직에 대한 여성과 남성의 실질적 기회균등을 정당규칙과 선거제도에서 적극적 조치로 보장한다.
프랑스 (1999)	제1조 제2항	- 법률은 직업적·사회적 지위뿐 아니라 선출직에 있어 여성과 남성의 동등한 접근을 촉진한다.
포르투갈 (2005)	제109조	- 남성과 여성을 불문하고 직접적이고 적극적인 정치참여는 민주적 체제를 강화하는 기본적인 수단이며, 법은 시민권과 정치권의 평등한 행사와 공직 진출상의 성차별 철폐를 촉진하여야 한다.
벨기에 (2007)	제11조 의 2	- 법률, 연방법률 또는 연방헌법 제134조에 따라 발령되는 명령은 남성과 여성이 동등하게 권리와 자유를 행사할 수 있음을 보장하며, 특히 선출직과 공직에 있어 여성과 남성의 동등한 접근을 촉진한다.
에콰도르 (2008)	제116조	- 중대선거구제 선거에서 법률은 비례성, 투표의 평등, 공평, 동수, 여성과 남성 간 권력의 교대 원칙에 따라 선거제도를 수립하며, 국내외 투표소를 결정한다.
볼리비아 (2009)	제11조 제1항	- 볼리비아는 여성과 남성이 평등한 조건을 갖춘, 참여민주적이고 대의적이며, 공동체적인 정부형태를 채택한다.
	제26조 제1항	- 모든 시민은 정치권력의 형성, 행사, 통제하는 데 있어 직접적으로 또는 그들의 대표를 통해, 개인적으로 또는 집단적으로 자유롭게 참여할 권리를 가진다. 참여는 공평하고 여성과 남성의 동등한 조건 하에서 이뤄져야 한다.
모로코 (2011)	제II장 제19조	- 국가는 남성과 여성의 동수 실현을 위해 노력해야 한다.
아이티 (2011)	전문	- 성의 평등과 젠더의 공평을 따라야만 하는 권력과 결정의 영역에서 여성 대표성을 보장하기 위해

---

5 아르헨티나 하원은 2017년 11월 24일, 정치대표성에서의 성균형법(Law on Gender Parity in Political Representation)을 통과시켰고 이로써 아르헨티나는 멕시코, 코스타리카, 니카라과, 볼리비아, 에콰도르, 파나마, 온두라스, 베네수엘라에 이어 9번째로 선거명부에서 동수를 강제하는 법을 가진 국가가 되었다(아르헨티나 외교부 홈페이지). 이들 국가에서 동수를 헌법으로 명시한 국가는 에콰도르와 볼리비아, 멕시코이다.

국가	조항	내용
	제17조의 1	- 국민의 생활, 특히 공공 서비스의 모든 수준에 있어 최소한 여성 30% 할당 원칙이 지켜져야 한다.
튀니지 (2014)	제46조	- 국가는 아직 달성하지 못한 여성의 권리를 보호하고, 그러한 권리를 강화·발전시키는 데 전념한다. - 국가는 전 분야의 모든 수준의 책무에 접근하는 데 있어 여성과 남성 간 기회의 평등을 보장한다. - 국가는 의회에서 여성과 남성이 동수가 될 수 있도록 한다. - 국가는 여성에 대한 폭력을 근절하기 위해 필요한 모든 조치를 취한다.
멕시코 (2014)	41조	- I. 정당의 주요목적은 a) 민주주의에서 시민의 참여를 촉진하며, b) 의회와 시민조직의 통합에 기여하며, c) 지방과 연방 의회 후보자들에 대한 성평등 보장 원칙뿐만 아니라 정당의 프로그램, 원칙, 아이디어에 따라 그리고 보통·직접·비밀·자유선거에 따라 시민들이 공적 권력에 접근할 수 있도록 하는 것이다.

이러한 흐름 속에서 한국에서도 2000년대 후반부터 동수가 논의되기 시작했다. 동수는 프랑스어 Parité를 번역한 것인데 프랑스에서는 여성후보와 남성후보의 비율을 1대 1로 맞추는 선거제도를 통해 구체화되고 있으며, 한국어로 번역된 동수(同數) 역시 수(number)를 같게 한다는 의미를 갖고 있어 한국에서 동수는 여성과 남성을 반반으로 하는 기계적 평등의 의미로 수용되고 해석되는 경향이 있다. 특히 성평등(gender equality)의 또 다른 단어로 양성평등이 사용되고 양성평등이 기계적·산술적 평등만을 의미하는 것으로 한정돼 사용되면서 '동수'를 적극적으로 옹호하는 데 거부감을 보이는 여성주의 활동가와 학자들도 있다.

'여성발전기본법'이 '양성평등기본법'으로 개정된 후 여성가족부(당시 김희정 장관)는 대전광역시의 성평등기본조례가 양성평등기본법의 입법취지와 맞지 않는다고 해석하면서 성소수자 관련 조항의 삭제를 요청했고(김은주·이진옥·권수현·황연주. 2018: 77), 이후 경기도, 광주광역시, 서울특별시, 전라북도 4개 지자체만 성평등기본조례라는 명칭을 유지했고 나머지 13개 지자체는 양성평등기본조례로 명칭을 변경했다(김선욱, 2016: 130–131). 또한 경상남도는 양성평등주간행사에서 '여성'을 언급하는 것이 양성평등 취지에 맞지 않는다며 '여성'이라는 단어를 사용하지 못하도록 했다(경향신문 2015. 8. 14.).

한편, 일부 여성주의 학자들은 여성과 남성의 비율이 40 대 60에서 60 대 40인 경우까지 동수로 봐야 하며, 동수와 같은 의미이나 이를 대체하는 단어로 성균형(gender balance)을 제시하기도 한다(신기영·황아란, 2017: 29). 또한 다른 한편의 여성주의 학자들은 성불평등의 문제가 이미 성별화되어 있는 정치·경제·사회구조에 의해 발생하는 구조적 문제이고, 이 구조로 인해 생물학적 여성의 절대다수가 권력에서 배제되고 있다는 점에서 그러한 성별화된 권력구조를 해체하기 위한 수단이자 방법으로써 그리고 성평등 담론과 패러다임으로의 전환을 위해서라도 기계적·산술적 의미의 동수 또한 필요하다고 주장한다(이진옥, 2018: 82–84).

좋은 대표성의 개념과 기준, 동수라는 표현의 적실성, 그리고 동수와 성균형을 같은 의미로 볼 것인지에 대한 논란 등 개념에 대해서는 다양한 의견이 존재할 수 있다. 그러나 분명한 것은 현재 과대대표되고 있는 남성지배는 문제이며, 이제는 이에 대한 적극적인 문제제기가 필요하다는 것이다. 남성할당제, 동수, 성균형은 이를 뒷받침할 수 있는 중요한 규범적·이론적·실천적 담론이자 패러다임이 될 수 있다.

6. 대표의 '자격' 다시 생각하기

다시 한국여성단체연합이 발표한 성명을 둘러싸고 일어난 반박댓글의 내용으로 돌아가 보면, 이들의 반박주장 중 다수는 여성이 남성보다 '능력'이 없기 때문에 후보가 되지 못했다는 것이다. 이러한 주장은 몇 가지 의문점과 고민의 지점들을 제기하는데 우선은 그들이 말하는 '능력'이 무엇인지 명확하지 않다는 것이다. 다음은 그러한 능력에 대한 검증이 공정한 방식으로 이뤄졌는가이다. 마지막으로 가장 중요한 것은 그들이 말하는 능력이 과연 대의제 민주주의 하에서 대표에게 필요한 능력 또는 자질인지 여부이다.

표준국어대사전은 능력을 '일을 감당해낼 수 있는 힘'이라고 정의하고 있는데 '~을 할 수 있는'이란 라틴어로 'potere'이고, 영어로는 'power'(권력)이다. 권력은 누가 어떻게 사용하느냐에 따라 시민에 대한 통제를 실행하기 위한 권력(power over)이 될 수도 있고, 공동선(public good)을 성취하기 위한 권력(power to)이 될 수도 있다. 한국정치사를 거칠게 훑어보더라도 한국정치에서 권력은 후자의 공공선보다는 전자의 시민통제를 위한 방식으로 사용되어 온 것이 사실이며, 우리는 그것을 무/의식적으로 능력으로 치부해오기도 했다. 그리고 최근까지도 시민에 대한 통제를 목적으로 한 권력이 대표들에 의해 또는 대표를 욕망하거나 그의 언저리에 있는 사람들에 의해 여전히 사용되고 있다는 것을 목도하고 있다.

6·13 지방선거에서 더불어민주당의 광역단체장 남성후보들이 떨어진 여성후보들보다 더 많은 능력과 자질을 갖고 있는지는 명확하지 않다. 왜냐하면 더불어민주당은 어떤 평가기준을 사용했고 그 결과의 내용이 무엇인지에 대해 언급도 공개도 하고 있지 않기 때문이다. 그러나 분명한 것은 광역단체

장이 갖고 있는 또는 누릴 수 있는 권력의 크기가 대통령을 제외한 다른 선출직보다 크다는 것이다. 국회의원이 광역단체장으로 출마하는 사례가 적지 않다는 것이 광역단체장의 권한과 위상을 단적으로 보여준다. 그리고 더불어민주당이 당헌에 여성후보 30% 할당을 규정해놓고서도 지방자치단체장 후보자에 대해서만은 여성할당이 적용되지 않는다는 예외규정을 둔 것 또한 지방자치단체장과 지방의회 간 위계적인 서열과 권력관계, 그리고 기초·광역단체장 후보는 '함부로' 여성에게 줄 수 없다는 남성연대(male bond)의 강고한 힘을 단적으로 보여준다. 광역단체장 여성후보의 전략공천 거부와 부산도시자 김경수 후보에 대한 전략공천, 광역단체장 여성후보 0명은 더불어민주당의 남성/성 중심의 권력구조와 그에 기초한 공고한 남성연대로부터 나온 결과이다.

> "더불어민주당 당헌 제8조(성평등 실현) ①우리 당은 여성의 정치참여를 보장하여 실질적인 성평등을 구현하고, 여성당원의 지위와 권리에 대하여 특별히 배려한다.
> ②우리 당은 제1항의 실현을 위하여 중앙당 및 시·도당의 주요당직과 각급 위원회의 구성, 공직선거의 지역구선거후보자 추천(지방자치단체의장선거후보자 추천은 제외한다)에 있어서 당헌·당규로 정하는 바에 따라 여성을 100분의 30 이상 포함하여야 한다. 다만, 농·어촌 등 취약지역의 경우에는 최고위원회의 의결로 달리 정할 수 있다"(더불어민주당 홈페이지).

우리는 대의제 민주주의 하의 대표(representatives)가 어떤 자질을 갖고 있어야 하는지에 대해 진중하게 논의해본 적이 없고 그래서 합의된 바도 없다. 또한 정당의 공천 규칙과 과정이 공정했는지에 대해서는 정당 내부에서도 평가가 엇갈리고 있고 논쟁적이다. 따라서 누가 누구보다 대표가 될 능력과 자격을 갖고 있는지 없는지를 이야기하기 위해서는 대표의 자격과 자질이 무엇이 되어야 하는지, 그러한 자격과 자질을 평가하기 위해서는 어떤 기준을 설정해야 하는지, 그러한 기준을 어떻게 하면 공정하게 적용할 수 있는지 등에 대한 논의와 합의가 먼저 이뤄져야 한다. 그러한 기준 제시 없이 이뤄지는 평가는 상대에 대한 비난 이상의 의미를 갖지 못하며, 더 나은 논쟁을 불가능하게 한다. 남성할당제나 남녀동수라는 대안 역시도 모두를 위한 더 나은 대표성과 민주주의 실현이라는 방향 속에서 그 내용과 기준을 무엇으로 설정할 것인지와 함께 논의될 때 건설적인 제도 개혁과 실천으로 연결될 수 있을 것이다.

제2장

(여전히) 새로 시작되는 여정: 여성과 국제정치

황영주(부산외국어대학교 외교학과 교수)

1. 한 페미니스트 외교장관의 행보 읽기

　다음은 국내의 한 진보적 일간지에 게재된 스웨덴 외교장관의 언행에 관해서 다룬 기사이다. 여전히 낯선 여성과 국제정치를 진지하게 마주하기 위해서, 이 책의 독자들과 함께 이 기사를 함께 해배(解配)하고자 한다.

〈참고자료 2-1〉

스웨덴 외교수장의 도발적인 '페미니스트 외교'
발스트룀, 데이트 폭력 딛고 의원 당선…2014년부터 외교장관

주요 교역국 사우디 여성인권 비판하고 무기수출 중단
트럼프 정부가 '낙태 지원 단체' 원조 중단하자 캐나다 통해 지원
"비외교적" 비판에 "칵테일 파티 가는 게 외교인가" 응수

'페미니스트 외교'를 펼치고 있는 스웨덴 외교부 장관의 행보가 주목받고 있다. 20대 때 데이트 폭력 피해자였던 그는 경제적 이해관계가 얽힌 나라의 여성인권 탄압을 비판하는 데도 주저하지 않는 파격으로 국제적 관심을 받아왔다.

〈뉴욕 타임스〉는 17일 마르고트 발스트룀(63) 스웨덴 외교부 장관을 "스웨덴에서 가장 인기 있고 도발적인 정치인"이라고 소개했다. 이 매체는 2014년에 외교부 장관에 취임한 그가 내세운 '페미니스트 외교 정책'을 "성평등(gender equality)을 스웨덴의 국제관계의 중심에 놓는 것"이라고 설명했다.

〈뉴요커〉를 보면 페미니스트 외교가 대체 무엇인지 처음에 그의 동료들조차 혼란스러워 했다고 한다. 상대국에 잘못된 신호를 주지 않기 위해 단어를 고르고 고르는 외교의 세계에서, ①남성에 적대적인 것으로 받아들여지기도 하는 '페미니즘'이라는 단어를 꺼낸 것은 너무 이상적이라는 혹평도 받았다. 발스트룀은 이 매체에 "②나는 페미니즘이 적절한 단어라고 생각한다. 그것은 체계적이고 전지구적인 여성의 종속에 반대하는 입장에 관한 것"이라고 말했다.

발스트룀은 페미니스트 외교가 무엇인지 곧 행동으로 설명했다. ㉠그는 2015년 연 10억달러(약 1조원) 이상의 주요 수출국인 사우디아라비아가 여성인권을 보장하지 않는 것을 비판했다. 사우디는 이에 스웨덴 주재 대사를 소환했고 비자 발급을 중단하기도 했다. 관계 악화를 우려한 주요 기업들이 항의했지만, 발스트룀은 사과하지 않았고 스웨덴은 사우디에 무기 수출도 중단했다.

25살에 의원에 당선됐고 1990년대에 문화 장관 및 사회복지 장관을 역임, 2004~2010년에는 유럽위원회 부위원장을 맡으며 성공적인 정치 경력을 일궈온 ③발스트룀은 20대 초반에 데이트 폭력 피해자였다. 애인에게 흉기를 사용한 위협까지 당했던 그는 이것이 "다른 사람의 지배 아래 놓이는 모멸적인 경험이었다"고 회상했다. 제재소 노동자의 딸로 태어나 고등학교까지만 졸업한 그는 이 일을 겪은 몇 달 뒤 의원에 당선돼 정치 경력을 시작했다.

발스트룀의 행보는 도널드 트럼프 미국 대통령이 당선된 뒤 더 눈에 띄게 됐다. 그는 트럼프가 취임하기 전인 지난해 12월 이미 〈뉴욕 타임스〉와의 인터뷰에서 ④"'미국을 다시 위대하게'라는 트럼프의 주장에, 성평등을 향한 노력이 포함돼 있지 않다면 미국을 위대하게 만들진 못할 것"이라고 지적하기도 했다. 트럼프 정부가 낙태를 지원하는 단체에 대한 원조를 중단하자 '페미니스트 국제 원조 프로그램'이라는 대안을 제시해 캐나다 정부의 지원이 가능하도록 노력하기도 했다. ⑤지난 8월 제임스 매티스 미 국방장관이 유엔(UN) 핵무기 금지조약을 비준하지 말라는 서한을 보냈지만 "누구의 압력도 받지 않을 것"이라며 일축했다. 스웨덴은 조약 비준을 아직 하지는 않았다.

발스트룀에 대해 "비외교적"이라는 내부 비판도 있다. ⓛ그는 이에 대해 "난 시간이 별로 없다. 칵테일 파티에서 시간을 보내는 게 외교 업무라고 생각하지 않는다"고 받아쳤다.

자료: 한겨레신문, 2017. 11. 9

글쓴이는 이 기사에서 우리가 앞으로 다루어야 할 '(여전히) 새로 시작되는 여정: 여성과 국제정치'와 관련한 많은 정보를 얻을 수 있다고 생각한다. 글쓴이는 이 기사가 여성과 국제정치와 관련한 여기에서 다루고자 하는 여러 주제들을 상징적으로 제시하고 있다고 본다. 나아가서는 페미니즘 국제정치(학)을 이해하는데 유용한 읽을거리를 제공하고 있다고 판단한다.

① "남성에 적대적인 것으로 받아들여지기도 하는 '페미니즘'이라는 단어를 꺼낸 것은 너무 이상적이라는 혹평도 받았다"고 기사는 전한다. 이 기사에 기대어 보면 여성이 외교 또는 **국제정치에서 페미니즘을 이야기하면 이상적이라는 평가를 받을 가능성이 높다**는 점을 유추할 수 있다. '이상적'이라는 단어는 다음과 같은 두가지 점을 포함한다. 한편으로, 이 기사는 페미니즘이 추구하는 것이 -그것이 무엇인지, 어떤 목적을 가진 것인지 구체적인 것은 모르지만-규범적으로 도덕적으로 옳다는 점을 가정한다. 페미니즘은 바람직한 면을 주장한다고 가정된다. 다른 한편으로, 이상적이라는 말은 순진 또는 철이 없다는 상식과도 맞닿아 있다. 특히, 외교에서 '이상적'이라는 것은 그렇게 실현될 가능성이 없다는 점을 강조한다고 하겠다. 논리적 비약을 곁들이면, 여성들은 외교(또는 국제정치)분야에서 순진하다는 말과도 같다. 실제로 많은 이들이 여성들은 외교 또는 국제정치에서의 활동에 적합하지 않으며, 국제정치의 현실과 일정한 거리가 있다고 믿는다.

② "**나는 페미니즘이 적절한 단어라고 생각한다. 그것은 체계적이고 전지구적인 여성의 종속에 반대하는 입장에 관한 것**"고 발스트룀은 말했다. 이 외교장관에 따르면 (남자들이나 혹은 페미니즘을 잘 알지 못하는 사람들이 생각하는 것보다) 페미니즘은 체계적이라는 것이다. 무엇보다도 전지구적인 여성의 종속에 반대하는 입장에 관한 것이라는 그의 주장은 페미니즘 국제정치학자들이 주장과 그 면이 가까이 닿아 있다. 나중에 살펴보겠지만, 국가보다는 개인 특히, **여성에 대한 종속과 억압에 관해서 페미니즘 국제정치학은 극히 민감**하다. 흔히 정통적 관점에서 외교는 국가의 이익을 추구하는 행위로 일컬어지지만, 스웨덴 외교장관은 여성 인권을 더 많이 걱정한다. 페미니스트 외교장관은, 당장 기사에 드러나듯, 무기 수출을 통해서 벌어들이는 10억 달러의 국가 이익보다는, (머나 먼 이국의) 여성의 삶에 더 많이 마음을 둔다. 인간과 인권

에 방점을 두는 것은 당위성과 도덕성을 강조하는 국제정치(학)에서의 이상주의적 접근 중에 하나로 평가된다.

③ 발스트룀은 20대 초반에 데이트 폭력 피해자였다. 애인에게 흉기를 사용한 위협까지 당했던 그는 이것이 "다른 사람의 지배 아래 놓이는 모멸적인 경험이었다." 그의 개인적 경험은 단순히 개인적 차원에 그치는 것이 아니라, 전세계적으로 여성 인권을 강조하는 계기가 되었는지 모른다. 이는 1970년대부터 급진주의 페미니즘에서 주장하는 '개인적인 것은 정치적'이라는 구호를 그대로 실현시키는 과정일 수도 있다. 개인적인 어려움의 극복을 국제정치의 영역에 반영하고자 하는 용기가 보인다. 국제정치 영역은 외교정책결정이론을 제외하고는 개인이 주사(projection)되지 않는 영역으로 치부되지만, 페미니즘 국제정치학자들은 **국제정치 중심에 개인의 경험과 인권이 놓여야** 한다고 주장한다. 낙태를 돕는 여성단체에 대한 지원을 끊으라는 미국의 압력에 맞서, 캐나다를 동해서 시원을 이어가려는 이 페미니스트 장관의 노력은 여성으로서 자신의 일상적 경험을 있는 그대로 표현한 것이라 하겠다.

④ " '미국을 다시 위대하게'라는 트럼프의 주장에, 성평등을 향한 노력이 포함돼 있지 않다면 미국을 위대하게 만들진 못할 것"이라고 지적하기도 했다. 이른바 상남자 또는 마초로 자처하는 미국 대통령 트럼프에게 미국을 다시 위대하게 만드는 작업은 강한 국방력과 그에 따른 영향력 확대, 상대방을 압도하는 허세, 나는 항상 옳고, 상대방은 그렇지 못하다는 판단에서 출발할 가능성이 높다. 그런데 이 페미니스트 외교장관은 마치 계몽주의자처럼 미국을 위대하게 만들기 위한 트럼프의 노력에 훈수를 둔다. 신분과 계급, 인종에 의한 배타와 구분 극복이 15세기 이후에 드러난 근대적 프로젝트의 일환이라 한다면, **젠더에 따른 배제와 나눔이 근대에 남은 마지막 차별의**

영역임을 발스트룀은 주장하고 있다. 따라서 젠더 평등국으로 이름이 높은 스웨덴 출신의 이 여성은 용감하게도, 물리적 힘이 강대한 미국이라는 국가에 대해서 성평등(gender equality)이 필요하다는 계몽을 분명히 한다.

⑤ **지난 8월 제임스 매티스 미 국방장관이 유엔(UN) 핵무기 금지조약을 비준하지 말라는 서한을 보냈지만 "누구의 압력도 받지 않을 것"이라며 일축했다.** 핵무기는 인간을 위하기보다는 국가(안보)를 우선한다. 현재의 핵무기는 지구상에 존재하는 모든 살아있는 것들을 모두 멸살(滅殺)시킬 정도의 위력이 있는 것으로 보고된다. 만약, **유엔의 핵무기 금지조약에 개별적인 나라들이 비준한다면, 핵무기가 갖는 공포는 줄게 될 것이다.** 대신, (핵무기를 가지고 있는) 강대국들의 위력 또한 떨어지게 될 것이다. 미국의 매티스 장관이 핵무기 금지조약을 비준하지 말도록 하는 것은 군사력과 핵무기의 위력을 바탕으로 하는 타국가에 대한 협박과 공갈이라고 해도 과언이 아닐 것이다. 하지만 지구상에 살아 있는 모든 것에 대한 위협에 이 페미니스트 장관은 "당당하게 압력을 받지 않을 것"으로 선언한다.

기사를 난삽(難澁)하게 해배한 것은 아닌가 하는 걱정은 앞서지만, 이러한 난삽함을 차분히 정리해 나간다면 이 글의 주제를 풀어나가는데 도움이 될 것 같다. 스웨덴 페미니스트 외교장관의 언행(言行)으로 미루어, 페미니즘에서 보는 국제정치(학)의 가장 도드라진 면을 따지자면 인권과 바람직함을 강조하는 이상적·도덕적 접근에 그 바탕을 두는 것 같다. 이 페미니스트 장관은 잘못된 것은 잘못된 것으로 따져 나가는 비판적 태도도 함께 보인다. 비단, 지구상에 있는 여성에 대한 종속뿐만 아니라, 다른 많은 종속의 문제를 함께 해결하려는 노력도 엿보인다. 다른 한편으로, 이러한 이상성을 바탕으로 따지고 함께하려는 관심은 핵무기 또는 더 멋있는 국가에 대한 새로운 비전을 제안하기도 한다. 국가 안보에 대해서 칼을 쳐서 녹여 보습을 만드는

(핵무기 금지조약) 것에 지지를 보내려고 하는 의지가 그렇다 할 것이다.

이 글은 여성 또는 젠더와 국제정치가 어떻게 관련되는지를 살펴보는 것이 그 목적이다. 동시에 이 글은 한 페미니스트 외교장관의 행위를 설명해나가는 과정이기도 하다. 이러한 목적을 달성하기 위해서 이 글은 다음과 같이 두 개의 절과 함께한다. 그리고 마지막 절에서는 이 글을 요약하고자 한다.

2절 페미니즘과 국제정치학의 조우: 바로잡고, 따지고, 함께하기에서는 여성 또는 젠더로 국제정치를 바라보는 기본적인 틀, 말하자면 페미니즘 국제정치학의 **이론적 관점**의 특징을 살펴보고자 한다. 이 글에서는 여성 혹은 젠더라는 관점으로 국제정치를 바라보았을 때, 그 방법론은 스웨덴 페미니스트 외교장관이 행동하듯 바로잡고(규범적/normative), 따지고(비판적/critical), 함께하는(교차적/intersectional) 것이라고 가정한다. 페미니즘 국제정치학(Feminist International Relations)은 국제정치를 규범적으로 파악하면서 남성들이 구축한 조악한 현실을 비판하고, 일원적 사유보다는 교차적 사유를 해야 한다는 특징을 내세운다.

3절 페미니즘에서 '국제정치' 새롭게 바라보기에서는 여성과 젠더와 관련되는 국제정치의 **실제적 작동 모습**을 살펴보고자 한다. 여기에서는 국제정치의 주요 의제이자 페미니즘 국제정치에서 많은 비판과 재구성을 감행하는 국가안보, 국제정치경제, 지구화라는 세 영역들에 대하여 살펴본다. 이 영역들은 페미니스트 외교장관의 관심사와도 맞닿아 있다. 흥미롭게도, 이 세 영역은 2절에서 다루는 이론적 관점을 실체화시키는 과정이기도 하다. 즉, 국가와 안보에 대하여 비판적 관점을, 국제정치경제에 대하여 규범적 사유를, 지구화에 대하여 보다 더 교차적 판단을 더 강조한다는 점에서 페미니즘의 국제정치학에 대한 관여(engage)도 함께 보고자 함이다.

2. 페미니즘과 국제정치학의 조우: 바로잡고, 따지고, 함께하기

페미니즘은 그 성격상 차별이 어떤 문제가 되는지를 따지고, 차별에 대해서 바로잡기 위해 함께 노력함을 전제로 한다. 스웨덴 페미니스트 외교장관이 그러한 역할을 보여주었다. ㉠그는 "2015년 연 10억달러(약 1조원) 이상의 주요 수출국인 사우디아라비아가 여성 인권을 보장하지 않는 것을 비판했다"에서 잘 나와 있는 것처럼, 페미니즘 국제정치학은 국제정치의 현실에 대하여 규범적, 비판적, 교차적 시각을 갖는다.

페미니즘과 국제정치학의 만남도 실은 페미니즘의 성격을 그대로 투영한다. 1980년대 후반 영국의 한 비판적 성격을 가진 학술지(Millennium)를 시작으로 하여 일련의 학술회의와 단행본 발행과정을 거친 페미니즘 국제정치학은 1990년대 초반부터는 새로운 국제정치학의 이론과 방법론으로 인정받기 시작했다. 이러한 일련의 발전과정들은 당시 국제정치에서의 현실 변화를 목격하면서, 국제정치학을 새롭게 설명하려는 국제정치학의 고민과 모색과도 맞닿아 있었다. 예컨대,

"냉전의 종결과 세계화의 확산은 국제정치 현실 변화는 물론 국제정치학 이론의 변화도 함께 초래하였다. 냉전당시의 국제정치 현실을 반영하여 전쟁과 안보에 주로 초점을 맞추면서 이론적 우위를 점하였던 (신)현실주의적 패러다임은, 점차 다양한 지적 배경을 가진 국제정치이론으로 대체되어갔다....예를 들어 제 3의 논쟁(the third debate)으로 대표되는 패러다임의 경쟁, 평화안보 문제에 관한 국가·인간 및 전지구적 관점의 대립, 지구화와 반대되는 진영 간의 논쟁 등은 이와 같은 국제정치 이론 변화의 다양한 사례라 할 것이다"(황영주, 2013a: 25).

권력과 군사력에 주목해온 국제정치학의 이론적 토대에 반기를 들고, 새로운 관점과 설명의 도입하려는 움직임은 결국 페미니즘 국제정치학의 핵심적 배경이 된다. 이렇듯, 국제정치학에서 주변을 차지하고 있는 페미니즘 국제정치학은 "국제정치학에 대하여 놀랍고, 혁신적이며, 도전적인 태도를 견지했다"(Tickner, :2014: 174). 특히, 페미니즘 국제정치학 형성에 기여한 한 페미니즘 학자는 페미니즘 국제정치학의 성격을 다음과 같이 규정한다.

"(페미니즘은)단지 여성에 관한 것만이 아니다. 남성 위주의 사회 구성에 여성(의 존재)을 부가시키기 위한 것도 아니다. 페미니즘은 젠더화된 담론에 대한 이해와 변형을 통해 존재(being)와 지식과정(knowing)에 관한 변혁(transforming)을 위한 것이다"(Peterson, 1992: 5).

1) 바로잡기 또는 normative ontology

학자들은 국제정치이론을 크게 경험적(empirical) 접근과 규범적(normative) 접근으로 구별한다. 여기에서 규범적 배경을 가진 이론은 "그것을 평가하고 더 나아가서는 그것을 변화시키기 위하여 현실을 설명하는 것"(Neethling: 2004, 11)으로 가정된다. 이러한 배경을 가진 규범이론(normative theory)은 주로 개인과 국가, 국제체제에서의 행위규범, 의무와 책임, 역할 등에 초점을 맞춘다. 특히, 규범이론은 국가의 도덕적 기초, 전쟁과 평화에서의 윤리, 인간이 갖는 기본권 등에 초점을 맞추는 경향이 있다. 거칠게 정리하자면, 규범적 접근은 국제정치 영역에서의 도덕과 윤리적 측면의 고려를 기초로 하는 것이다 (Neethling, 2014: 11-15).

페미니즘 국제정치학도 규범적 경향이 강조된다. 규범적 경향은 페미니즘이 갖는 존재론적인 속성에서 기인한다고 볼 수 있다. 페미니즘 국제정치학들이 보기에 가부장제적 기초로 만들어진 현재의 (국제)사회는 여성에 대한 폭력과 종속을 만들어내는 문제 많은 곳이며, 따라서 여성의 이해(利害)를 바탕으로 하고 또한 여성에 대한 이해(理解)를 통해 성평등한 세상을 만들어 가야만 한다. 자신이 속한 국가의 이익보다도 먼 나라의 억압받는 사람(여성)의 인권에 더 많은 관심을 갖는 것, 국제정치의 군사적 가치와 전략(戰略)보다 지구상에 발을 딛고 살아있는 것들을 위해 핵무기 확산을 방지하려는 노력의 페미니스트 외교장관의 노력은 국제정치학에서 도덕과 윤리에 기초한 활동이라 하겠다.

페미니즘 국제정치학의 국제정치에 대한 규범적 접근과 관련된 이론은 상당히 정치(精緻)한 수준에까지 이르고 있다. 페미니즘 국제정치학을 공부하는 이들은 "개별 국가의 독립적인 정치적 이해보다는 전 지구의 공동이익을 위한 협력, 화해 및 조정이 국제정치의 특징이 되어야 한다"(황영주, 2003: 59)고 주장한다. 즉, 국제정치의 현실을 비판하고 여성의 정체성과 경험에 기대어 도덕적으로 옳으며, 윤리적으로 공정한 세상을 만들기 위한 노력을 강조하는 것이다. 티커너와 같은 학자는 안보에 대한 규범적이면서 당위적인 "평화 달성, 경제정의, 생태학적 지탱은 (남녀간에 노정되는) 지배 종속의 사회적 관계를 극복하는 것과 분리될 수 없다. 진정한 안보는 전쟁 소멸과 불평등한 젠더관계를 포함하는 불공정한 사회관계의 제거를 함께 필요로 한다"(티커너, 2007: 166)고 주장한다. 후술하겠지만, 안보(security)는 권력(power)과 함께 전통적인 국제정치학의 중심어(key word)이다.

2) 따지기 또는 critical perspective

페미니즘 국제정치학의 기본 입장은 "숨어있는 남성중심성(androcentric) 혹은 남성성(masculinity)에 기초하여 국제정치학이라는 학문이 만들어졌다"(Tickner, 2006: 20)는 것이다. 따라서 페미니즘 국제정치학자들의 자신들의 연구 활동이 국제정치학에서 이러한 남성(중심)성을 드러내고 바로 잡는데 노력해야 한다고 믿는다. 예를 들어 피터슨은 페미니즘 국제정치학자들과 전통 국제정치학자들 사이의 조우를 첫째, 현존하는 (국제정치학의)틀에 여성의 경험을 포함시키는 것, 둘째, (국제정치학 속에 포함되어 있는) 남성적 기준들의 정도와 영향을 폭로하는 것, 셋째, 국제정치학의 이론을 새롭게 구성하는 것이라고 정리한다(Peterson, 2004: 37-40). 이러한 배경에서 현존하는 전통적인 국제정치학에 대한 비판에 집중하는 이유가 된다. 예를 들면.

> "국제정치학에서 사용되는 주요 개념 또한 남성의 정체성(identity)을 반영하고 있는 사실이다. 실제로 국제정치(학)는 남성성 또는 남성적 특질과 관련이 있다. 예컨대, 남성답다는 것과 관련된 특질들 즉, 용기, 권력, 독립 및 육체적 우위성은 주로 국제정치에서 국가가 갖추어야 할 덕목으로 '가치'있는 것으로 평가 받아왔다"(황영주, 2003: 14).

페미니즘 국제정치학은 전통국제정치학의 존재론(ontology)에 의문을 제기한다. 실상, 페미니즘 국제정치학은 비판이론(critical theory)에 많은 빚을 지고 있다. 그 이유는 여성이 배제된 국제정치 현실을 여성의 관점과 이해를 통해서 도전하고자 하는 목적에서 비롯되었기 때문이다. 즉, 황영주가 주장한 바와 같이, "우선 비판이론이라는 성격에서 볼 때, 초기 페미니즘 국제정치학자들은 여성의 경험에 좀 더 주의를 기울인다면 기존의 세계정치에 대한 이해보다 나아질 것으로 기대하며 전통 국제정치학에 대하여 도전을 시도하였다"(황영주, 2013a: 28). 이들의 입장에서 "지금의 국제정치(학)가 주로 강대국과 가진 자의 입장을 비추고 있다면, 여성성의 도입은 국제정치의 중심에서 벗어나는 약소국과 소외받는 계층에 대한 새로운 식견을 제공해 줄 수 있다는 입장이다"(황영주, 2003: 14). 앞서 주장한 바와 같이, 남성적 기준에서 해석된 '현실'을 '규범'이라는 틀에서 읽어 내기 위해서는 '비판'을 앞세울 수밖에 없다고 하겠다.

이는 기존의 정치적 개념 인식론적 재구성(epistemological constitutive)과도 연결된다. 다음 절의 '국가와 국가안보'에서도 살펴보겠지만, 국제정치학의 핵심 영역인 안보에 대한 인식과 개념을 근본적으로 재구성하고자 한다. 스조버 그에 따른다면, "만약 우리가 개별적인 여성의 삶에 기반을 둔 관점으로 안보를 다시 보고자 한다면, 그것은 무엇이 안보인가라는 문제에서 뿐만 아니라, 어떻게 안보를 개념화시키고, 작동시키고, 아울러 행동과 연결시키는가의 문제에까지 많은 변화를 가져와야 한다"(Sjoberg, 2010: 5).

기존의 이론을 비판하고, 동시에 그것을 재구성하는 페미니즘 국제정치학의 노력은 평화와 관련한 담론에서도 그 성격이 명확하게 드러난다. 우선, 평화와 관련한 담론에서 페미니즘은 기존의 국제정치학에서의 '평화'가 왜곡된 개념이라고 비판한다. 즉, 기존의 국제정치(학)에서 평화는 단지 전쟁의 부재(absence of war)로 여겨지며, 전쟁이 없다면 평화로운 상태로 간주된다. 하지만, 평화학의 영향을 받은 페미니즘은 전쟁의 부재는 불충분한 평화의 단면에 불과하다고 주장한다. 평화학은 "전쟁을 방지하고 전쟁이 필요없는 국내적-국제적인 사회구조의 창출과, 사회적 불공정을 제거하고 사회적 정의를 구체화할 수 있는 국내적-국제적 질서형성을 구상하고 모색"(홍민식, 2004: 6; 황영주, 2012b: 357에서 재인용)한다. 특히 현재의 평화학의 중요한 가치 중에 하나는 이른바 모든 직접적·간접적 폭력의 제거와 관련되는 적극적 평화 (the positive peace)의 실현이다. 페미니즘 국제정치학자들은 여성에 대한 억압을 포함하여 모든 구조적 폭력의 제거가 평화를 보장할 수 있다고 판단한다 (Tickner, 2014: 2). 평화의 확보는 전쟁의 피폐함을 피하는 것뿐만 아니라, 억압의 해방에서 비롯된다.

3) 함께하기 또는 intersectional appraisal

㉠과 같이 페미니스트 외교장관은 사우디아라비아 여성의 종속에 대하여 주목하였다. 이러한 관심은 여성과 관련한 종속과 억압이 단지 여성(성)과 남성(성)이라는 젠더의 문제뿐만 아니라, 인종, 계급, 종교 등과 복합적으로 고려해야 함을 보여준다. 사우디아라비아 여성에 주목하는 이유는 여성이라는 것뿐만 아니라, 사우디아라비아의 종교적·사회문화적 관계가 젠더와 상호작동한다는 점이 고려된 것이다.

말하자면 여성에 대한 억압을 이해하기 위해서는 여성이 처한 복합적 상황이 읽혀져야 한다는 것이다. 백인 중산층 여성과 흑인 빈곤여성이 경험하는 차별과 불평등은 그 양상이 아주 다르다. 한국에서도 도시중산층 여성이 겪는 곤란과 동남아 결혼이주여성이 겪는 차별과 불평등은 그 정도와 내용이 다를 것이다. "페미니즘 학자들은 여성들 사이에 중요한 상이성이 존재한다는 점을 인식해야만 한다. 동시에 이와 같은 상이성들이 '자연적'으로 만들어진 것이 아니라, 사회적·정치적으로 만들어졌다는 점을 인식해야만 한다"(Midden, 2010: 86; 황영주, 2013b: 170에서 재인용).

"분석에, 젠더를 분석의 도구로 합류시킨다면 남녀라는 두 개의 집단이 체계적으로 비교될 수 있을 것이다. 만약 계급이 합류된다면, 젠더는 계급과 함께 분류되어야 하는데, 이때 계급을 단순히 노동자, 중산층 및 상위계층으로 나눈다고 하더라도 6개의 집단이 생겨난다. 만약 인종 또는 종족성이 합류된다면, 두 개의 인종·종족을 고려한다고 하더라도, 집단은 12개로 늘어난다"(Macall, 2005: 1786; 황영주, 2013b: 172에서 재인용).

이른바 젠더뿐만 아니라, 계급, 인종, 종교 등을 함께 고려하는 교차성(intersectionality)에 대한 연구는 현재 페미니즘 국제정치학에서 다양하게 제기된다. 다문화주의와 관련된 논쟁에서 교차성에 대한 이해는 여성의 종속과 억압을 이해하는데 핵심적인 개념이 된다. 또한 지구화가 가속됨에 따라 드러나는 이주(migration)의 원인과 결과를 설명하는데 젠더를 기반으로 교차성은 다른 이주와 관련한 이론보다 뛰어난 설명을 가질 수밖에 없다. 이른바 '이주의 여성화(feminisation of migration)'(이지영, 2013: 236)의 측면이다. 한국에서 결혼이주여성은 존재는 단순히 경제적 불평등에서 비롯된 것뿐만 아니라, 한국의 젠더와 사회 문화적 구조(소득불균등, 상업화, 자녀문제)의 복합적 작동이라는 점을 보여주는 증거가 된다.

"....여성의 국적취득이 남성에 비해 현저히 불리하다는 점이다. 그러나 이보다 더 큰 문제는 이주여성의 결혼과정에서 나타나는 상업적이고 비인권적인 성격에서 찾아볼 수 있으며, 저출산시대에 테어나고 있는 이들 2세익 문제에 있다. 이러한 문제들은 한국사회의 인구사회학적 구조변동과 더불어 불평등구조에 큰 영향을 미칠 것으로 보인다"(김미경, 2017: 183).

3. 페미니즘에서 '국제정치' 새롭게 바라보기: 국가안보, 국제정치경제, 지구화의 경우

티커너의 경우 페미니즘 국제정치학의 발전을 크게 두 단계로 구별한 바 있다. 즉, 1세대 페미니즘 국제정치학은 전통적인 국제정치학에 비판적인 입장에서 그것의 가정과 개념, 방법론에 의문을 제기하면서 도전했다고 본 다면, 2세대 페미니즘 국제정치학은 1세대 페미니즘 방법론을 통해서 이론 을 정교화하는 한편, 국제정치의 하위 분야에 대하여 경험적 분석을 시도하 게 된다(Tickner, 2006: 30).

여기에서는 꼭 티커너가 제기한 페미니즘 국제정치학 발전과정에 전적으 로 부합되는 것은 아니지만, 국제정치학에서 취급하는 주요 하위 학문 분야 인 국가안보, 국제정치경제, 지구화를 페미니즘 국제정치학이 어떤 관점에 서 비판하면서, 아울러 재구성하는지 보여주는 작업을 하려고 한다. 또한, 이 논의는 발스튀룀이 "난 시간이 별로 없다. 칵테일 파티에서 시간을 보내 는 게 외교 업무라고 생각하지 않는다"고 받아친 것처럼, 외교가 칵테일 파 티(전통적 외교)에서 시간을 보내기 싫다는 페미니스트 외교장관의 자기 확신과 패기(覇氣)를 보여주는 것이 된다.

1) 국가와 국가안보: 안보의 재(再)개념화(reconceptualiation)

전통 국제정치학에서는 국가를 의인화(擬人化)시키고 있으면서 무성적 존재 로 파악한다. 하지만, 페미니즘 국제정치학자들은 이를 비판한다. 즉, "국가 가 무성적인(asexual)존재가 아님을 강조한다. 국가, 주권, 무정부상태, 정치적 정체성, 안보와 같은 국제정치학의 기본개념을 페미니즘적 관점으로 비판하고 재해석하고자 한다"(황영주, 2013a: 30). 말하자면 페미니즘 국제정치학자들은 국제정치(학)의 가장 중요한 개념인 국가와 안보가 남성적 행위와 정체성의 발현임을 드러낸다.

국제정치학에서 국가는 국제기구와 더불어 가장 주요한 행위자중의 하나이다. 페미니즘 학자들은 근대 국가의 생성과 발전에 젠더가 깊이 개입되어 있다고 본다. 국가는 이미 '젠더화된 국가(gendered state)'인 것이다. 가부장제 논의에서 국가는 가부장제의 발현과 영속성을 보장하는 사회적 매개체가 된다. 황영주는 근대국가의 형성이 젠더관계를 강화, 유지, 재편시키는 것으로 해석하고 있다(황영주, 2000). 이를 바탕으로 페미니즘 국제정치학자들은 전통적인 국제정치에서 판단하는 국가의 여러 행위들은 남성적 정체성의 발현이라고 단언한다. "기존의 국제정치학에서 국가의 행위를 추상화할 때 그 기반은 남성의 행동에 대한 유추에서 출발하고 있다는 것"(황영주, 2007: 78)이다. 국가의 외교행위조차도 남성성의 표현으로 이해된다. 예를 들어 국제정치학에서 바람직하다고 판단되는 독립성(independent) 혹은 자율성(autonomy)은 주로 근대 서양의 인식론에서 비롯된 남성적 특질의 표현으로 판단할 수 있다는 것이다. 따라서 페미니즘 국제정치학자들은 국가와는 그 심급이 다른 국제정치연구에 관심이 많다. 티커너에 따르면, "기존의 국제정치학이 체제에 천착하며, 국가 중심성을 갖는데 비하여, 페미니즘 진영은 국가수준 밑에서 일어나는 국가행위의 근원에 대하여 이해하려고 한다. 국제정치는 주로 국가행위에 대한 묘사나 설명에 천착하지만, 페미니즘은 국가 및 국제 구조 속에 숨어 있는 여성의 삶에 대하여 조사하여, 그 구조를 개선하려고 한다"(Tickner, 2007: 25).

안보에 대하여 논의할 때, 페미니즘 국제정치학은 기존의 안보개념에 문제를 제기하며, 여성의 경험을 포함하는 것으로 안보개념을 확장하려고 애쓰고 있다.[1] 페미니즘 국제정치학에서는 지금까지 **국가 안보**(national security)로 **만 국한되는 안보 개념을 다면적으로 확대**하려고 한다. 즉, "안보 또는 안전에 대한 위협을 단지 전쟁이나 국제적 갈등에만 초점을 맞추기 보다는 가정폭력, 강간, 빈곤, 젠더종속 및 환경 파괴 등을 동시에 고려해야만 한다"(Sjoberg, 2010: 4). 페미니즘에서 보기에 국가 안보가 확보되었다고 해서 개인, 특히 여성의 안보가 확보되었다고 할 수 없으며, 안보의 궁극적 지시물은 국가뿐만 아니라 개인 또는 공동체로까지 확장되어야만 하는 것이다.

기존 안보와 관련된 담론은 젠더의 구성과 닮아 있다고 페미니즘 국제정치학자들은 강조한다. 잘 알다시피 젠더는 남성성과 여성성을 기초로 하여 사물에 대한 존재론·인식론에서 이분법적 사고를 구성해낸다. 남성(성)과 관련해서는 긍정적인 것으로 여성(성)과 관련한 것과는 부정적인 것으로 이분화된 사고(dichotomous thinking)를 만들어 내는 것이다. 티커너는 이를 다음과 같이 설명한다. "공과 사, 객관과 주관, 자신과 타자, 이성과 감성, 자율성과 의존성, 문화와 자연이 바로 이원적 구별의 예라 할 것이다. 이러한 분류에서 대개 앞의 것은 남성성과 관련된 특징이며 뒤의 것은 여성성과 관련된다"(티커너, 2007: 24). 그런데 이러한 이분법은 국제정치학에서 상정하는 국가의 안과 밖이라는 구별과 유사한 맥락을 가진다. 즉, "전통적인 국제정치학의 인식은 국내/국외, 질서/문질서, 전쟁/평화 및 안보/불안정 등과 같은 이원적 대립구조에 기초하고 있다"(황영주, 2007: 79). 즉, 젠더의 차별적 구성과 국제정치의 구성에서 그 차이가 없다는 점이 강조된다.

특히, 지금까지 안보와 그와 관련한 논의가 지금까지 국가에만 국한되었

---

1 안보와 페미니즘 국제정치학에 대한 논의는 "페미니즘 안보연구의 기원, 주장 그리고 분석" (황영주, 2013a: 37–39)에 주로 의존하고 있다.

고, 그에 따라서 여성의 안전과 행복을 보장하지 못했다면, 지금부터라도 **여성과 여성의 경험을 국제정치에 대한 이해에 반드시 포함되어야 하는 것**이다. 또는 안보에 여성의 경험과 관심을 추가시켜 나가야 한다(adding women and gender)는 것이다. "국제안보에 관련된 페미니즘 연구들은 국제안보연구에 있어 여성의 부재 및 여성과 무관하다는 가정에 의문을 제기하는 것"(Sjoberg, 2010: 6)에서 시작되어야 하는 것이다. 특히, 평화학을 수용하는 페미니즘 국제정치학들은 여성들을 포함한 인간에게 부가된 이른바 구조적 폭력의 해소로 안보를 새롭게 정의해야 한다는 주장도 하게 된다.

2) 국제정치경제: 여성의 재생산 활동 인정(recognition)

국제정치경제는 1980년대 후반부터 국제정치학의 실제와 이론에서 핵심적인 위치를 차지해온 하위 분과학문이다. "국제정치경제는 국제문제에서 경제와 정치사이의 상호작용에 관한 것이다. 국제정치경제의 핵심질문은 세계경제 안에서 사건들이 왜 발생하며, 어떻게 설명될 수 있는가이다"(우즈, 2012: 316). 국제정치경제에서 다루는 이론과 내용은 주로 국가의 경제적 행위의 근원에 대한 질문에서 **자유주의, 중상주의, 마르크스주의**[2]로 대별되며,

---

2 다양한 주의(主義)의 요체는 다음과 같다. 자유주의는 "세계경제는 완전하게 통합된 지구적 시장이 될 잠재력이 지니고 있는데, 이때 자유무역과 자본주의의 자유로운 이동은 국가와 경제 행위자의 정책을 형성한다"고 판단한다; 중상주의는 "세계경제는 국가 간의 경쟁의 장으로서 국가들이 다른 국가들에 비해 자국의 부와 독립을 극대화하려고 하는 곳이다"고 가정한다; 마르크스주의는 "세계경제는 계급(자본가와 노동자)과 사회집단들이 끊임없이 갈등하는 자본주의적 경쟁의 장이다. 자본가들(그리고 자본가들의 기반인 국가들)은 이윤 동기에 따라 움직이며, 질서는 자본가들이 모든 다른 계급을 굴복시키는데 성공할 때에만 이루어진다"(우즈, 2012: 323)고 믿는다.

국제정치경제의 정책과 결과를 해설하기 위해서는 주로 **정치경제학, 제도주의, 사회구성주의**[3]로 설명된다. 반면, 페미니즘 국제정치학에서 보는 국제정치경제는 여러 가지 점에서 여성의 관심과 이해를 반영하고 있지 못하고 있다고 비판한다.

여성들의 경제적 곤란과 억압은 이미 알려진 사실이다. 예컨대, "여성은 평균적으로 더 장시간 동안 노동을 하지만, 소득은 남성의 3분의2정도 밖에 되지 못하며, 여성이 하는 노동의 많은 부분은 무보수 재생산 또는 돌봄 노동에 집중되어 있다"(티커너, 2012: 344). 특히, 자본주의 발전이후에 노동 장소와 가정의 분리에 따라 **여성의 노동은 가정주부화**(housewifesation)의 과정들이 나타난다. **남성의 노동은 가장**(the breadwinner)으로서 임금지불을 통한 가치 있는 것으로 간주되는 반면에, 여성들의 노동은 주로 가정에 한정됨으로써 젠더화된 노동 분업이 형성되는 것이다.

자본주의 발전과정의 흔적은 전 세계적인 자본주의적 확장 과정에서 젠더화된 역할을 강요한다. 즉, 여성들의 노동은 주로 **저임금과 이중노동**에 집중된다(티커너, 2012: 345). 가장(家長)으로 기대되지 않기 때문에, 주로 의류 및 전자 등 경공업에 종사하는 어린 여성노동자들은 실제 가장의 역할을 할 가능성이 있음에도 불구하고, 불충분한 노동대가가 지급된다(Hoang and O'Sullivan, 2017: 164-167). 또한 기혼여성노동자들들 역시 보조적 노동(the complementary labour)으로 치부되어, 노동대가가 충분히 지불되지 않으며, 동시에 가정에서

---

3   이 해설(解說)의 요체는 다음과 같다. 제도주의에서 "제도주의자들은 세계경제를 국가 간의 협력장의 간주한다. 중심적인 행위자들은 정부들과 거기에서 권력을 위임받은 제도들이다. 그리고 핵심적인 동력은 협력의 잠재적 이득을 얻으려는 국가 차원의 합리적 선택이다"고 본다; 정치경제학에서 "중심적인 행위자는 국가의 경제 안에서 형성된 이익집단들이다. 핵심 동력은 국제경제의 변화에 반응하는 국내 경제 안에서 집단차원의 합리적 선택이다"고 본다; 구성주의주의자들은 "세계경제 및 국제경제관계가 발생하는 경계 안에서 정체성과 선호를 형성하는 아이디어와 지식, 역사적 환경에 초점을 맞춘다"(우즈, 2012: 324).

의 재생산노동과 감정노동을 지속적으로 감당해야만 한다. 무엇보다도, 신자유주의에서 **노동유연성**의 확보는 주로 여성노동력에 더 집중하는 경향이 존재한다.

페미니즘학자들은 국제정치경제학자들이 가장 큰 관심을 갖는 영역은 경제 활동에 있어 **재생산 활동의 의도적 배제**에 있다. 즉, 기존의 국제정치경제에서 가정하는 생산은 주로 기업, 국가 등 주로 공식적으로 인정되는 단위를 가정한다. 하지만, 페미니즘 국제정치경제학자들은 이러한 공공영역에서의 생산 활동이 실제로 여성들에 의해서 수행되는 사회적 재생산활동에 의존성을 축소한다고 믿는다. 가정에서 이루어지고 있는 생물학적 재생산 활동(biological reproduction) 즉 일일재생산 혹은 세대재생산과, 여성들에게 지급되지 않은 가사노동으로 이루어지는 부불생산(unpaid production)은 사회 및 국가의 경제적 생산에 근간임에도 불구하고, 주목받지 못하고 있다는 것이다. 또한 가정 구성원들을 위해서 행해지는 보살핌 노동(caring labour)도 간과된다(Tickner, 2014: 3). 이렇듯, 국민들의 경제활동을 지속시키기 위한 복지국가의 구현과정에서 드러나는 여성 노동에 대한 의존 또한 국제정치경제 구성에서 중요한 논의 대상이 된다.

페미니즘 국제정치학자들이 또 문제를 제기하는 것은 전통적 국제정치경제의 기본적 가설과 관심이 실제로 (백인) **남성적 정체성의 반영물**이라는 사실이다. 예컨대, 국제정치경제에서 중상주의(重商主義)적 가정에서 '다른 국가들에 비해 자국의 부와 독립을 극대화하려고 하는 곳'은 겉으로 보기에 무성적(asexual)으로 보이지만 실제로 시장에서 이익의 극대화를 추구하는 합리적 경제인의 모습을 의인화시킨 것에 다름 아니다. 이러한 합리적 경제인이라는 가정은 자본주의 경제 초기 발전과정에서 참여 가능한 일부인, 특히 백인 남성의 행위에서 비롯된 것이며, 여성 활동과 정체성은 배제된 것이다. 이러한 행위는 여성들이 주로 행하는 가족을 위한 정서적·감정적 활동 등을 감안하지 않은 것이 된다.

무엇보다도, 페미니즘 국제정치학자들은 국제정치경제에서 경제활동의 근간이 국가 혹은 기업의 이익으로 환원되는 것을 경계한다. 대신 모든 경제활동이 주로 **인간이 갖는 기본적 삶에 복무**해야 한다고 판단한다. 국제 정치경제에 대한 페미니즘적 관점은 인간이 갖는 기본적 욕구와 필요(the basic needs)의 보장이라는 '아래로부터(the bottom)' 시작되어야 한다고 믿는다. 또한 이들은 국제정치경제에서 대상으로 내세워야할 복지의 지시물이 국가가 아니라, 개인, 특히 경제적으로 피폐한 여성의 지위향상을 그 목표로 삼아야 한다고 강조한다. 페미니즘적 관점에서 여성과 개인의 생존을 위한 경제적 안정(the economic security)은 앞서 제시한 안보의 재개념화로 까지 이어진다.

3) 지구화: 젠더관계의 재현과 역전(representation and reprisal)

현재는 지구화 시대라 하겠다. 전통적인 국제정치학에서 이 현상의 논쟁축은 주로 국가의 소멸과 지속에 초점[4]이 맞추어지고 있다. 다만, 찬성이든 반대든 상관없이 "지구화가 주권소멸 국가로 귀결되지는 않지만 국내문제와 국제문제를 사이를 가르는 전통적인 구분이 더 이상 큰 의미가 없는…" (맥그루, 2012:32), 전세계적 규모와 차원에서 지구화의 다양한 결과들이 나타나

---

4   맥그루에 따르면, 지구화 현상에 동의하고 있는 학자들은 "… 지구적 힘이 정부가 가진 경제·사회적 통제력을 약화시키고 있기 때문에 지구화가 주권 민족국가의 소멸을 초래하고 있다…"고 보는 반면에, 지구화 현상에 회의론자들은 "지구와 지정학이 여전히 세계질서를 형성하는 중요한 요소…"(맥그루, 2012: 32)라고 본다.

고 있는 것은 분명한 사실이다.[5] 페미니즘 국제정치학자들은 이러한 지구화 시대에 여성에 대한 억압과 차별이 지속되는 현상에도 주목하면서도, 동시에 이러한 시대에 여성의 인권과 권리 향상을 위한 새로운 기회를 갖는 것도 함께 포착한다. 말하자면, 이들은 지구화가 젠더관계를 온존·재편시키기도 하고, 동시에 젠더관계의 개선을 가져오는 기회를 제공하기도 한다고 믿는다.

지구화의 여러 논의에서도, 이주(移住, migration)는 페미니즘 국제정치학의 중요한 이슈가 된다(이지영, 2013; Feminist Perspectives on Globalisation, 2014; 티커너, 2012). 이주의 문제가 여성에게만 국한된 것은 아니지만, 이주와 관련한 논의는 상당히 여성에 대한 차별화된 관행과 연관되며, 동시에 돌봄노동 등, 전 세계적 규모에서 성별분업(division of labour)과 같은 실제가 확장되는 사례에 집중한다. 이지영이 지적하듯이 이른바 '이주의 여성화'가 나타나는 것이다. 특히 동아시아 혹은 남미처럼 특정 지역에서는 여성이주자의 수가 남성보다 앞서는 것으로 나타났다. 이주와 관련한 논의는 페미니즘 진영의 많은 논의들을 불러온다. 교차성(intersectionality)논의가 그 중심에 서는 것이다.

여성 이주와 관련한 중요한 논의점 중의 하나는 이른바 전지구적 돌봄노동의 체인화(global care chains)(Hochschild, 2000: 2002; Feminist Perspectives on Globalisation, 2014: 11에서 재인용). 말하자면, 이주 노동에서 "전문직은 보건, 교육에 치중되어 있고 비전문직의 경우는 주로 가사, 육아, 노인 돌봄이 많아 여성이주자들이 전통적인 성역할분업에서 '여성의 일'로 간주되어 온 재생산노동에 종사하고

---

5 맥그루의 경우에는 주로 지구화 현상의 표현을 세계적 규모의 외환시장, 초국적 기업의 활동, 비정부기구들의 성장, 지구적 커뮤니케이션 현상, 인구의 합법적·비합법적 이동, 국제기구역할의 확대, 테러의 광역화, 정치단위의 상호의존성 확대 등으로 설명한다(맥그루, 2012; 33-34).

있는 것이다"(이지영, 2013: 246). 물론 일부 이주여성의 역할에 따라서 특정 사회의 젠더 구조에 적극적인 변화의 역동성으로도 작동하기도 한다.

"가난을 피해 '코리안 드림'을 꿈꾸고 농촌에 시집온 다문화여성들이 본국 여성에 의해 거부된 가부장제적 가족관계를 지속하는 매개 역할을 하기도 하지만, 자신보다 학력도 낮고 최소한 10살 이상 많은 남편과 시댁에게 새로운 기회로 작용하고 있기도 하다는 흥미로운 연구결과들은 한국 사회의 가부장제적 가족구조의 변화가능성을 암시하고 있다"(김미경, 2017: 193);

"유입국 사회 내에서는 이주 가사노동자인지만 유입국 사회의 민주주의, 시민적 권리 더평등의 가치와 제도를 경험하게 되면서 이주여성의 권리를 옹호하기 위해 이주여성의 조직화와 세력화를 도모함으로써 주체적인 운동가로 변화하기도 한다"(이지영, 2013: 262-263).

하지만, 실제로 돌봄 노동은 지구화에도 여전히 여성의 몫으로 간주되면서 전세계화 차원에서 재현되고 있다. 가사와 육아 등은 유입국 고학력 여성 사회적 활동을 메우려는 요구에서, 노인 돌봄은 주로 어려운 일을 감당하지 않으려는 유입국의 사회적 변화에서 출발된 것이다.

여성결혼이민자의 증가도 지구화의 단면이라고 하겠다. 서구에서는 독일, 동아시아에서는 한국과 일본이 결혼이주의 주요 국가가 된다(이지영, 2013: 250). 여성결혼이민자의 유입도 실제로는 유입국의 젠더관계 재현과 연결된다. 예를 들어, 한국에서

"농촌으로 시집온 결혼 이주 여성의 역할은 전통적으로 바람직한 며느리 모습의 재현에 집중된다. 이들은 한국인과 결혼해 대를 잇고, 시부모를 봉양하며, 남편을 존경하고, 집안일에 충실하면서 거들어야 한다. 며느리로서 한

국인보다 더 한국인다운 덕목을 보인다면, 비로소 한국 사람의 일원으로 인정 받는다"(황영주, 2012a: 195).

여성결혼이민자는 해당 사회의 바람직한 며느리, 즉, 대잇기 등의 전통적인 젠더관계를 재현하면서도, 유입국 여성의 이농으로 발생하는 돌봄 노동을 메꾸는 역할(시부모 봉양, 남편존경, 집안일에 충실)도 함께 한다(이지영, 2013: 251). 이러한 점을 감안한다면, 지구화 시대에 여성의 어려움을 이야기할 때 그 내용은 다층적 구조를 띨 수 밖에 없게 된다.

지구화는 역설적으로 여성에게 새로운 기회를 제공하기도 한다. 지구화현상 중에서 특징으로 간주되는 비정부(NGO)의 성장은 이른바 여성의제의세계적 차원으로의 공유를 촉진시키기도 한다. 지구화는 인권과 같은 도덕적·윤리적 원칙을 강조함으로써 여성들의 권리 주장에 도움을 준다는 것이다 (Feminist Perspectives on Globalisation, 2014: 13). 예컨대, 젠더주류화(gender main-streaming)는 남녀평등 실현을 위한 새로운 초국가적 정책패러다임으로 간주된다. 젠더주류화는 주로 공공정책의 구조, 과정, 환경에 성인지적 실천과규범에 내재화됨으로써 남성과 여성의 평등을 제도화하는 행위로 설명될수 있다(마경희, 2006: 46; 황영주, 2014: 514에서 재인용). 국제여성NGO등의 적극적인개입을 통해서 1995년 베이징 여성회의 채택된 이 전략은 주로 정책에 있어여성의 참여에 국한되는 것이 아닌, 남성중심적 영역의 정부 및 정책을 성인지적으로 재편되어 가는 정부 정책으로 확산된다(황영주, 2014: 514-515).

4. 페미니즘 국제정치의 희망읽이

우에노 지즈코 같은 페미니즘 학자들은 가부장제에서 남성의 여성에 대한 여러 성애화(性愛化)와 제국주의에서 식민지 모국과 식민지와의 관계가 묘하게 닮아있다고 주장하기도 한다. 예를 들어, 남성들이 성녀(聖女)와 악녀(惡女)로 구분하여 여성을 대하는 방식은 식민지 모국의 분할통치와 유사하다는 것이다. 즉, "'분할하여 통치하라(dvide and rule)' 이것은 지배의 철칙이다. 분단해 놓고 서로 대립시킨다. 상호 연대 같은 건 당치않다. 여성입장에서 말하면 남성에 의한 '성녀'와 '창녀'의 분단지배이다"(우에노 지즈코, 2010: 55). 식민지 지배와 가부장제의 지배가 유사하다는 지적이다.

페미니즘 국제정치학의 대표적인 1세대 학자인 티커너가 가장 훌륭한 페미니즘 국제정치학의 연구로 손꼽는 연구 중의 하나로 "Sex among Allies: Military Prostitution in U.S.-Korea Relations"(Moon, 1997)를 들고 있다. 국내에도 '동맹속의 섹스'라는 이름으로 번역된 책은 이렇게 소개된다. "이 책에서 낭만적인 섹스는 존재하지 않는다. 다만 한국의 국가안보를 위해 어떻게 미군기지 주변의 성노동자들과 그 육체가 주변화되고 식민지화되었는지를 보여주는 상세한 보고만이 존재한다"(황영주, 2008: 277). 이 연구는 1970년대 초반, 지속적 미군 주둔을 위하여 남한정부가 이른바 기지촌 성매매를 어떻게 국가차원에서 관리 감독하였는지를 보여준다. 국제정치와 여성의 몸의 관련성을 절실하게 보여준다.

이 글은 여성과 국제정치를 이 책의 맥락에 맞게끔 간결하게 소개하면서도 페미니즘 국제정치학의 성격을 명확하게 보여주려는데 노력하였다. 특히 이 글은 한 신문에 소개된 페미니스트 외교장관의 행보를 따라가면서 페미니즘 국제정치의 특징을 정리하려고 하였다. 이 기사의 내용에는 각각 국제정치의 이상추구, 여성에 대한 종속과 억압 반대, 정치의 중심에 개인경험을 우선시하는 것, 젠더 차별이 마지막 남은 영역의 차별이라는 점, 군사력에 기반(基盤)하는 안보 반대 등이 들어 있었다.

이 기사에 비추어서 페미니즘 국제정치학이 한축으로는 규범적, 비판적, 교차적 시각을 가지고 있음을 보여주었다. 2절에서 다루었던 바와 같이, 페미니즘 국제정치학은 규범적이고, 당위적인 이를테면, 평화달성, 경제정의, 생태학적 지탱 등에 관심을 두면서, 국제정치학의 남성중심에 비판을 가한다. 특히, 페미니즘 국제정치학은 전세계에 살고 있는 많은 여성과 억압받는 이들의 다양한 처지에 대하여 이해하려고 한다. 이는 사우디아라비아 여성의 인권을 국익의 차원에서 눈감지 않고, 지구에 함께 살아가는 사람이라는 입장에서 보려는 페미니즘 장관의 비판적·규범적 태도와도 관련된다.

다른 한편으로 기사가 갖는 함의(含意)에 따라, 페미니즘 국제정치학의 국제정치 현실에 대한 개입을 각각, 국가안보의 재개념화, 경제에 있어서 여성의 재생산 활동 인정, 지구화에 따른 젠더관계의 다양한 변화로 나누어 3절에서 다루었다. 페미니즘 국제정치학이 갖는 규범적, 비판적, 교차적 시각은 현재 당연하다고 생각되는 국제정치의 현실을 다르게 보게 하는 계기를 제공한다고 강조하면서, 이를 국제정치의 실제에 적용해 보았다. 이는 외교를 칵테일파티에서 시간을 보내는 것이 아니라면서, 외교가 갖는 공허함과 형식성을 부수고, 실질적 문제를 새롭게 다루려는 페미니즘 장관의 도전과도 관련된다.

마지막으로 사족(蛇足)하나. 이 글은 '(여전히) 새로 시작되는 여정: 여성과 국제정치'라는 글제목을 가지고 있다. '여전히' 새로 시작되는 여정의 의미는 주로 한국에서 여성과 국제정치에 대한 인식과 이해를 상징적으로 표현하고 싶었던 것이었다. 글쓴이는 2002년에 페미니즘 국제정치학을 소개하였지만, 여전히 페미니즘 국제정치학을 소개하는 글을 여기에 지금도 쓰고 있다. "국내에서 시도되는 페미니즘 국제정치학과 페미니즘 안보연구는 극히 드물고, 그 수준 또한 이론의 소개 정도에 그치고 있다"(황영주, 2013a: 36)는 주장은 불행하게도 여전히 유효한듯하다.

제3장
여성운동과 정당의 전략적 제휴는 가능할까?
: 여성정치세력화 운동의 복기와 복원

이진옥((사)젠더정치연구소 여.세.연 대표)

1. 들어가며

여성운동과 정당의 호혜적 관계는 서로에게 유익하다. 여성운동은 정당을 통해 여성운동의 의제를 입법화하고 제도 개혁을 압박할 수 있으며, 정당은 여성운동의 목소리를 반영함으로써 대의적 정당성을 확보할 수 있다 (Lovenduski, 2005). 규범적인 관점에서 볼 때 정당은 복잡한 현대 정치과정에서 시민사회의 정치적 욕구를 집약하고 정책을 제시하며, 정부의 정책결정과 집행이 보다 효과적으로 수행될 수 있도록 '견제와 균형'의 기능을 수행하는 중간적 매개체 집단으로 인식된다(윤정석 1996,1.3). 그러나 현실적인 관점에서 호남이나 영남 등의 특정 지역에 기반한 전근대적인 지역 중심 독과 점적 정당체계를 중심으로 형성된 한국 정당정치에서 정당의 시민사회 매개체 역할은 매우 제한적일 수밖에 없다. 한국의 시민사회와 정당과의 관계를 분석하며, 정상호(2007)는 폐쇄적인 선거제도와 후진적인 정당정치의 현실을 바탕으로 시민사회 내 정당을 연대와 협력의 대상이라기보다는 고비용·저효율 체제를 양산하는 개혁의 대상으로만 바라보는 반(反)정당 정서가 팽배하다는 점을 지적하며, 한국의 시민사회 운동과 정당의 관계를 비정치(apolitical) 모델이라고 개념화한 바 있다. 그러나 정당정치를 배척하는 정서는 페미니스트 활동가 사이에서 흔히 찾아볼 수 있는 전지구적인 보편적 정서이고, 여성운동이 정당에 참여할 것인가, 불참할 것인가의 문제는 정당정치가 안정적으로 발전한 미국과 영국에서도 주요 논쟁점이 되어 왔다(Evans, 2016).

한국의 여성운동과 정당의 관계는 보다 복잡하게 형성되어 왔다. 1인2표제와 할당제가 도입된 2004년의 정치개혁 이후 정당은 여성운동 출신의 후보자를 적극 기용했고, 여성운동가들은 새롭게 열린 정치적 기회구조를 적극적으로 활용하고자 했다. 이진옥·황아란·권수현(2017)의 연구는 17대 총선부터 20대 총선까지 비례대표 의원의 명부 분석을 통해 남성보다 여성이 더 많이 시민사회 단체의 경력으로 비례대표에 진입해왔다는 것을 밝힌 바 있다.[1] 그 중 가장 대표적으로 한국여성단체연합(여연)이 배출한 여성의원은

---

1 시민사회단체 출신 비례대표는 19대 총선을 제외하고 여성이 남성보다 많았으며, 여성비율은 비슷한 수준을 나타내는 데 비하여 남성비율은 큰 변동을 보인다. 즉 여성 비례대표 가운데 시민사회단체 출신은 17대부터 20대까지 각각 41%(12명), 44%(12명), 43%(12명), 44%(11명)인 반면, 남성은 각각 37%(10명), 30%(8명), 46%(12명), 9%(2명)이다. 특히 20대 총선에서 의원 간 성차(35%p)가 뚜렷하게 나타난다(p<.01). 산업계 출신의 경우는 사례수가 적지만 20대 총선에서 여성비율(16%, 4명)이 남성(9%, 2명)보다 많은 것을 제외하고 모두 남성비율이 여성보다 많았다. 더 나아가 정치인과 시민사회단체 경력을 동시에

1996년 15대부터 2016년 20대 총선까지 총 14명으로 파악되고, 그 중 이미경(5선), 한명숙(3선), 김상희(3선), 김희선(2선), 남인순(2선) 등은 지역구에 도전해 재선 이상에 성공한 바 있다(김은희, 2017a: 407). 다시 말해, 특히 민주당계 정당은 여성운동의 경력을 주요한 정치 충원의 정당성으로 인지하였고, 여성운동은 여성운동의 확장된 경로로써 민주당계의 정당을 접근했다고 볼 수 있다.

구체적으로 표현하자면 민주화 과정에서 한국 여성운동의 구심체가 되어온 한국여성단체연합 및 소속단체들은 민주당계의 정당들(현 더불어민주당)과 특수한 제휴 관계를 맺어왔다. 이에 대해서는 여성정치세력화 운동에 대한 평가나 여성운동의 제도화 차원에서 논의되어 왔으나, 여성운동과 정당과의 관계 차원에서는 거의 논의된 바가 없다. 여성운동과 수권 정당과의 관계를 중심으로 살펴보는 이 글의 문제의식은 다음과 같다. 첫째, 여성은 국회에는 17%의 비율로 나타나고 4급 보좌관에는 단 7%에 불과하며(《조선일보》 20.18. 2. 28), 2018년 제7회 지방선거 결과 기초단체장 중에는 단 8명(3.5%), 광역단체장에는 전혀 없다. 이러한 여성 대표자의 숫자는 낮은 여성의 권한 척도를 보여주는 것이자, 남성 동성 사회의 폐쇄성을 방증하는 것이다. 이는 다시 여성 대표성이 민주주의의 질의 문제이자, 성평등의 중요한 척도가 된다는 것을 의미한다. 민주주의 공고화 과정에서 남성 독점적 구조가 해소되지 않는다면, 젠더 정의의 실현은 정치 의제에서 항상 후순위에 위치할 것이며,

---

지닌 비례대표 의원은 여성의원 중 16%인 반면, 남성의원 중에는 7%로 뚜렷한 성차가 나타났다(p<.05). 또 전문직과 시민사회단체 경력을 동시에 지닌 비례대표 의원은 여성(16%)이 남성(11%)보다 많은 반면, 정치인과 전문직 경력을 동시에 지닌 의원은 남성(18%)이 여성(11%)보다 많은 경향을 나타내지만 통계적으로 유의한 차이를 보이지 않았다. 이러한 경향은 앞서 시민사회단체 출신에서 드러난 성차가 시민사회단체를 포함하는 경력의 교차성에서도 여성의원이 남성보다 많은 특징을 나타내는 것이라 하겠다(이진옥·황아란·권수현, 2017: 231-232).

개인들에게 전가되는 젠더 갈등의 비용은 더욱 커질 것이고, 지금까지 그래 왔던 여성이 이 비용을 더 크게 지불하게 될 것이다. 즉, 우리에게 더 많은 여성 정치인, 그리고 더 나아가 페미니스트 정치인이 필요하다는 것에는 이의를 제기할 수 없다.

둘째, 이러한 남성 독점적 권력을 재생산하는 구조적 조건에도 적은 수의 여성에 대한 평가가 집중되면서, 여성정치세력화 및 여성 대표성을 둘러싼 비판적 담론은 상징 여성에 대한 담론적 효과를 강화하는 역설을 낳는다. 남성 지배적인 정치영역에서 '상징 여성(token woman)'은 그들의 희소성 때문에 언제나 특별한 주목의 대상이 되며, 개별성이 무시되고 여성 전체의 특성을 대표하는 하나의 상징으로 평가된다. 그들의 업무수행 능력이 뛰어나면 뛰어난 대로 부족하면 부족한 대로 과장되어 평가되고 그들의 단점이나 인간적 약점은 마치 전체 여성의 속성인 것처럼 정형화되어 제시되는 경향이 있다(Kanter 1977, 양정혜 2002: 464쪽에서 재인용). 즉, 여성의 정치세력화 논의는 남성 권력의 자장에서 작동할 수밖에 없는 여전히 소수 개별 여성에게 "여성" 집단의 대표성을 과도하게 부여함으로써 여성의 정치적 특성을 일반화하여 그것이 마치 여성에게 내재된 성질인 양 정치의 성차를 다시금 재생하는 오류를 반복하고, 결국 여성정치세력화 운동은 '여성' 그리고 '페미니즘'의 전략적 실패로 환원된다. 이는 스콧(2017)이 프랑스 여성참정권 운동에 대한 분석에서 밝히는 페미니즘의 역설이 갖는 핵심이다.

> "페미니즘은 여성을 정치적으로 배제하는 것에 맞선 항변이었고, 그 목표는 정치에서 '성차'를 제거하는 것이었다. 하지만 페미니즘은 ('성차'를 통해 담론적으로 나타난) '여성'의 편에서 권리를 요구해야 했다. '여성'을 대변한다는 점에서, 페미니즘은 자신이 없애 버리고자 했던 '성차'를 생산해 냈던 것이다. '성차'를 받아들이고 또한 거부해야 하는 이러한 역설이 오랜 역사를 통틀어 페미

니즘을 하나의 정치 운동으로 구성해 왔다"(스콧, 2017: 54).

스콧이 제시하는 '페미니즘의 역설'은 공화주의의 모순과 그 모순이 낳는 내적 위기 경향성을 폭로한다. 그와 마찬가지로 여성정치세력화 운동 및 여성대표성에 대한 평가는 개별적 여성 행위자들을 '통합적 주체'로서 접근하기보다 시대적 조건과 지배적 담론의 맥락에서 진행될 때, 보다 나은 이해를 돕고 진전된 운동의 전략을 구상하는데 유용할 것이다. 이 점에서 이 글의 마지막 문제의식은 여성정치세력화 운동은 대의민주주의의 한계를 근본적으로 내재한다는 점을 부정하지 않으면서도, 여성 대표성 강화가 결국 불완전한 대의민주주의의 보완책이라는 점에서 여성정치세력화 운동의 제2의 도약을 위한 전략을 제시하는데 있다.

> "한국사회는 지속적으로 정치권의 부정부패, 부의 양극화문제, 소통문제 등 정치의 한계를 보이고 있다. 이를 극복하기 위해서는 이러한 문제해결의 이슈화 과정에 여성참여의 중요성이 부각되어야 한다. 이를 통해 여성유권자 책임론, 여성후보의 경험부족과 능력시비, 할당제로 인한 역차별 등의 논란에 대한 적극적 대안논리를 개발해야 한다. 아직도 정치권에서는 여성을 폄하하는 말이 있는데 여성의 정치참여 당위성에 대한 보편적 담론을 개발해야 하고 사회적 설득과 공감대 형성이 있어야 한다"(이혜숙, 2017: 4).

이혜숙(2017)은 사회를 움직이는 지식으로서 주체를 형성하고 구성하는 권력의 방식으로 담론을 정의하면서(푸코, 1976: 35-53), 담론은 어떤 특정한 주제를 재현하는 방식으로서 그 주제에 대한 의미 있는 지식을 만들고 실천하는 데 영향을 미친다는 점을 강조하며 여성정치세력화 운동의 재생할 수 있는 보편적 담론 개발의 필요성을 역설한다. 이 글은 이러한 문제의식에 공감하면서, 여성정치세력화 운동을 둘러싼 담론에 대한 비판적 분석으로 출발하여, 보다 구체적인 전략을 모색할 필요성을 강조하고 그를 위해 실질적인 여성정치세력화 운동이 마주한 쟁점을 여성운동가들과의 집담회와 개별적인 심층 면접을 통해 그 구체적인 전략으로서 여성운동과 정당과의 전략적 제휴 관계를 모색할 것으로 제안하고자 한다.

2. 여성정치세력화 운동 담론의 재구성

여성운동의 직접적인 정치참여는 여성정치세력화 운동의 성과이자 운동의 견인차가 되어 왔다. 조현옥(2005)은 여성정치세력화를 "여성의 참여를 확대하고 나아가서는 정치개혁의 한 과정[이자] … 여성의 참여가 가장 부진한 정치영역에서 여성들이 가지고 있는 정치적 역량을 스스로 인식하고 그 영향력을 확대해 나가려는 시도"로 정의하고, 여성단체는 여성의제를 만들어 내고 정치권에서 결정하도록 압력을 가하는 유사정당의 역할을 하며 여성정치세력화 운동을 주도하며, 여성과 관련된 정책평가나 다양한 여성층을 대상으로 하는 교육, 그리고 선거에 임박해서는 여성후보 발굴, 여성후보 지원, 여성유권자운동, 공약평가 등의 활동들을 여성정치세력화 운동에 포괄한다(조현옥, 2005: 45, 63-66). 여성정치세력화 운동은 실질적 민주주의로 변화시켜 나가려는 민주주의 실현을 위한 정치운동이자 여성의 정치적 과소 대표성을 해결해야 하는 정치운동이라는 의미를 부여하여 민주주의의 확장 과정이라고 정의하기도 한다(오유석·김은희 2010: 284-285).

이러한 초기 여성정치세력화 운동에 대해 오장미경(2004)은 여성정치세력화 운동이 직접적인 참가보다 성평등한 사회를 위해 여성의 의제를 해소하는데 집중해야 한다는 필요성을 역설한 바 있다. 더 나아가 여성운동 내부에서는 여성운동 지도자들의 제도 정치에 진입에 집중하고, 그 결과 여성운동과 제도 정치 양자 간의 거리가 너무 가까워지면서 제도 정치에 대한 비판적 의식이 퇴색되며 소위 진보적 여성운동이 제도화되고(조이여울, 2006), 그 이전에 분명한 차이를 드러냈던 진보와 보수여성운동과의 경계도 허물어졌고 양자는 보수운동과 '주류화'된 여성운동으로 변질되었다는 거센 비판이 제기되기도 하였다(권김현영, 2006). 이와 유사하게 문지영(2015)은 여성정치세력화 논의가 여성 이익의 대표를 내세우든 여성의 과소대표성 문제 해결을 강조하든 그런 입장에서 여성 정치참여는 일차적으로 할당제를 중심으로 여성정치인 수의 증가에만 매몰되어 여성의 정치참여가 대표의 문제로 축소되어왔다고 지적한다. 그 결과 여성정치세력화에서 주장하는 '정치'는 공식적인 정부 제도나 정치적 의사결정 과정 및 활동을 뜻하는 것으로 제한되어, 여성의 정치세력화가 민주주의의 확장 과정이기 보다는 협소한 대의민주주의의 결함을 내재한다고 비판한다(문지영, 2015: 8~9). 이와 유사하게 최일성(2012, 2015)은 여성정치세력화 운동이 참여민주주의의 형태를 지니고 있음에도 불구하고 다수 국민이 배제된 채 엘리트 중심으로 전개된 참여민주주의의 전개 과정의 한계를 공유하며, 소수 엘리트 여성 중심의 여성 정치 참여 확대에 그쳤다고 비판한다.

이러한 여성정치세력화 운동에 대한 평가는 할당제의 수혜자가 엘리트 여성 중심이라는 평가와 유사하게 수렴된다(김현희·오유석, 2010; 조현옥·김은희, 2010; 윤이화, 2011; 조희원, 2011; 문지영, 2012; 이재경·김도희, 2012; 김민정, 2014; 안숙영, 2016). 그러나 여성정치세력화 운동을 보다 객관적이고 공정하게 평가하고, 그를 통해 한 단계 도약하기 위해서는 이에 대한 논의가 다양한 측면에서 보다 섬세하게 발전할 필요가 있다. 첫째, 여성정치세력화 운동이 기초하고 있는 정치참여와 '대표'에 대한 중첩적이고 혼재된 개념상에 대한 구분이 필요하며, 더 나아가 '대표'에 대한 개념적 논의를 보다 풍부하게 할 필요가 있다. 우선 정치참여는 투표나 캠페인 활동, 정치인 접촉과 같이 민주주의 체제에서 허용되는 합법적이고 통상적인 행동을 중심으로 "시민들이 자발적으로 정부 행동에 영향을 미치고자 하는 것"으로서 협소하게 정의되거나(Verba and Nie 1972; Verba et al. 1995), "정부의 정책결정에 영향을 미치려는 시민의 행위"를 포괄하는 광의적 개념으로 정의되기도 한다(Huntington and Nelson 1976, 김한나, 2016: 83에서 재인용). 정치참여를 협의 또는 광의로 정의하더라도, 여성운동은 일상적인 정치참여의 과정이었다. 특히 여연을 중심으로 한 여성운동 단체들의 상시적인 활동은 의정 감시 활동, 성명서, 기자회견, 토론회, 문화행사, 시위 조직 등으로 이루어지고, 선거 국면에서는 각 정당을 압박하기 위해 정책 질의서를 보내거나 정책 협약식을 체결하기도 한다. 만약 여성정치세력화 운동이 이러한 개념의 여성운동의 정치참여와의 차별점을 갖는다면, 그것은 여성이 대표될 권리의 확장을 위한 제도 개혁 및 직접적인 참가의 정치를 추구하였다는 것일 테다.

한나 핏킨의 고전적 대표성(representation) 개념에 따르면, 정치적으로 다른 이가 대표할 수 있도록 법적인 권한을 제공하는 형식적(formalistic) 대표성, 인종·성·종족 또는 주거지와 같은 유사한 특질을 공유하고 있다고 가정되는 집단을 대표한다는 기술적(descriptive) 대표성, 국민의 열망 또는 관념을 대표하는 상징적(symbolic) 대표성, 대표자가 한 집단의 정책 선호나 이해를 충족시키기 위한 실질적(substantive) 대표성으로 구성되며, 이 중 대표성의 궁극적인 핵심은 실질적 대표성의 추구에 있다(Pitkin, 1967). 앞선 문헌들에서 기존의 여성정치세력화 운동은 기술적 대표성에만 천착하고 실질적 대표성의 문제는 간과한 것으로 해석될 수 있는데, 이러한 관점은 기본적으로 실질적 대표성과 기술적 대표성을 분리해서 접근하고 있으며 기술적 대표성보다 실질적 대표성을 본질적으로 우위에 놓는 핏킨의 관점을 반영하고 있다. 이에 셀리스 외 저자들은 정치적 대표성을 "선거 주기 사이와 밖에서 요구(claim)를 만들고 듣고, 수용하고 거절하는 지속적인 과정"으로 재개념화할 것을 제안하는 사워드(Saward 2010)의 주장을 바탕으로, 여성의 실질적 대표성은 더 이상 여성 전체를 대변해서 요구를 만드는 것에서 발생하는 것이 아니라 "공식 제도 안팎에서 벌어지는 집단의 이해를 둘러싼 논쟁, 숙의(deliberation), 경쟁을 포함하는 과정으로 이해할"것을 주장한다(Celis et al., 2014: 151).

그런 점에서 여성의 기술적 대표성 확장을 요구하는 여성정치세력화 운동은 다양한 인구경제적인 특징을 체현하는 대표자의 존재가 있어야 다양한 이익을 주창(claim-making)하는 실질적 대표성의 핵심적 기능을 수행할 수 있다(Celis, 2008)는 주장에 근거하여 누가 대표되고 있는가를 물음으로써 대의 기관의 대표성을 재고할 것을 주문하고, 남성독점적 대의 기구의 정당성을 비판하는 준거가 된다. 더 나아가 사회운동과 이익집단, 시민 단체 등에 참여하는 '결사적 삶'은 점차 대의 민주주의의 생존에 중요한 요소로 인지되고 있다는 점에서 공식적인 대표자가 되기 이전의 비공식적인 시민사회에서의 활동 경력의 연속성과 그 두 가지 다른 공간의 경력 행보 사이의 유동적인 관계에 비추어 대표성의 논의를 형식적인 대표자에게만 주로 초점을 맞추는 것은 정당하지 못하다는 비판이 제기된다(Warren, 2008). 여성운동 출신의 의원은 여성운동 및 시민사회 운동과 입법부 사이에서 중매 역할을 하고 페미니스트 의제와 더불어 시민사회의 요구에 대한 담론적 공론장을 창출하고 입법화할 책무성을 더 크게 부여받는다는 점에서 시민 대표성을 구현한다고 볼 수 있다. 그런 점에서 여성운동 단체 출신의 대표성은 단순히 '여성'을 넘어, 불평등한 젠더 관계의 변화와 변혁을 추구하는 페미니스트 대표성을 구현하는 좌표가 된다.

이를 종합하면, 여성정치세력화 운동에서 여성의 정치참여가 대표의 문제로 축소되었다는 문지영(2015)의 지적은 여성운동의 일상적인 활동에 대한 정치적인 의미를 부여하지 않은 채 오히려 정치참여를 '정치'의 문제로 협소하게 정의하고 대표를 기술적인 측면에서만 정의한 개념적 혼선에서 비롯된 것일 수 있다. 아래 절에서 자세히 살펴볼 이 개념적 혼선의 결과는 대표와 참여의 문제를 이분법적으로 접근하게 하는 담론적 효과를 낳는다는 것이다. 대표 중심의 여성정치세력화 운동에 대한 비판적 성찰은 대표 아닌 참여 중심의 여성정치세력화 운동을 도덕적 우위에 놓게 됨으로써 대표와 참여의 문제를 이분법적으로 접근하게 만들고, 오히려 정치참여 중심의 여성정치세력화 운동의 지향은 일상적인 단체의 비정치적인 활동과 변별점을 만들지 못하고 여성정치세력화 운동은 공백으로 남게 된다. 더 나아가 여성정치세력화 운동의 회고에서 여성운동 단체들은 '영향력의 정치'와 더불어 직접적인 '참가의 정치'라는 이중전략을 사용해왔다고 평가한다(오유석, 2008: 3, 이혜숙, 2016: 80쪽에서 재인용). 여기서 '참가의 정치'는 직접적인 정치적인 의사결정 과정에 참여해야 한다는 것을 의미한다는 점에서 필립스(Phillips, 1995)이 주창한 관념(idea)에 대비되는 존재 또는 참석의 정치(politics of presence)가 지니는 개념이자 그보다 확장된 참가의 정치(politics of engagement)를 의미하는 것이고 볼 수 있다. 정치참여와 참가, 대표의 문제는 명확하게 구별되지 않고 모든 개념이 서로를 포괄할 수 있는 다층적인 의미를 내포하는 것으로 해석할 수 있으나, 이 글에서는 대표는 선거를 통해 유권자의 의사결정을 대리할 권한을 위임받은 상태라고 사용하고 정치참여는 투표행위나 시위 등 다양한 정치적 의사를 표현하는 행위를 의미하는 것이라고 광의적으로 접근하는 반면, 참가의 정치는 의사결정 과정에 대한 직접적인 참여를 지시한다는 점에서 앞서 제시한 협소한 의미의 대표할 수 있는 권한을 얻기 위한 일련의 과정을 포함한다.

둘째, 여성정치세력화 운동에 대한 평가의 다수는 할당제 운동이 어느 정도 가시적 성과를 만들었던 2004년 17대 총선의 특수한 경험에 집중되고 있으며, 더 나아가 할당제 논의가 지방의회가 아닌 국회를 중심으로 정박하고 있다는 점을 인지해야 한다. 2004년 할당제가 도입된 후 여성 국회의원 비율은 그 전 총선 결과, 5.9%에 비해 13%로 두 배 이상 상승하는 결과를 만들었으나, 2016년 20대 총선까지 4%p 증가하는데 그쳤을 뿐이다. 할당제가 상대적으로 강제되고 있는 비례대표 의석 비율은 17대 18.7%, 18대 18.1%, 19대 18.0%, 20대 15.7%로 오히려 줄어들었고, 여성의원의 비율 성장은 할당제 제도의 직접적 효과라기보다 민주당계 비례대표 여성의원들의 지역구 도전과 여성 후보자들의 당선 경쟁력을 바탕으로 각개 전투가 낳은 파급효과(spill-over effect)라고 보는 것이 타당할 것이다(Shin, 2014; 권수현·황아란, 2017). 다시 말해 여전히 여성의원의 수는 여성의 대표성을 담지하기에는 턱없이 부족할 뿐이나, 할당제의 수혜자는 '소수 엘리트 여성'에 불과하다는 지배적인 평가는 할당제가 작동하는 정치적 맥락과 할당제를 무력화시키려는 기존 기득권 남성 정치세력의 저항을 반영한다.[2] 이는 사회 심층에서 작

---

2 가장 대표적으로 2012년 19대 총선을 앞두고 당시 한명숙 민주통합당 당대표가 지역구 여성 의무 공천 15%를 당의 방침으로 하겠다는 발표 이후, 정청래 등 28명의 남성 후보자들은 기자회견을 개최하였고, 이를 낙하산 공천이자 역차별이라고 명명하고 민주당이 '이대 동문회'냐며 반발한 사건이 있다(이승훈, 2012). 참고로 공직선거법 47조는 "정당이 임기만료에 따른 지역구국회의원선거 및 지역구지방의회의원선거에 후보자를 추천하는 때에는 각각 전국지역구총수의 100분의 30 이상을 여성으로 추천하도록 노력하여야 한다"고 명시하고 있으며, 또한 민주통합당의 당헌·당규는 "중앙당 및 시도당의 주요당직과 각급 위원회의 구성, 공직 선거의 지역구선거후보자 추천(지방자치단체의 장 선거후보자 추천은 제외한다)에 있어서 당헌당규로 정하는 바에 따라 여성을 100분의 30 이상 포함하여야 한다"고 명시하고 있었다.

동하는 여성혐오의 프레임과 복합적으로 작동하며 이 문제들이 마치 여성정
치세력화 운동의 전략적 실패에서 비롯되었다고 진단하는 오류를 낳을 수
있다.

〈표 3-1〉 국회 여성의원 당선자 수와 비율: 제13대-제20대 국회

총선	선거 일시	총의석 (비례)	비례대표 비율(%)	여성의원			
				지역구	비례 대표	합계	여성의원 비율(%)
13대	1988.04.26	299 (75)	25.0	0	6	6	2.0
14대	1992.03.24	299 (62)	20.7	0	3	3	1.0
15대	1996.04.11	299 (46)	15.4	2	7	9	3.0
16대	2000.04.13	273 (46)	16.8	5	11	16	5.9
17대	2004.04.15	299 (56)	18.7	10	29	39	13.0
18대	2008.04.09	299 (54)	18.1	14	27	41	13.7
19대	2012.04.11	300 (54)	18.0	19	28	47	15.7
20대	2016.04.13	300 (47)	15.7	26	25	51	17.0

자료: 중앙선거관리위원회 선거통계시스템 홈페이지(http://info.nec.go.kr/) 참조
(이진옥·황아란·권수현, 2017: 214)

셋째, 여성정치세력화 운동 및 할당제에 대한 비판적 평가는 여성정치세
력화 운동의 주체에 대한 과도한 평가와 더불어 상대적으로 할당제라는 제
도를 운용하는 정당 주체에 대한 분석은 주로 외면한다는 점에서 문제적이
다. 정당은 할당제 운용에 실질적인 책임을 지고 있는 주체이며 및 여성 공
천에 '문지기(gatekeeper)' 역할을 하고 있다(오미연·김기정·김민정 2005; 김민정 2009;
황아란·서복경 2011; 박경미 2012; 김민정 2012; 김원홍 외 2013; 권수현·황아란 2017). 매 선거
시기 어떤 여성을 비례대표 의원으로 공천하는가의 문제는 정당 안의 다양
한 주체들의 내부적인 경합과 선거 전략에 따라 결정되며, 이는 정당 외부의

여성정치세력화 운동이 이 과정에 행사할 수 있는 영향력은 매우 제한적이다. 일례로 선거가 끝난 후, 한 여연 대표는 "우리가 이런 여성들을 국회에 보내려고 여성정치세력화 운동을 했나"라는 자괴감에 빠진다고 소회를 밝히기도 한다. 앞서 언급한 할당제에 대한 남성의 조직적 저항과 그 저항의 성공은 여성 할당제, 즉 성평등을 위한 적극적 조치 및 대표성의 성적 평등이 함의하는 민주주의의 규범화가 아직 정당 내에서 정착하지 않았음을 보여주는 것이다. 이러한 할당제에 대한 저항은 일반적으로 법적으로 제도화 될 때는 암묵적으로 동의하는 듯 그들의 의견을 보이지 않지만, 할당제가 막상 도입된 이후 제도 실행에 대한 다양한 반발과 무력화 시도는 다수의 국가에서 공통적으로 발견되는 특징이다(Dahlerup, 2008; Krook, 2015). 그러나 한국의 경우 할당제 도입 시기부터 할당제에 대한 왜곡과 반발은 있었다. IMF 위기 이후 줄어든 의원 정수, 273명을 그 이전 수, 299명으로 회복하기 위한 명분으로 여성 의원 수의 증가 필요성을 주장했으나 막상 지역구에 여성 공천을 강제화할 수 있는 제안들은 모두 부결되었고, 더불어 50% 여성 할당을 내장한 비례대표 의석의 수는 단 열 개만 증가하여(표 1. 참조), 여성 의원 수는 정략적인 명분에 불과하였음을 입증한다(김의경, 2004; 전진영, 2013; 노지연, 2014).

20대 총선 전에는 선거제도 개편 과정에서 비례대표제가 축소되면서 여성 의원 비율의 감소로 이어질 것이라고 예상되며, 줄곧 비례대표 축소를 당의 입장으로 견지했던 새누리당은 60% 여성 할당을 내세운 바 있고, 선거제도 합의 이후 더불어민주당 또한 그 원칙을 공유하였다. 그리고 각각의 정당은 59.1%와 55.9%의 여성을 비례대표 후보로 공천하였으나, 새누리당은 27-31번, 39-41번, 43-44번까지 여성에게 배정하고, 더불어민주당은 30번부터 34번까지 모두 당선가능성이 없는 순위에 여성을 공천함으로써 수치를 채우기에만 급급한 처사에 불과했다(《여성신문》, 2016. 3. 12.) 더구나 더불어민주당은 당선가능한 순위라고 점쳐졌던 15번에 남성 후보를 배정함으로써 실질적으로 "정당이 비례대표국회의원선거 및 비례대표지방의회의원선거에 후보자를 추천하는 때에는 그 후보자 중 100분의 50 이상을 여성으로 추천하되, 그 후보자명부의 순위의 매 홀수에는 여성을 추천하여야 한다"고 명시된 공직선거법 제47조(정당의 후보자추천)의 3항을 위반하였다. 이러한 위반 사례는 원외 소수정당 중에서 상당히 많이 발견된다. 기독자유당은 비례대표 후보 10명 중 9명을 남성에게 배정했으며, 통일한국당은 비례대표 후보 4명을 모두 남성에게 배정했고 기독당도 3명 중 2명을 남성에게 배정하였다. 이외에도 일제·위안부·인권정당, 개혁국민신당, 불교당, 한국국민당은 비례대표 한 명을 모두 남성에게 배정하였다. 이후 정의당 비례대표 1번으로 20대 국회에 진입한 이정미 의원은 "교호순번제 강제 이행"의 법규화를 약속하였고(《여성신문》, 2016. 4. 13.), 2018년 3월 30일 국회 본회의에서 각 정당이 총선이나 지방선거에서 비례후보의 절반 이상을 여성으로 공천하고 여성 후보를 홀수 순번으로 배치해야 한다는 규정을 어기면 등록신청을 무효로 하는 내용의 공직선거법 개정안이 통과되었다(《한겨레》, 2018. 3. 30.).

넷째, 여성정치세력화 운동에 대한 담론이 17대 국회의 특수한 경험에 집중되어 있다는 사실은, 지역에서 작동하는 여성정치세력화 운동의 경험을 간과하고, 지역의 관점을 반영하지 못한다는 한계를 지니고 있다. 여성정치세력화 운동에 대한 담론은 국회의 대표성을 중심으로 만들어졌으나, 실질적으로 여성정치세력화 운동의 실질적인 움직임과 그 결과는 지역 여성운동의 지방의회 참여 과정에서 불거져왔다. 즉, 지방 자치가 중앙 정치에 종속된 한국적 정치 특성이 여성정치세력화 운동에 대한 담론에서도 재생되는 것이다. 지역의 여성정치세력화 운동은 특히 '여성적' 정치참여라는 성별화된 담론에 의존해왔다. 생활정치의 장에서 다뤄지는 사안들이 복지 및 환경, 문화 등 남성보다는 여성에 적합하다고 간주되어 여성의 지방정치 참여의 필요성이 더욱 강조되어 왔다(김혜성 외 2013: 19-21). 또한 여성의 지방정치 참여가 중앙정치에 대한 참여에 비해 상대적으로 용이하고 여성의 정치참여를 위한 교육적 기능도 할 수 있고 여성의 참여에 대한 효능감이 상대적으로 높다는 점에서 여성의 지방자치에 대한 참가가 장려되었다(엄태석. 2011: 232-233). 따라서 생활권을 기반으로 하는 지방의회에 지역문제를 잘 알고 대안을 창출해낼 수 있는 여성의 진출을 제고하는 것은 여성참여의 측면뿐만 아니라 지방의회의 기본이념을 살리고 생활정치를 활성화하는데도 매우 중요한 과제라 할 수 있다(김명화. 2006: 4). 다시 말해, 여성의 대표성이 높을수록 지방 정부의 정당성을 강화할 수 있고, 여성의 정치적 참여기회의 확대는 정치적 영향력의 불균형을 시정하는 하나의 방법이 될 수 있다는 것이다.

이런 담론은 여성은 하위의 또는 생활정치에 보다 적합하고 상위 또는 중앙정치는 남성이 보다 적합하다는 정치 영역의 성별 위계를 공고화하는데 기여하고 있다고도 볼 수도 있다. 이는 2018년 지방선거 결과, 기초의회의 여성 의원 비율은 30.8%에 달해, 광역의회 19.4%, 국회 17%, 기초단체장 3.5%, 광역단체장 0%와 비교해 월등하게 높은 수치를 나타낸다는 점에서 지방자치는 상대적으로 여성에게 열린 정치적 기회구조를 제공한다고 볼 수 있다. 그럼에도 지방자치와 여성운동과의 관계는 지역마다 상이한 정치 환경과 여성운동의 경험적 토대 및 행위자들에 의해 다양한 결과로 나타나 지역의 여성정치세력화 운동에 대한 평가가 중앙 정치의 그것과 대비하여 단일한 상으로 평가될 수 없다. 그러나 여성운동이 직접적인 참가의 정치를 통해 지방자치에 참여할 때 부딪히는 난관은 공통적으로 정당과 어떻게 제휴할 것인가에 대한 문제이다. 여성운동에 비해 상대적으로 많은 자원과 권한을 지닌 정당과 여성운동이 수평적인 관계 맺기를 기대하기는 어렵다. 여성운동 단체의 대표를 공천함으로써 정당은 정치적 명분과 개혁적 이미지 등의 긍정적인 성취를 얻는 데 반해, 여성운동 단체는 특정 정당과의 유착 관계를 맺은 것으로 '보이는' 굴레에 '갇힌' 손실을 얻는다는 것이 통상적인 평가이며, 그 결과 여성정치세력화 운동은 더 이상 여성운동의 언어로 등장 하지 않는다. 그렇다면 여성운동의 직접적인 참가의 정치를 추구하는 여성 정치세력화 운동은 이제 포기된 것인가? 만약 참가의 정치가 아닌 참여를 통한 영향력의 정치로 선회한 것이라면, 꾸준히 특히 여연 출신의 여성운동 가들이 지방의회와 국회에 진출하고 있는 상황은 어떻게 접근해야 할까? 그 들의 정치참여를 여성운동의 조직적 이해와 분리된 개인의 판단이자 결정으 로 간주할 수 있을 것인가? 최근 부상하고 있는 페미니스트 운동의 열기는 과연 어떻게 정치적인 과정으로 전이될 수 있을까? 남성 대표자나 여성운동 가가 아니더라도 유능한 여성 대표자가 젠더 의식을 갖고 페미니스트 의제 를 대리 대표하도록 위탁하면 문제는 보다 원만하게 해결될 것인가? 아니면 페미니스트 의제를 전면에 내세운 녹색당의 원내 진출을 통해 문제 해결을 기대한다면, 그를 위해서 여성운동은 녹색당과 어떻게 제휴하고 있는가? 여 성운동의 실질적 정치세력화를 위해서는 여성당이나 페미니스트 정당만이 대안이 될 것인가? 여성운동가들은 정당에 헌신해왔던 여성들과 어떤 관계 를 맺을 것인가? 이러한 의문들에 이 글이 충분한 답을 제시하지는 못하겠 지만, 페미니스트 정치적 대표성에 대한 욕구와 일반 유권자들의 삶의 질에 대한 여성운동의 정치적 책무성(accountability)을 높일 수 있는 방향으로 이 질 문들에 대한 필자의 고민을 공유하고자 한다.

3. 공백으로 남겨진 여성정치세력화 운동[3]

이 절에서는 여성정치세력화 담론이 여성운동 내부에서 담론적 교착 상태에 머무는 것과 달리 기초의회의 여성 비율은 지속적으로 큰 폭으로 상승하고 있다는 점에 주목하면서, 지역의 관점에서 여성정치세력화 담론의 현재적 지형을 진단하고 그 속에서 대두되는 정치참여를 위한 여성운동의 실질적인 문제들을 진단한다. 특히 시민사회의 영역과 정당정치의 영역이라는 이질적인 공간에서 여성운동이 정치의 경계를 건너게 되는 과정에서 발생하는 긴장을 점검하고, 여성운동이 참가의 정치(politics of engagement)에서 갖게 되는 쟁점들을 구체적으로 진단함으로써, 여성정치세력화 운동이 마주한 딜레마와 역설에 대한 이해를 돕고 실천 전략 모색에 일조하고자 한다. 이 글에 사용한 질적 자료는 지난 4년 동안 진행한 다양한 영역의 여성운동가들과의 심층면접과 집담회 등의 내용 분석을 바탕으로 한다. 이를 열거하면, 지난 2014년 지방선거에 후보자로 출마한 전직 대표를 위해 선거운동을 지원한 수원여성회의 후보자와 선거운동에 참여한 주요 수원여성회 활동가들과의 심층면접, (사)젠더정치연구소 여.세.연이 2015년 5월부터 9월까지 진행한 부산, 창원, 고양·파주, 인천 등 4개 지역의 여성정치 집담회, 2016년 9-10월 진행한 각 정당의 여성국장과의 심층면접, 2017년 6월 여연의 성평등지역정치위원회 여성정치세력화 운동에 대한 평가 집담회 등이다.

---

3   이 절은 이진옥(2017a)을 새구성한 것이다.

1) 제1세대 여성정치세력화 운동의 복기: '대표'에서 '참여'로?

"2000년대 초반에 정치 세력화를 얘기해서 누구를 비례로 보내고 했을 때는 일정 정도의 역량이 조금 있거나 단체 대표 정도만 하면 가기가 수월했어요. 다른 쪽에 여성이 많지 않았고 그냥 남성 국회의원 옆에 따라다니는 여성들이 있었을 뿐이기 때문에 함량 비교를 하면 이쪽이 월등하니까 상징성이 있었는데 … 이제 그 상징성이 먹히지 않는다고 저는 보는 거구요 … …예전처럼, 지역에 따라 그럴 수 있는지는 모르지만, 시민운동을 했다고 해서 이 사람들을 굉장히 역량 있는 사람으로 안 본다는 거에요. 그리고 지역에서는 너는 그냥 똑같아요. n분의 1로 보지 그런 정치적 영향력이나 이런 것은 떨어졌다고 보구요"(대전 A).

대전 A는 현재의 여성정치세력화 운동은 위와 같이 2000년대 초반에 진행된 여성정치세력화 운동과 비교해 다른 정치적 환경에서 작동한다는 점에서 초기의 운동을 제1세대로 명명하고, 이제는 그와 다른 새로운 운동의 담론과 지형, 전략을 만들어야 한다고 역설한다. 그러나 아래의 논의는 여성정치세력화 운동에 대한 개념이 여성운동 사회에서 어떻게 유통되는지를 명확하게 시사하며, 여성정치세력화 운동에 대한 담론이 아직 제1세대의 그것과 많이 변화하지 않았음을 시사한다. 1990년대부터 진행되어 왔던 여성후보 내기 운동 이후, 비례대표제와 할당제가 도입되면서 소속 단체의 후보가 출마하고 꾸준히 여성의원들이 배출된 경험을 바탕으로 이제는 여성정치세력화는 수적인 관점보다는 내용과 실질적인 힘에 주목하여 여성 유권자가 성평등한 정치 결과를 만들어야한다고 주장한다.

"여성의 정치세력화라는 것은 …여성들의 요구가 좀 많이 있어야 되고 그 요구를 여성들의 목소리를 통해서 계속 압력이 되어야 된다, 그러려면 …결국

단체나 조직적인 힘으로 이것이 목소리가 나와야 …그게 아마 결정적인 힘이 [라고 생각한다.] 진짜 힘이 된다는 것은 아마 표의 힘일 것이고 … 그리고 지금 현재 의회나 결정권을 가지고 있는 사람들이 이런 요구 사항을 알고,… 성평등한 정책 개선 사항이라든지 이런 것들을 좀 받아들여서 뭔가 변화시키는 것 까지… 갈 수 있어야만 그 여성정치세력화에 그 내용까지 갈 수 있는 거 아닌가. … 그런 의식적인 내용까지 가야되는 것이다. 그런 것들이 정치세력화라는 생각이 들고 그 안에서 여성운동이 과연 진짜 어떻게 해야 될 것인가 …"(경남·창원 A).

이러한 여성정치세력화의 정의는 개인 차원의 의식화, 집단 차원의 조직화 단계, 중요한 정책결정과정에 영향을 미치거나 직접 참여하는 정치 참여의 단계로 구성되는 점진적 과정으로 여성의 정치세력화의 개념화와 상통한다(라미경, 2005: 214~217, 이혜숙, 2016: 27에서 재인용). 그러나 이러한 광의의 '참여' 개념으로써 여성정치세력화를 위해 여성운동이 무엇을 할 것인가에 대한 대안은 미궁 속에 있다. 일례로 〈인천 D〉는 "여성주의 현장 판에 있는 여성들이 활동하면서 그렇게 역량강화 되면서 가는 게 이 여성정치세력화로 하는 과정"이라고 정의하며, 여성운동가의 조직적 역량 강화에 방점을 찍지만 이것이 어떻게 정치 참여, 그리고 대표의 문제와 이어질 것인가에 대해서는 구체적으로 설명하지 않는다. 비록 대표성이 공직 선거의 출마와 선출의 문제로만 제한되지 않으나, 여성운동의 일상적인 실천들이 모두 포괄되는 광의적 개념의 참여가 곧 대표의 문제로 등치될 수는 없다. 다시 말해 정치적 대표성은 공식 선거라는 절차를 통해 유권자로부터 권력을 위임받을 때 일차적으로 발생한다는 점에서 여성의 정치적 역량 강화가 대표의 수준으로 전이되기 위해서는 실질적으로 여성의 대표를 만들어내기 위한 구체적인 논의가 필요하다. 아래 〈인천 A〉의 논의는 제도정치 진입이 개인의 세력화가 아니라 여성의 세력화가 되어야 한다고 주장한다.

> "… 제도정치 진입을 통한 세력화[가] 이게 개인의 세력화가 되면 안 될 것
> 같구요, …그렇게 중앙 정치에 진출한 여성 국회의원이나 …그분들이 나와서
> 다시 단체로 돌아와[서 활동하는] … 그런 순환구조를 만든 … 그런 시스템 같
> 은 것들이 좀 갖춰지면 여성정치세력화를 하는데 있어서 개인이 진출하는 것
> 이 아닌 … 여성의 세력이 진출하는 이런 시스템을 좀 만들어내면 어떨까, 이
> 런 고민들도 좀 들었었어요"(인천 A).

그러나 정당의 여성운동가를 지방의회의 후보로 공천하는 방식은 여성뿐
만 아니라 여성운동을 파편화시키는 효과를 낳는다는 비판적인 평가가 우세
하다. 아래 경남 B의 설명처럼 정당의 "현역 대표의 차출"로 인한 여성운동
조직의 근간을 흔들었던 부정적인 경험은 여전히 여성운동 단체들에게 공통
적으로 지적되는 상황이나.

> "당이 …현역의 어떤 그 대표들을 데리고 가면서 그 사람이 진짜 여성운동
> 제대로 하는지도 모르면서 데리고 가가지고 그 의회, 뭐 의원활동도 제대로
> 못하고. 그 다음에 여성운동은 여성운동대로 상처받게 만들고 조직을 흔들고.
> 이런 어떤 것들이 작태들이 너무나 많다"(경남·창원 B).

특히 갑작스레 열린 정치적 기회구조에 진보적 여성운동 지도자들이 대거
참여한 17대 총선을 전후로 맑은여성정치네트워크 등을 통해 직접적인 참가
의 정치에 집중한 여성정치세력화 운동(김은경, 2005) 이후, "낮에는 시민운동,
밤에는 정치활동"이라고 불렸던 시민사회의 정치화에 대한 우려와 함께 여
연은 정치활동 금지를 암묵적인 내부 규칙으로 세우는 것으로 여성정치세력

화 운동이 가져온 후폭풍을 대응하는 고육책을 마련한다.

> "초창기에는 여성할당제를 하기 위해서 많은 여성들이 가야 했지만 참여정부 들어서면서 임기 중에 여성들이 많이 차출되고 간택⁴되는 거잖아요. … 현재 시민운동의 영역, 플랫폼을 지켜야 하는 운동적 과제로서 그 때 당시에 결의했던 내용이 뭐냐하면 현직에 있는 대표는 정당에 가입하지도 말고 중간에 정치에 참여하지도 말자. [이]것은 현재 무너져내려가는 여성운동을 지키기 위한 고육지책으로 정관을 만든 것인데. … 항간에서 사용될 때는 각각의 개인의 이해관계에 따라서 조직의 이해관계에 따라서 달리 사용되어 [왔어요]. …약간 우려를 표명하는 것이 여성운동이라는 우리의 운동적 가치를 지키기 위한 것이[지만], 지역에 따라 다르게 적용할 수는 있[고] 그래서 사실은 공식적으로 못하니까 개인적, 비공식적으로 하게 된 거죠 …"(대구 A).

더불어 정당 가입 금지는 각 단체마다 다르게 적용하는 자율적인 사안이었지만, 대부분의 여연 소속의 단체들도 대표의 정당 가입 금지를 정관에 반영하는 흐름을 보인다. 이러한 정당에 대한 방어적인 태도는 앞서 정상호(2007)가 지적하는 것처럼 여성운동과 정당과의 관계에 대한 진취적 전략 모색이기보다는 반(反)정당주의적 전선을 만드는데 기여한다. 물론 이런 정관이 임기 중에 현직 대표가 정당에 가입하고 출마하는 행위는 재고되어야 하

---

4 네이버 사전에 따르면, 간택(揀擇)은 "조선 시대에, 임금·왕자·왕녀의 배우자를 선택"하다는 뜻으로 "여러 후보자들을 대궐 안에 모아 놓고, 임금 이하 왕족 및 궁인들이 나아가 직접 보고 적격자를 뽑았다"는 의미로 설명된다(http://krdic.naver.com/, 검색일: 2017.12.10). 불균등한 권력 관계에서 여성의 정치 진출이 남성 정치인에 의해 선택되는 것에 대한 비유로 사용되는 이 단어는 집담회 및 면담에서 자주 등장한다. 이는 비록 남성이 정치권력을 독점한 상황에서 여성후보자 공천권이 남성 권력자들에 의해 좌지우지되는 경우가 다반사이지만, 간택이라는 성애화된 단어가 함의하는 것은 폐쇄적인 공천의 구조적인 문제를 개별 여성과 남성의 불공정 거래행위로 치환함으로써 결과적으로 여성의 정치적 주체성을 삭제시키는 효과를 넣는다.

고 이들의 행위가 여성운동에 미친 부정적인 파급효과가 적지 않았다는 점에서, 이 고육책은 충분히 이해될 수 있다. 그러나 여성운동 단체대표의 임기가 끝난 후 제도정치 진출은 계속해서 여성운동의 조직적인 결정이 아니라 개별적인 판단이자 개인의 몫으로 귀결되어, 역설적으로 여성정치세력화 운동은 "개인의 세력화" 경향성을 강화했다고 볼 수 있다. 더 나아가 정당 가입조차 하자 말자는 비/공식적인 규약은 여연의 소속 단체들 사이 혼선을 빚고 갈등을 낳기도 한다.

> "… 민중연합당 후보로 [제가 출마를 한 적이 있습니다]. … 평소에 우리가 이야기할 수 있는 것을 가장 적극적으로 공세적으로 많은 사람들하고 이야기할 수 있는 것이 선거고 후보여서. 그런 것과 민중연합당이라고 하는 것은 그 때 막 만들어지고 몇 달 안 된 상황이었기 때문에 … 선거 나갔다가 돌아오면 되겠다 이런 측면과 도와주려고 하는 측면이 있어서 나간 것인데, 여연 내[에서] … 공식 석상에서 대놓고 선거 나가셨으니까 안 된다고 얘기하는 거죠. … 여연은 공동대표하려면 탈당까지 해야 하는 것이고 당적조차 있으면 안되는 거고. … 너무 머리가 아프더라구요. 그렇게 복잡[한] 정황이 있었는데 또 [지금] 선거 때는 [여성정치세력화] 이렇게 얘기하잖아요 …" (광주 A).

이런 정당 가입에 대한 비/공식적인 불허 문화는 제도 정치의 진출이 개별적인 선택의 문제로 남기면서, 의도와는 달리 여성 단체와 특정 정당, 다시 말해 민주당 계열의 정당과의 유착 관계를 두드러지게 보이는 효과를 낳기도 한다. 이는 현상적으로 꾸준히 가시화되는 여연 출신의 여성운동가들의 개별화된 정치 참가와 달리 여성정치세력화 운동은 '대표 없는' 참여로 우회하여, 현실과 담론 사이의 간극이 크게 벌어지고, 그 간극에는 여성운동과 정당과의 이중적인 관계, 즉 시민사회의 활동과 정당 정치 영역의 풀리지 않는 긴장이 핵심에 놓여있다. 촛불혁명 이후 민주주의가 복구되는 과정에서 우리가 목도하는 남성주의의 복원(이진옥, 2017b)은 여성정치세력화 운동의 현주소를 재점검할 것을 강력하게 요청한다. 지금 이 시점에서 기존 정당, 특히 오랫동안 여성운동과 암묵적 제휴 관계를 맺어왔던 민주당 계열의 정당과 여성운동의 관계를 진단하고 전략적 제휴 가능성을 탐색하는 것은 여성정치세력화 운동의 충분조건은 될 수 없지만, 필요조건이 된다.

2) 여성운동과 정당의 관계

여성정치세력화 운동이 대표 중심으로 진행되며 엘리트 중심의 소수 여성의 정치 참여에 국한되었다는 비판에 대한 반동으로 제기된 포괄적 참여 중심의 운동으로 전환해야 한다는 주장은 선언에 불과할 수 있다. 여성운동의 역량 강화 및 정치참여를 통한 '실질적 여성정치세력화'를 하자는 주장은 정당과 여성운동과의 복잡한 관계의 실체를 외면하고, 그 결과 여성정치세력화의 과제를 철저히 '공백'으로 남기는 담론적 효력을 갖는다. 일례로 2010년 도지사 선거에서 여성운동 단체들은 한 지역의 도지사 선거에 적극 결합하여 야권연대를 적극 중재하고 정권 교체에 기여했지만, 보이지 않는 방식으로 지원한 도지사 선거운동에 대한 여성운동의 기여는 전혀 인정되지 않았다. 당선 후 성평등 추진을 할 수 있는 기구 설치 또는 여성정책 담낭관의 충원 등을 요구했지만, "보이지 않았다"는 이유로 그들의 요구가 묵살되는 "배신감"을 경험한다〈경남·창원 B〉. 즉, 광의적 개념의 정치 참여는 경쟁적 정당 정치의 문법에서 기술적인 그리고 실질적인 여성의 대표성을 보장하지 않는다.

물론 반(反)정당 문화는 여성운동에서만 존재하는 것이 아니라, 오랜 독재

정치의 유산이자 지역주의에 기생해온 한국 정당정치의 굴곡진 역사와 파행적 운영으로 인한 일반적으로 한국 정치문화의 요소이다. 정당의 분열과 통합, 잦은 당명 교체 등으로 인해 한국 정당의 평균 수명은 2018년 1월 기준, 30개월이 채 되지 않는다. 불안정하고 인물과 계파 중심의 정당은 여성 할당제를 비롯한 사회 문제의 정책적·제도적 해결을 하는 안정적인 정당의 역할을 기대하기 어렵게 한다. 최장집(2005), 박상훈(2011, 2015), 강준만(2015) 등은 대의민주주의의 내재적 결함에도 불구하고 정당민주주의가 민주주의의 발전과 심화에 핵심이며, 한국 민주주의의 정상화를 위해서 시민사회나 집회 등의 정치참여보다 정당정치의 발전을 현 한국 정치 불능에 대한 현실적인 대안으로 제시한다. 물론 이러한 현실적인 진단은 정당 내부의 민주주의, 즉 당내 민주주의나 정치제도 등 현실적인 문제들을 외면하고 정치를 낭만화하며, 정치 기득권 세력이 권력을 재생산하는 메카니즘을 외면하며 체제순응적인 정당정치를 옹호하는 효과를 지닌다는 점에서 비판될 수 있다. 그러나 여성운동과 시민사회 단체들이 민주당계 정당 출신의 의원들을 이미 정치개혁을 위한 소통의 창구나 연대의 대상으로 활용해왔으며, 촛불혁명 이후 개별적 의원들과 시민사회의 교류 면적이 넓어지고 있다는 점에서 이제는 더더욱 여성운동과 정당과의 실질적인 관계를 공식적으로 논의하는 것이 필요하다.

"사실은 여성단체에서 할 수 있는 역할은 지금 뭐 추천하는 것도 힘들고 저희들이 여성단체에서 키워가지고 나가라, 무소속으로 나가면 굉장히 힘든 구조 아닙니까. 그죠. 그럼 정당에 들어가야 되는데 그럼 정당에서 정당 활동을 안했던 여성 활동가나 운동가들을 선뜻 지지하지 않는 거죠. 그 정당에 들어가서 열심히 활동해야 지지를 받는 이런 약간의 정당에서 요구하는 여성

정치인과 여성계, 운동계에서 요구하는 여성 정치인이 다른 것 같아요. … 정당 가입을 굉장히 좀 두려워하거나 비판을 받을 수도 있는 소지가 있습니다. 특히 대표 같은 경우는 정당에 가입하게 되면 …그 정당의 일원으로 생각을 하는 여론화되는 게 쉽다는 거죠. 그래서 어쨌든 정강이란 규정에 여성 단체가 정당에 가입을 [하면] 임원이 되는 걸 막아놓은 그런 경우가 있는데 아, 이 부분에서는 정말 고민 지점이 좀 되는 것 같아요"(경남·창원 C).

정당 활동은 공천을 받기 위해서 뿐만 아니라 여성의제의 정치적 결과를 만들기 위한 필요한 전제 조건이 되지만, 제1세대 여성정치세력화 운동의 여흔에서 대표 및 임원의 "정당 가입 불허"라는 공식적·비공식적 규율은 여성 시민사회 단체와 정당 간의 단체를 더욱 분리시켜, 역설적으로 여성과 정치와의 관계를 더욱 소원하게 만드는 모순적 결과를 낳는다.[5] 이런 결과는 정당에 의해 이용될 두려움으로 선거 시기에 여성정치인에 대한 지지마저 꺼려하는 상황으로 나타나기도 한다. 지방의회에서 특히 진보적인 정당 소속의 여성의원은 대체로 시민과의 소통력이 뛰어나고 여성 친화적인 의정활동으로 좋은 평판을 받는다. 예를 들어, 2014년 지방선거에서 4선에 도전하는 한 여성 도의원은 당시 해체된 통합진보당 소속이었는데, 그 여성의원은 의정활동 시기 여성단체와 활발하게 교류를 해왔음에도 불구하고, 정당과의

---

5 이런 정당 가입 불허는 한국YWCA연합회와 같은 일부 여성운동 단체의 오래된 전통이기도 한다. 이는 오랜 역사에서 정치 세력으로부터의 정치적 자율성을 지키기 위한 방편으로 볼 수도 있으나, 다른 한편 독재의 정치적 유산으로 개인의 정치적 활동 및 표현의 자유를 저해하는 조직 문화이자 위헌적 소지도 있을 수 있다.

"저희 단체의 특징은 사무총장은 정당에 가입이 안돼요. 저도 잠깐 정당에 가입을 한 적이 있었는데 그것조차도 허락이 안 되기 때문에 정당에 가입할 수도 없고 철저한 정치적 중립을 지켜야 되는 그런 입장에 있습니다. …만일 내가 정치를 한다면 할려고 꿈꾼다면 그 즉시, 이 자리를 놓아야 되는 약간 이분법적으로 가하는 구도이기 때문에 아마 더 그랬을 수도 있고요(인천 B)."

관계 및 선거운동에 대한 조직적 전략이 부재한 상황에서 여성운동 차원에서 어떠한 지원을 하지 않았고 아주 적은 표차로 낙선하게 된다. 이에 당시 지방선거에서 모니터링을 했던 〈경남·창원 D〉는 다음과 같이 소회한다.

"정당의 문제라든지 사실 그 당이 안고 있는 문제 때문에 영향도 많이 있었지만 …여성이고 혼자서 시의원 이렇게 거쳐서 비례 지역구로 4선 이제 하고 있는데 … 우리가 항상 여성정치세력화를 이야기하면서 그렇게 잘 하고 있는 여성후보자가 있다면 사실 조금 더 회원들한테 독려도 하고 그 이 백 몇 표차는 극복할 수 있는 문제였는데 …우리가 항상 준비된 여성들이 나가서 그 젠더 감수성을 가지고 의정활동을 해야 된다, 이렇게 얘기하지만 우리가 사실 여성운동하면서 …그런 것들을 조금 더 담아낼 수 있는 그런 좀 눈이 넓어져야 되겠다는, 그런 생각을 했던 경험이었어요"(경남·창원 D).

정당에 대한 이러한 소극적이고 방어적인 태도는 그 이전에 발생한 대표 차출 또는 호선(co-optation)으로 발생한 여성정치세력화 운동의 문제를 해소하기보다 그 문제를 개인에게 전가하며, 조직적인 대응의 부재와 혼선을 낳고 있다. 그런 상황에서 할당제는 여성 의제를 실현하고자 하는 여성보다는 정당 정치의 문법에 순응하는 정치 지망생의 진입로가 되기 마련이다.

"여성들이 비례대표로 들어가는 방식이나 경로라는 것이, 경우에 따라서 국회의원이나 국회의원 후보 즉 지역 당 위원장을 잘 보필하는 역할을 했던 사람이 들어가는 경우가 기초의회일 경우에 허다하다. 그런 상황을 보니깐 비례대표를 제도적으로 가져오긴 했지만 여전히 … 여성정치를 구현하는데 그 다음에 어떻게 해야 하는가 하는 고민이 생기더라"(부산 D).

그 결과, 여성의 의제를 실현하겠다는 의지를 가진 여성운동가보다는 정당과 공천 영향력이 강한 유력한 정치인들에게 헌신한 여성 정당인들로 채워진다. 여성의 수적 대표성은 여전히 미약함에도 불구하고 할당제가 자질이 부족한 여성의 진입로가 된다는 부정적 인식이 더욱 팽배해지면서 여성 정치세력화 운동은 설 자리를 더욱 잃고 있다.[6] 그러나 여성정치세력화 운동에 대한 담론은 지체되고 있을지라도, 현실의 정치 지형은 더 이상 정당에 의한 차출 또는 호선이 작동하지 않고 다수의 여성 정치 지망생들과 경쟁해야 하는 구도로 변화하였다.

"예전하고 달라진 것은 피부로 느끼는 것 같아요. 제가 4년 전만해도 이런 얘기를 되게 많이 들었는데. 요번에는 선거가 끝나고 지방선거가 다가오는데 정말 들으면서 과거하고 너무 달라졌다. 피부에 느끼는게. 지금은 줄을 서고 할려는 사람들이 너무 많은 거에요. 그야말로 간택을 해야 되는. 우리가 열심히 여성운동하고 경험이 많고 이랬다 하더라도 그거는 맡기지 않는 세상이다라는 생각에 너무 공감해요"(경기 A).

"요즘 와서 여성정치세력화라는 말 자체가 굉장히 어렵고 애매모호하고, 도대체 우리가 여성정치세력화를 뭘 얘기해야 하지 고민이 되는 것이 현실적인 정치에서 정당활동을 하고 있는 이런 여성들은 각자 플레이더라고. 각자도생을 하고 있고. 그 위에 권력을 가지고 있는 남성과의 관계를 통해서 상당히 얻게 되고 어쨌든 살아남기 위한 치열한 싸움을 하고 있는 거에요. 그들이 말하는 여성 정치하고 우리가 말했던 여성정치세력화는 저도 큰 [틀에서]여성들이 참여해야 하고 안의 내용을 바꿔내든가 이런 당위성만 가지고 있었는데 현실의 운동판 내에 있는 여성들이 볼 때는 순결성도 있었지만 내용에 대해서 사실 들여다보려고 그러면 정책도 봐야 되고 조직도 있어야 되잖아요. 그래서

---

6 물론 여성운동의 경력이 자동적으로 정치 활동의 자격을 보장하는 것이라고 보는 것도 문제이고, 여성 의제 실현을 위한 목적으로만 정치 활동이 설정되는 것 또한 여성 대표성을 제한시키는 문제적인 가정일 수 있다.

우리가 말은 하지만 말로만 했을 뿐이지 내용은 어떻게 가져갈 것인가 하는 고민 까지는 못해왔고"(경남·창원 A).

앞서 본 바와 같이 1세대 여성정치세력화 운동은 할당제가 도입된 후 정당에서 시민사회의 영역에서 대표성을 지니고 있던 여성단체 대표들을 차출해 가는 방식이었다면, 이제는 제2세대 여성정치세력화 운동의 도약을 위해 정치에 진입하려는 여성의 풀이 넓어지면서 여성운동가가 제도정치에 진출하기 위해서는 적극적인 의지를 가지고 경쟁에서 이겨야 하는 환경으로 바뀐 것이다. 즉, 여성정치세력화 운동이 그 이전에는 만들어진 정치적 기회 구조에서 제도 정치로 포섭되는 방식이었다면, 이제는 정당 정치의 메커니즘과 적극적인 협상을 필요로 하는 정치 지형으로 변화한 것이다. 이에 2014년 전직 대표가 기초의회 지역구 선거에 출마하고 조직적으로 선거운동에 참여하였던 수원여성회의 경험은 여성운동이 정당 정치와 선거 정치의 경계로 들어갈 때 직면하는 차이와 갈등을 입체적으로 제시한다. 아래 절은 수원여성회의 2014년 지방선거 참여의 경험을 분석함으로써, 여성정치세력화 운동이 지니는 딜레마와 이중전략에 대한 구체적인 쟁점들을 살펴보고자 한다.

4. 여성운동과 정당의 불협화음: 이질적 세계의 충돌

수원여성회는 1989년에 보육 활동을 중심으로 창립한 지역여성운동단체로서, 최근에는 동네 놀이터 실태 사업 및 수원시 성별영향평가 모니터링 사업 등을 통해 수원시의 의정활동에 협력과 견제의 활동들을 전개해 왔다. 여성정치세력화는 수원여성회의 활동 과제이자 목표로 꾸준히 제기되어 온

만큼, 2014년 지방선거를 대비해 민주당으로부터 출마 권유를 받은 〈수원 A〉는 출마를 결심하고 A의 대표 임기가 마무리되는 단체 총회에서 조직적인 선거운동 지원이 결정되었다. 민주당과 새정치연합의 통합이라는 새로운 정치환경이 조성되어 새정치민주연합에 공천을 신청하였으나, 공천 과정에서는 구 민주당 소속 재선 의원과의 경쟁을 거치며 여성전략공천은 성사되지 못했다. 그리고 타협의 결과 2인 선거구에 〈수원 A〉는 (가)를 배정받고, 현직 의원은 (나)를 배정받아 결과적으로 선거는 같은 정당 소속의 후보자 둘이 경쟁하는 구도로 진행되었다. 선거의 결과 전체 42,504 투표수 중 새누리당 (가)후보 13,327표, 득표율 32.87%, 새정치민주연합 (가)후보 10,370표, 25.58%, 새정치민주연합 (나)후보 8,521표, 21.02%, 새누리당 (나)후보 5,916표, 14.59%로 나타나 A는 2위로 당선되었다. 그리고 2018년에 재선 도전에 성공하였다. 이 절은 2014년 5~6월 수원여성회 선거운동 시기 진행된 당시 후보자 A와 선거대책본부 사무국장을 맡았던 B와의 면접과 2017년 3월 진행된 당시 선거운동을 조력했던 C, D, E와의 개별 면접과 다시 B와의 추가 면접, 10월 A와의 추가 면접한 내용을 바탕으로 구성된다.

1) 출마 과정

A는 마을사업 및 주민참여예산 등의 활동을 하면서 당시 수원시장으로부터 제안을 공식적·비공식적 경로를 통해 출마의 권유를 받는다. 단 한 명의 사례도 없었던 수원여성회 대표의 시의회 출마는 수원여성회의 숙원 사업이었던 여성정치세력화 과제의 명분이 있었지만, 그 과정은 출마를 결심하는 개인이 몫이라는 점에서 주변의 조언을 듣고 당선 가능성을 타진하고,

출마 방식을 검토하고 결심하기까지 두어 달의 시간이 힘들었다고 소회를 밝힌다.

> "수원여성회가 올해가 딱 25년인데, 25년간 늘 여성의 정치세력화 이야기를 하면서 누군가가 나가야한다라고 말은 했는데 한 번도 실현이 된 적이 없었다. 개인의 결심도 필요한거고, 조직의 결심도 필요한거고. …그런데 여건들이라는게 사실 쉽지가 않은 거여서 지금까지 안 되고 있다가 올해 제가 임기를 마치는 것과 지방선거가 맞물린 기회, 이런 것들이 굉장히 좋았던 것 같다. … 이후에 오히려 여성회 후배들에게 좌절을 맛보게 할 수는 없다는 생각 … 당선의 가능성을 타진을 하기 시작했다…"(수원 A).

정치적 시간은 사람을 기다려주지 않는다. 지금 아니면 돌아오지 않을 것이라는 점 때문에, 출마 제안을 받으면 다수의 여성운동가들은 그 제안에 대해 신사숙고하기 마련이며, 가능성이 보일 때 그 가능성을 현실로 만들기 위해 많은 기회비용을 감당해야 하며 그리고 그 몫은 온전히 출마하는 개인의 것이다. 그러나 앞서 살펴본 것처럼 더 이상 출마 권유가 곧 공천을 의미하지 않는다. 만약 권유한 사람이 공천권을 직접적으로 행사한다면 그것은 일차적으로 당내 민주주의 원칙을 위배하는 일일 것이다. 기초의회에서 후보 공천 과정은 지역위원장, 국회의원, 지자체장 등의 당내 영향력을 둘러싼 치열한 경쟁을 내재한다. 결국 당내의 역학 관계를 고려하여 비례가 아닌 지역구 출마를 결심한 A는 오래 살았던 집을 팔고 이사까지 하면서, 여성 후보자로서 의미를 지닐 수 있는 지역구를 찾아 3선의 현역 남성 의원에 도전하였다.

> "공천 심사과정에서부터 시작해서 현 의원(3선 도전하는)이 있는 곳에서 전혀

상관없는 사람이 들어와서 두 사람을 붙인 자체가 현 의원 입장에선 충격이고 받아들일 수 없었던 사실이었다. 그리고 당에서도 그 부분을 무시할 수 없는 것이다 보니 수원시내에서 제일 늦게 결정 … 계속 엎치락뒤치락, …이를 보면서 제가 활동 경력이나 프리미엄이 없었더라면 불가능한 일이구나를 느꼈다. 또 하나는 제가 활동을 하며 쌓은 인맥이 있는데, …심사위원분들에게 제가 어떤 사람인지 푸쉬하지 않았다면 또 불가능한 요소였다고 생각한다. 하다못해 여성연합에까지 전화하고 남윤인순 의원님에게까지 연락을 하는 과정이 있었다. 이런 모든 것들이 모여서 …제가 공천이 되어야하는 이유를 얘기를 하고, 그래야 새정치가 가능하다고 끊임없이 이야기하고 해서 만들어 진 것이 경선을 거치지 않고 2-가를 받을 수 있었던 힘이었던 것 같다"(수원 A).

예비 후보자 등록 마감일이 되어서야 정당에 가입하고 후보자 등록을 마친 초짜 정치인에게 이 모든 과정은 처음이었고 보장된 것은 전혀 없는 상태에서, 다양한 인맥을 동원하여 공천을 받으려고 분투하는 과정을 거치면서 본격적으로 경쟁적인 정치의 영역으로 진입한다. 공천을 받을 수 있었던 것은 집합적인 여성운동의 오랜 경력을 바탕으로 하지만, 여성운동가의 정체성에서 자신을 "상품화"하는 예비 정치인의 정체성으로 이동하는 과정의 어려움은 혼자 감내해야 하는 것이다. 당시 수원여성회 활동가들은 전 대표의 출마가 반가운 일이기는 했으나, 개인이 결심하기 전까지는 조직과 상의된 바가 없었다는 내심 불만을 비치기도 했다. 최초의 출마 권유가 선거 전(前)해 9~10월경이었던 만큼, 후보자 본인에게도 충분하지 않은 시간이었으나, 조직적인 차원에서 결정을 하고 개별적인 마음의 준비를 할 시간이 충분하게 주어지지 않는 상황이었다.

"조직에서 논의된 게 아니라 A가 먼저 결심을 하고, … 총회 때 회원들이 우리 한 번 해보자, 여성단체로서 해보자고 하게 된 거죠. 그 부분이 매끄럽지는 않아요, 먼저 우리 내부에서 우리 내자가 아니라, 먼저 결심을 하고 외부에서 들은 얘기를 갖고 논의를 했기 때문에 우리가 정말 낸 후보 맞냐 이런 얘기들이 예민하게 얘기되기도 했었어요"(수원 C).

"나갈지 말지를 계속 고민하고 계신지 전혀 말씀을 안 하셔서, … 선거출마 고민에 대한 언급은 있었지만, 그 제안을 누가 했는지, 어떤 경로였는지, 누구와 상의를 하고 있는 건진, 12월 31일 날 길에서 만나서 여쭈었는데, 그 과정에 대해서 끝까지 함구하시고, 그것 때문에 정말 미쳐버리는 줄 알았어요"(수원 B).

이는 앞 절에서 살펴본 여성정치세력화 운동이 직면한 문제점, 다시 말해 정당의 정치 충원 관행의 문제에서 비롯한다. 할당제가 도입된 초기 여성 예비정치인의 풀이 마련되지 않은 상황에서 당은 최대한 선거에서 득표에 도움이 될 수 있도록 지역에서 오랜 기간 활동을 해온 지역사회의 신임을 받고 있는 "여성 대표성"을 지닌 여성단체의 "현직" 대표에게 "콜"하는 것은 여성단체의 조직적 동원을 기대하고, 해당 선거의 진보적 여성 의제를 전시하는 효과를 노리는 정치 관행이다. 정당에 헌신해온 여성 당원을 대표자로서 키우거나 역량 있는 여성 정치인을 발굴하려 노력하기보다 외부에서 충원하는 구조는 사실 정당 내에 여성과 더불어 영입된 여성의 위상을 약화시킨다. 지역사회에 쌓아올린 여성운동의 성과가 정당 정치로 포섭되면서 발생하는 갈등의 비용은 여성단체에 전가된다. 더 나아가 정당이 당 외부에서 충원을 할 경우 "콜"을 수용할 것인가의 고민과 논의를 충분히 할 수 있는 시간표는 주지 않는다. 특히 이런 경향은 당시 정치적으로 매우 불안정하였던 시기에 마련된 정치적 기회 구조에서 진행된 제1세대 여성정치세력화 운동 기간에 더욱 두드러지게 나타났는데, 2014년 지방선거 직전에 안철수와 통합해 창당된 새정치민주연합의 불안정한 정치상황에서도 마찬가지였다.[7]

불안정한 정치 구도에서 열리는 정치적 기회 구조는 더욱 치열한 경쟁을 노정하고 당선 가능한 정당의 후보로 선거에 참여할 경우 상대 후보자와의 불필요한 견제와 경쟁을 유발하지 않기 위해 최종 결정전까지는 함구하는 것이 일반적인 정치의 관행이다. 따라서 여성단체 구성원은 갑작스러운 전·현직 대표들과 논의에 참여하고 공동으로 결정하는 것이 아니라, 그 개인의 결정을 통보받는 식으로 자신의 단체가 정당에 활용되는 것으로 비춰져 당혹스럽고 불쾌한 감정을 갖게 되는 것이 예사이며, 이는 후보자와 단체 구성원들과 겪는 갈등의 서곡일 뿐이다.

2) 선거운동 과정

여성운동가 출신이 정치의 영역으로 진입하는 과정에서 발생하는 갈등의 핵심에는 정당이 있다. 특히 이와 같이 여성단체 대표에게 출마를 제안하는 정당은 지속적으로 민주당 계열이었다는 점에서, 여성단체 내부의 소수 정당 당원들의 반발은 노정되어 있다. 그럼에도 수원여성회는 후보자를 적극

---

7 2014년 지방선거의 주요 쟁점은 기초 선거 정당공천 폐지 여부를 둘러싸고 전개되었다. 2012년 대통령후보들의 "기초선거 정당공천폐지" 공약으로 시작되었던 공직선거법 개정논란이 2014년 2월 28일 정개특위활동의 종료로 어정쩡한 상태로 마무리된 이후, 기존 공직선거법을 유지하는 가운데 기초선거 정당공천은 정당의 재량에 맡겨지게 되었다. 결국 새누리당은 일찌감치 공약 철회를 발표하였고, 민주당과 새정치연합은 기초선거정당공천폐지를 명분으로 신당 창당 후 통합(이후 새정치민주연합)한 후에도 몇 차례의 공방을 거쳐 정당공천폐지 무효화를 결정하였다. 정당공천제가 기존 정치세력의 구태이자 패악으로 규정되는 반면, 여성후보에게는 정치 진입의 주요한 등판이 되어왔던 할당제의 무효화라는 결과를 낳을 수 있다는 점에서 여성단체들은 6·4 지방선거 긴급여성네트워크 성명서를 발표하며 지역구 여성공천 30%를 보장할 것을 정당에게 요구한 바 있다. 이 공천제 폐지를 둘러싼 과정 이후에는 세월호 침몰이 터지면서 공천 과정은 더욱 불투명하게 진행되었고 여성 후보들은 더욱 예측하기 힘든 상황에서 선거에 참여하게 되었다(이진옥 외, 2014).

지원하기 결정한다. 수원여성회 회원 거의 모두 선거운동을 각자의 방식으로 돕거나 지원했다.

"사실은 처음 공천하고 그럴 때 개인에 대한 믿음이 있었어요. 아무리 민주당이라 하더라도, 특히 남인순 의원이나 다른 의원들이 하는 활동들을 봤을 때 …사실 무소속으로 나가거나 하면 안 되는 거잖아요. 어쨌거나 백프로 안 되는 거에 우리가 무슨 뚜렷한 목표를 갖지 않으면 선거운동 같은 거가 힘든 상황이었으니까, 저도 성향 상 진보정당에 가깝지만 … 여성회에 적을 활동을 하고 지역에 계속 있을 거면 해야 하지 않을까 …" (수원 B).

"언니가 수원시 의원 했으면 좋겠다"라고 얘기했었던 사람 중의 한 명이에요. 우리가 열심히 하는데 여기서 뭐를 바꾸려고 하면 시의원이나 누구의 힘을 빌리면 너무 힘들고, 우리랑 교류가 되고 안 되고를 떠나서 우리와 같은 생각을 갖고 있는 사람이 의회에 들어가서 조금이라도 변했으면 좋겠다는 생각을 한 거죠. 급하게 결심을 하셨고, 여성의 생활정치를 하셨고,… 저희한테 제일 마음에 맞는 것은 무소속이었지만, 정당으로 가니까, 예전에 정당 없이 했을 때와는 완전 다른 거잖아요"(수원 D).

"그래도 우리 대표가 시의원이 되면 우리 대표가 그 지역구에 가면 그 지역구에 있던 의원을 쫓아내는 것만으로도 의미 있는 일이 될 것이다, 전체를 바꾸는 게 얼마나 힘들어요? 그 정말 아닌 사람 한 명 떨궈냈잖아요…"(수원 E).

오랫동안 신의를 쌓아온 우리 단체의 대표가 지역의 대표가 된다는 것, 우리와 교류할 수 있는 시의원을 배출한다는 것, 자질이 안 되는 지역의 시의원을 갈아치우는 것 등등 민주당이라는 정당의 위험부담보다 그를 통해 얻게 되는 의의가 더 많았고 그 결과 조직적인 지원을 총회에서 결정하게 된다. 그러나 본격적인 선거운동 과정에서는 결국 "정당"과의 관계에서 오는 비용이 그 의의보다 크게 체감되었다. 일차적인 갈등의 요소는 후보자 A의 배우자와의 수원여성회와의 관계에서 찾아진다. 많은 여성 정치인들은 남성 정치인들과 달리 배우자가 있더라도 배우자로부터 전적인 선거운동 도움을 받는 것이 드물다(이진옥 외, 2014). 그와 달리, A의 배우자는 선거운동 경험도 지녔고 본인이 출마할 고려도 했었던 터라 적극적으로 A를 지원했고, A에게 배우자는 수원여성회의 조직적 지원 이상으로 든든한 자원이었다. 기초의회 선거에서는 후원회를 모집할 수 없고 선거자금은 전적으로 본인, 다시 말해 본인의 가족이 책임지게 되어 있으며, 선거법상 배우자와 가족구성원이 선거운동의 합법적인 당사자가 되는 제도와 더불어 배우자의 선거운동 경험과 네트워크로 인해 A의 선거운동 과정에서 주도권은 수원여성회가 아닌 배우자가 쥐게 되었다. 이것은 선거운동에서 첨예한 갈등으로 발전하게 되고, 후보자와 선거운동원, 다시 말해 수원여성회 조직과 소원해지는 결과까지 낳게 되었지만, 이 갈등은 단순히 남성 배우자와 여성단체와의 관계의 문제로 치부할 수 없는 구조적으로 내재된 복합적 결과물이었다.

"이 선거운동 과정에 계속 초판부터 얘기한 것은 배우자가 …구체적인 사안에 매사 의견을 내지 않았으면 좋겠다는 게 초창기 의견이었는데, 배우자가 선거운동에 쑤욱 개입을 하면서 …결국에는 다른 분을 데리고 와서 상황실장을 맡았어요, 제가 그렇게 선거운동 하는 방식에 대해 반대를 했고, 차량 꾸미는 것에서부터 운동원을 돌리는 방식이나, …그래서 저는 그렇게는 못한다, 전체적인 기본 틀거리에 대해서 우리 의견을 받고 어떻게 할 건지에 된 다음에 우리 회원들을 설득해서 나오는 거지 그거 못한다고 했는데, 회원들은 의지가 있는데 제가 조직을 안 한 게 된 거에요"(수원 B).

선거운동이 본격적으로 시작된 이후 배우자가 주도권을 쥐게 되면서, 수원여성회는 조직적 동원의 대상 그 이상이 안 된 듯 했으며, 후보자가 빠르게 진행되는 선거운동의 시간에서 상대적으로 느리고 조직적 합의를 중시하는 수원여성회보다 배우자의 편을 들어주는 것처럼 비춰져 갈등의 골은 더욱 심화된다. A는 선거운동 비용에 대한 감당과 이사까지 해야 했던 가족의 희생에 대한 미안함과 더불어 정당 및 선거정치에 대한 이해와 정보가 부족한 상황에서 배우자에게 더욱 의지했던 것으로 보인다. 배우자가 주도하는 선거운동의 진행 상황에서 민주당이 시장과 시의원의 정책적 공조를 수원여성회에 압박하면서, 수원여성회의 정책적 제안들마저 묵살되었고 선거운동을 핵심적으로 지원하던 사무국장 B와 정책을 담당했던 운동원에게 큰 상처를 남긴다.

"누가 쫬는지는 모르겠시만,, 짠 판에 여성회가 전 대표가 출마하면서 여성회 모두가 동원된 건 아닌가 그런 느낌이 들었었어요, 한동안. 민주당 시의원들이 시의회에서 제 역할을 못하고 있거든요. 시장을 비서처럼 뒤꽁무니만 쫓아다니고 있어서 시민단체들이 계속 시의원 역할에 대해 문제제기를 하는데, 그들이 공무원인지 시의원인지 헷갈리는 거에요. 처음에 예상되었던 부분이 있었는데 시장의 공약을 그대로 갖다가 받아가지고 집어넣는게 표에 도움이 될 거다 이런 논리였거든요…" (수원 B).

"수원여성회 후보면 당선이건 아니건 간에 …여성의제라면 우리가 하는 얘기가 있어야 하는데 이게 막 당에서 요구하는 의제들을 앞에 세우고 뒤에 여성의제는 부분적으로 다루게 되니까, 표를 못받을 만한 거는 다루지 않는 이런 부분이 많이 부딪히기는 했어요. … 우리도 잘 안 꾸려지기도 했지만, 우리가 내왔던 정책 모두가 … 공약으로 되지는 않았던 거죠"(수원 C).

남성중심적인 선거환경과 선거운동의 과정은 수원여성회의 경험과 지식을 폄하하며, 다시금 선거운동의 젠더 위계를 공고히하는 방식으로 진행되었고, 당선의 목표와 반복해서 제기되는 "위기론"은 수원여성회의 문제제기를 무력화시켰다. 그리고 그 과정에서 여성운동은 상처를 입고, 당선만이 목적이었던 "선거환경"은 쾌적한 승리의 결과로 모든 것이 괜찮은 일이 되었지만, 그 과정에서 발생한 갈등에 대한 비용은 선거운동에 참여하였던 여성운동가와 여성 후보자에게 전가된다.

> "여성회와 가장 많이 부딪혔던 것은 선거의 환경이었지요. 우리는 단체들이 갖고 있는 생각과 선거의 환경이 주는 불협화음이 가장 컸다고 생각해요. 이 선거의 환경은 이제 시작을 했으니 어떻게든 선거에서 이겨야 한다는 것이 첫 번째 목표인 것이고 …우리 단체들과 같이 하자는 것은 당선이 목표이기는 하지만 당선 과정도 중요한 것이었죠. … 선거환경이라는 것은 수시로 바뀌는 것… 생략하는 것들이 너무 많은 거죠. 시간에 쫓겨서. … 그게 어찌보면 이 환경이 남성 중심적이었다고 봐요. 제가 후보의 입장으로 봤을 때는 … 여기에 맞춰서 가기에는 시간이 부족하니까 여기보다는 이쪽을 더 선택을 해서 가다 보니, 부딪힘이 생겼던 거고 그런 것들 때문에 B 사무국장이 가장 힘들었던 친구이고 한 동안, 얘기도 못했던 점이 있었고, 저도 중간에서 조율을 하는데 그걸 잘 못하다 보니까 힘들어서 상처를 받고 …" (수원 A).

　　선거운동에 대한 경험과 이해가 없이 참여한 수원여성회는 주도권을 가지기 어려웠고, 그 결과 특히 양자의 조율을 하지 못한 A와 그 과정에서 배제되었다고 느끼는 B의 관계에서 갈등의 골은 깊어졌다. 그러나 이는 개인적인 성향과 관계의 문제라기보다는 시민사회와 정치사회가 지닌 문화, 시간표 및 의사결정 구조의 차이가 반영된 것이라고 볼 수 있다. 시민사회는 평등과 민주성을 주요한 가치로 여겨 의사결정은 모두 다 함께 숙의적으로 진행되는 반면, 정치사회는 경쟁과 이익과 실리 중심의 정무적 판단을 기초한 신속한 의사결정이 위계화된 리더십의 중요한 자질로 여겨진다. 특히 당선을 목표로 한 선거정치에서 위기론이 대두될 때, 주어진 시간표에서 기존의 관행과 정치공학적인 판단을 내세우는 환경에서 여성운동의 내용적 개입이 철저히 배제되는 것은 여성운동의 존재적 기반을 위협한다.

3) 참가의 정치에 대한 평가

더욱이 후보자였던 A는 시의원으로 당선되어 활동하면서 여성의제를 다루는 상임위원회가 아닌 다른 위원회 활동[8]을 하게 되면서 수원여성회와 활동의 접점이 없는 상태에서 단체 차원에서는 A의 출마와 당선에 대한 평가를 달리하는 이유가 되기도 한다. 그리고 A가 재출마하더라도 수원여성회는 그 이전에 했던 것처럼 조직적 지원을 하기는 어려울 것이라고 대체로 모두가 전망한다.

"이래서 여성정치세력화라고 얘기할 수 있겠는가, …외부에서 보면 여성회가 후보를 낸 것[이지만] 인맥 덕이지 대표성의 결과가 아니다, 예전처럼 경기

---

8 A는 그 이유를 상황의 제약이라고 설명하기도 하지만, 적극적인 전략적 선택이었다고 부언하기도 한다.

여성과 관련한 것은 문화복지위원회에서 하는데, [거기]에 가고자 하는 의원들이 많아요. 우선 예산이 많고, 행사성 예산들이 학교 교육 관련한 것들이 많고 이러다 보니까 지역구 관리 하는게 편하니까 갈려고 하는 의원들이 많고, … 그래서 저는 기획경제위원회를 선택한 거고 …선택한 이유는 공약을 처음에 할 때 문화나 여성, 노인이 공약으로 들어가 있기도 했지만, 저는 한창 생활임금의 얘기들이 한창 이슈가 될 때여서 그걸 좀 하고 싶었고 청년과 관련된 일들도 하고 싶었고, 이런 게 주로 기획경제위원회에 있고 여기가 전체 예산을 볼 수 있는 기회가 되기도 하고(수원 A).

여연에서 비례대표 낸 게 차라리 [낫다],, 정치세력화를 후보를 내서 하는 게 맞는 것인가 고민이 들고, 다음에 후보를 낸다면, 우리가 진짜로 준비해서 …, 선거를 운동판으로 여성단체의 색깔을 못하더라도, 정책만이라도 [만들어 야]… 미리 준비하지 않으면 … 이 선거로 진짜로 얻을 성과가 무엇인지 예상 하지 않으면, 남성 주류화 되어 있는 선거운동판에 가서 우리가 얻을 게 별로 없다는 생각이 들어요. … 도대체 얻은 성과가 뭐야, 당선된 건 후보자가 얻은 것이지 여성회가 얻은 건 대체 뭘까 …"(수원 B).

여성운동가가 제도 정치에 진입하겠다는 결심하고 새로운 정치 세계의 규칙에 적응해나가는 과정도 매우 어렵지만, 〈대전 A〉는 후보자보다 후보자를 지원하는 사람들의 어려움을 지적한다. 철저히 남성중심적인 선거환경에서 선거법의 규제와 선거의 시계는 여성에게 낯선 것일 뿐만 아니라 여성의 세계를 잠식당하는 경험이 되기도 한다. 그런 의미에서 B의 경험은 충분히 공감이 가고 타당한 문제제기라고 볼 수 있다.

"다 두려움이 있는 거에요 후보자가 아닌 사람들이 그 결의를 하는 것 자체는 후보자가 결의 하는 것보다 더 어려울 수 있는 거에요. 나중에는 후보자는 떠요, 어쨌든. 본인이 힘들긴 해도 후보자 중심으로 정치가 돌아가니까 후보자 아닌 사람들이 더 힘들어요 선거를 뛸 때, 돈도 내야하고 시간도 내야하고…"(대전 A).

그러나 여성단체의 후보를 시의원으로 당선시키는 이례적인 성과를 단체의 관점에서 직접적인 수혜 여부와 단기적인 성과의 관점에서만 해석하는 것은 문제적이다. 즉, 여성정치세력화 운동의 재생을 위해 필요로 하는 작업은 여성의 정치참여를 둘러싼 "말"들의 재구조화이다. 다시 말해, 여성과 정치아이 관계에 대한 평가의 기준과 효과에 대한 중첩적인 분석이 뒷받침되지 않고, 앞서 보았던 1세대 여성정치세력화 운동에 대한 담론처럼 여성운동의 정치 참가 경험에 대한 객관적이고 다면적인 평가가 뒷받침되지 않은 채, 즉자적인 경험에 기초한 평가가 지배적일 때 새로운 여성정치세력화 운동의 도약은 요원한 과제가 될 것이다.

"그 때 느꼈던 거 뭐였냐면 너네는 뭘 몰라, 선거판은 그게 아니야, 이게 되게 강한 거거든요. 그러니까 A 언니가 위치했을 때 그래도 이렇게라도 말을 해줬어야 했는데, 이길려면 이걸 해야 돼 딱 이런 게 있잖아요. …저 사람들 입장에서 보면 우리는 너무 철부지야, … ㅇㅇㅇ 의원도 경기여연 대표 하는 중에 그만 두고 가서 그걸 제명해야 한다 말아야 한다, 생난리가 났었거든요, 그럼에도 불구하고 우리 쪽에서 간 사람은 제 역할을 하고 있다는 거죠. 그때 여연 C랑 저희가 잠깐 얘기를 했었어요, 잠깐 모시고. 우리가 너무 준비가 없었다,, 의원 하나 보내자, 그런 얘기들은 많이 했지만, …우리가 철부지는 철부지였겠구나, 우리가 정말 정치를 모르고 판이 어떻게 돌아가는 설 모르는 상태에서 뛰어들었기 때문에 그럴 수밖에 없는 모습들은 있었겠다는 생각은 들었었죠"(수원 D).

더구나 수원여성회 내부에서 준비되지 않은 상태에서 선거운동에 개입하게 되었다는 사실을 인정할 때 자칫 "성과 없음"이라는 평가는 수원여성회가 꾸준히 해온 지역 사회에 대한 역할과 기여, 위상을 스스로 부정하는 오류를 범하는 것일 수 있다. 남성 중심적인 제도 안으로 들어가는 과정에서 여성주의는 흔들리는 경험을 할 수밖에 없다. 후보자 A는 수많은 난관들이 있었지만 동시에 당선을 가져다 준 상당히 많은 "운"도 갖고 있었다. 2010년 성남에서 출마한 여성운동 단체 대표의 경험은 조직적으로 지원을 받지 못했을 뿐만 아니라 선거브로커에 휘둘려 너무나 많은 재정적 손실을 입고 낙선하였고, 낙선의 후유증에는 선거를 지원하였던 여성운동의 동료들과 지

인들과의 관계가 소원해짐을 경험했다고 토로한다.[9] 수원여성회의 여성정
치세력화 운동 경험에 대한 온전한 평가를 위해서는 앞서 논의한 시민사회
와 정당 간의 이질적인 영역이 남성중심적인 선거과정에서 충돌하는 지점에
대한 면밀한 분석과 여성정치세력화의 의의와 지역 여성 유권자, 시의회의
여성 대표성, 여성의원의 의정 활동 등 다면적인 관점에서 보다 긴 호흡의
공론화가 필요하리라고 판단된다. 또한 선거운동을 준비하고 학습하는 가장
훌륭한 방법은 직접적인 참여이라고 할 때, 수원여성회의 경험은 여성정치
세력화의 실천을 모색하는 다수의 여성운동 단체에 중요한 선례가 될 수 있
으며, 여성주의적 선거운동의 반면교사가 될 수 있을 것이다.[10]

5. 글을 나가며: 여성운동과 정당과의 전략적 제휴를 위한 모색

선거운동의 구체적인 매뉴얼을 담은 책, 『나쁜 남자가 당선된다』(석수경 외.
2013)는 선거운동이라는 제도가 어떻게 철저히 남성 중심적으로 작동하는지
를 명백하게 드러낸다. 선거의 핵심은 당선이며, 그를 위해서 치밀한 계산과

---

9 이는 2010년 6월 19일 성공회대 실천여성학전공에서 기획한 "정치하는 여성, 선거를 말하
다" 집담회의 발표 내용 중 일부이다.

10 용인시 선거에서 남성중심적인 정치 문화를 경험했던 후보는 한 번 낙선의 고배를 마신
뒤 "가"로 공천 받은 자신감을 바탕으로 선거운동을 모두 여성 중심의 여성주의적으로 기획
하고 성공한 바 있다. 선거운동 기간 내내 화기애애하게 진행된 경험은 선거문화를 바꾸었다
는 자부심을 낳았다는 점에서 수원여성회의 사례와 대비되어 분석할 수 있을 듯하다(이진옥
외, 2014 참조). 다시 말해, 여성운동 단체의 선거운동 경험은 젠더화된 제도로서 선거라는
정치 지형(Dittmar, 2015)에 전략적으로 개입할 수 있는 토대가 되며, 여성운동의 선거정치
개입은 선거의 문화를 바꾸어내고 유권자의 의식을 신장시킬 수 있는 긍정적인 결과를 만들
것이라고 기대된다.

고도의 전략을 갖춘 "나쁜 남자"가 될 것을 선거판의 오래된 "전문가"들이 주문하는 공식이다. 이런 나쁜 남자들의 세계에 여성들이 들어가는 것, 그리고 생존하는 것은 여성정치세력화 운동에 역설을 남긴다. 중요한 것은 이것이 정치의 불능이 낳는 악습의 결과이나, 그 역설은 오롯이 여성에게만 전가된다는 점을 인식하는 것이다. 이 역설에 대한 문제제기를 하는 여성운동이 있기에 그나마 이러한 문제들이 "문제"로 호명된다. 그럼에도 불구하고, 여성정치세력화에 대한 평가와 의미를 생산해내는 현재의 담론 구조는 이 역설을 마치 여성의 문제로 환원시키는 오류를 범하며, 그 결과 지속하는 여성의 과소대표성에도 불구하고 여성운동세력화 운동은 교착 상태에 빠진 채 정치는 남성의 전유물로 남겨진다.

이 역설을 풀기 위한 일차적인 과제는 수원여성회의 경험에서 자세히 본 것처럼 대표, 참가, 참여의 과정은 분명하게 구분되지 않는다는 것과 더불어, 대표를 민드는 실질적인 선거의 참가 과정은 정치참여를 단순하게 낭만화하기 보다 그 과정에서 필연적으로 제기되는 정당과 여성운동과의 근본적인 문제들을 선명하게 재현한다. 즉, 이 역설을 풀기 위한 일차적인 과제는 여성정치세력화가 여성운동과 정당이라는 이질적인 세계의 충돌은 불가피하다는 점을 분명하게 인지하는 것이다.

기존의 참여 없는 대표 중심의 여성정치세력화 운동에 대한 비판에 대한 반동으로 나타난 참여 중심의 여성정치세력화는 비어있는 선언에 불과하며, 오히려 여성정치세력화의 의제를 개별화시키고 혼란을 안겨주는 무기력한 결과를 낳았다. 이 담론의 혼란과 공백을 이해하기 위해서는 여성운동과 정당과의 복잡한 관계에 대한 면밀한 분석을 필요로 한다. 현재의 담론 구조에서는 여성운동이 정당 정치의 영역으로 이동할 때 발생하는 비용이 오롯이 여성운동에게만 전가되고 있으며, 그 결과 여성정치세력화를 실천하는 과정에서 발생하는 문제들은 구조적으로 진단되기보다 정치에 참여하겠다고 결정한 그 개개인들의 잘못으로 설명되는 오류가 발생한다. 여성운동단체의 대표에 대한 정당 공천과 의회 진출은 여성 대표성의 합당한 보상이자 여성운동의 성과에 대한 정치적 인정으로 고려되어야 한다. 남성의 세계로 "간택", "차출", 또는 "호선"된 여성운동가 출신의 여성 정치인에 대한 과도한 부정적이며 성차별적인 평가에 대한 주의가 필요하다. 이런 식의 평가는 수원여성회의 경우에서 보았듯, 여성운동 출신 정치인과 여성운동가들의 관계를 단절시키고 여성운동이 만들어낸 성과마저도 부정하는 모순을 범할 수 있다. 이는 스콧(2006)이 진단하듯이, 행위성(agency)을 강조할 때 당대의 담론과 구조가 내재한 역설이 마치 페미니스트 운동의 모순과 과오인 것처럼 해석될 수 오류가 여성정치세력화 운동에서도 반복되는 것이라 볼 수 있다.

이를 위해서 이 논문은 여성정치세력화 운동의 딜레마를 극복하기 위한 방법으로 아래와 같이 제안한다. 우선, 여성정치세력화 운동의 담론 구조가 전환되어야 한다. 아래 김은희(2017b)가 지적하듯 여성주의 정치는 '정치'의 고유한 순수한 영역이 있다고 가정된다. 이러한 정치의 이상적 개념화는 자칫 탈맥락적이고 반(反)정치적인, 그 결과 정치영역을 성별에 따라 분리하는 과를 범할 수 있다는 점에서, 젠더 정치의 관점에서 '정치'와 '정치적인 활동'에 대한 보다 풍부한 논의와 해석이 필요하다(이진옥, 2018).

"여성주의 정치는 공식적 제도적 정치의 차원과 공사의 경계를 허무는 정치와 시민성의 두 차원을 아우르는 실천과 논의를 벌여왔다. 전자의 여성 정치세력화운동이 과도하게 공식적 제도정치에서의 여성대표성 증진을 강조한 한계가 있다면, 후자의 여성주의 정치는 게토화의 우려를 동반한다. 젠더정치는 이 양자의 결합을 통해 '정치적인 것'(the political)의 공간을 확장하는 여성주의 싱지를 모색해야 하고, …새로운 시민적 정치주체와 시민정치운동에 대한 막

연한 긍정도 과도한 부정도 미뤄두고 여성주의 정치의 예민한 촉수를 세운 채 더디지만 온전한 젠더정치 실천이 모두에게 던져진 질문이자 과제일 것이 다"(김은희, 2017b: 414).

그래야 여성운동가가 정치에 참여할 때 갖게 되는 심리적 부담이 덜해지고, 보다 자유로운 정당 활동과 정치 활동에서 여성운동의 개입이 가능해질 수 있을 것이며, 페미니스트 정치적 공간을 보다 폭넓게 마련할 수 있을 것이다. 다시 말해, '정치 진출'에 대한 욕구가 개인적 야심이나 권력지향적인 속성으로만 이야기되거나, 정당으로부터 경쟁을 통한 공천이 "간택"이라는 수동적인 행태로만 의미화되지 않을 것이다. 이에 더해, 야심 있는 여성운동가들의 정치적인 역량이 쉽게 폄훼되지 않으며, 정치라는 공적 활동에 대한 정당한 평가의 토대가 될 수 있다. 그런 의미에서 여성정치세력화 운동에 대한 평가는 여성 개개인의 활동과 경로에 집중하는 대신, 정당정치에 어떻게 개입할 것인가의 구체적인 문제로 이동해야 한다. 다시 말해 지역의 구체성과 특수성, 정치적 맥락 및 정치참여의 수준과 대표 형태, 방식 등의 차이가 반영되어 여성정치세력화에 주어진 정치적 한계와 협상 방식이 무엇인가를 평가하고 분석하는 방향으로 담론의 추가 변화해야 한다.

그리고 이제는 여성정치세력화의 규범과 당위에서 구체적인 방법에 대한 모색으로 실천의 전환이 필요하다. 로벤두스키(Lovenduski)는 정치적 대표에서 평등을 성취하기 위해서 정당은 페미니스트가 반드시 개입해야 하는 조직이라고 역설하며, 여성이 정당에 개입하는 전략 4가지를 다음과 제시한 바 있다. 첫째, 보육의 평등, 재생산권, 가족 정책 등의 여성 이슈를 정치적 의제로 불러와야 한다. 둘째, 여성 이슈를 보편적인 쟁점으로 변형시켜야 한다. 셋째, 여성의 네트워크와 정당의 남성지배적인 분야 내에서 이중 전략을 취해야 한다. 넷째, 게임 규칙에 대한 유의해야 한다. 젠더 관계를 변형시킬 방법을 모색하면서 정당에 대한 자신의 헌신을 주의하여 확인시켜야 한다(Sainsbury, 1993, Lovenduski, 2005: 138에서 재인용). 즉, 이는 여성단체가 선거과정에 개입하기 위해서는 정당과의 관계를 전략적으로 사고할 수 있어야 하며, 시민사회와 다르게 작동하는 정당의 메카니즘을 활용하여 소위 여성문제를 보편화함과 동시에 불평등한 젠더 관계를 변화시키기 위한 전략을 정당 안팎에서 이중적으로 구사할 수 있어야 함을 의미한다. 이러한 이중전략을 위해서는 여성정치세력화 운동의 구체적인 실행 전략과 장기적인 관점의 논의가 절실하게 요청된다. 일례로 십 년 후의 여성운동의 전망에서 어떻게 정당 여성과 만날 것인가, 정당의 공천 과정에 개입할 것인가, 여성 정책을 입법화할 것인가 등에 대한 논의가 활발하게 진행될 필요가 있다.

그를 위해서는 정당에 대한 조직적인 여성운동의 전략적인 접근이 필요하다. 여성운동가의 경우에도 〈대전A〉가 반복적으로 강조하듯이, 이제 정당의 문법으로 정치를 사고하고 행할 필요가 있다. 더 나아가 정당에서 활동하는 여성운동가들은 정당의 관점에서 여성 개개인의 정치경력을 닦을 것을 요청하고, 그를 위해서는 지역활동을 통한 자신의 정치적 기반을 닦을 필요성을 강조한다. 그래야 정당과 의회, 그리고 시민사회에서 정치에 진출한 여성 개개인의 세력화도, 더나아가 여성운동과 정당과의 전략적인 제휴 및 페미니스트 대표성이 보장될 수 있을 것이다.

"여성들도 정치를 해야죠. … 이 정치라는 것은 출발(정치진입)을 위한 정치 뿐만 아니라 지역활동과 같은 부분에 있어 좀 더 전략적으로 정치를 해야 한다는 것입니다. 저희 당을 보면, 226개 지역위원회 중에서 여성이 지역위원장을 맡고 있는 수가 현저히 적습니다. 사무국장을 맡고 있는 여성의 수는 더 적습니다. 지방선거 공천과정에서 지역위원장이나 사무국장이 공천권을 행사하기도 하고, 특히 사무국장의 경우에는 그 지역 전체의 공조직 관리, 당원관리, 민원관리 등에 있어 실질적인 권한을 가질 수 있습니다. 그래서 광역의회나 기초의회 여성들이 지역위원장이나 사무국장과 전략적으로 관계를 맺는 것이 필요하고, 가능하다면, 사무국장직을 맡는 것도 필요하다고 생각합니다"(정당 A).

"밖에서 들어가는 여성들은 그 자기가 무슨 일을 하고 있건 이후에 구체적으로 어느 지역, 정치적으로 … 여성들의 사회활동이나 삶 속에서 구체적으로 정치인의 역할을 하는 것이 … 지역정치에 대한 것들을 미리부터 개입하고 그걸 통해서 자기의 정치적인 공간을 마련해가면서 모색을 해야지요. … 정말 정치적인 기반확장으로 가져가려면 그런 전략공천을 요구할 사람은 그런 지역기반이 최소한 요만큼, 자기가 그 지역에서 정치적인 입지를 마련해왔던 것들이 요만큼이라도 있어야 [밀어줄 수 있는 명분이 서죠]"(정당 B).

"개인적인 것이 정치적인 것이다"라는 페미니스트 명제 뒤에 숨는 대신, '정치' 영역이 지니고 있는 고유한 특질들에 대한 이해를 바탕으로 여성정치 진입 통로의 마련과 대표와 참여의 선순환을 만들 수 있는 방법의 모색이 필요하다. 일례로 여성단체의 전 대표들이 주축이 된 "여성정치포럼" 또는 "제3섹터" 구성이 시간에 쫓기는 현직 여성운동가들과 정당원들 사이의 가교 역할을 할 수도 있을 것이다. 남성 중심적인 정치 질서에 대한 교란 없이 여성의 정치세력화는 요원한 과제이며, 정당정치에는 유리하지만 여성운동에는 피해를 주는 방식의 여성정치세력화가 아니라, 함께 이득을 볼 수 있는 상리공생(相利共生)의 여성정치세력화를 위해서는 여성의 정치참여에 대한 현실적인 진단과 대안들의 상상이 그 어느 때보다도 요청되는 지금이다. 특히 미투운동, 낙태죄 폐지, 불법촬영 근절 등 페미니스트 운동의 물결이 한국

사회를 뒤흔들었던 2018년 지방선거에서 녹색당 신지예 서울시장 후보와 고은영 제주도지사 후보가 돌풍을 일으키고 '구프시스터즈' 등 페미니스트 정체성을 내건 여성 후보들이 도전장을 내밀면서, 여성정치세력화 운동은 새로운 정치 지형에 놓였다. 그러나 여전히 주권자로부터 위임받은 상위 권력은 남성에 의해 독점되었다. 남성의 과잉대표성을 제어하고 페미니스트 대표성을 보장하기 위해서는 여성운동과 정당과의 관계가 재구성되어야한다. 이는 원외정당의 새로운 시도들에 대한 여성운동의 접속 방식이든, 수권 정당을 페미니스트 정치의 자장으로 견인하기 위한 전략 개입의 문제이든, 여성정치세력화 운동 전략의 재수립을 요청한다. 그를 위해서 이 글은 우선적으로 여성정치세력화 운동 담론의 변화, 즉 "말들의 재구조화"를 제안하며, 여성정치세력화 운동에 대한 평가에 사용되는 용어들의 정밀한 개념화를 요구한다. 더 나아가 남성 중심적인 정치의 구조적 속성과 그 구조에 개입할 때 발생하는 여성주체의 행위성이 미끄러지는 효과들을 살펴보고, 그 효과들을 평론의 장에서 분석의 장으로 이동하며, 이제는 구체적으로 여성운동과 정당과의 전략적 제휴 방식을 탐색하는 단계로 전진할 것을 주문한다. 또한 이 글에서 살펴본 여성운동과 정당이 만날 때 이질적 문법과 문화의 충돌은 단순히 더불어민주당에서만 발견되는 것은 결코 아니라는 점은 강조되어야 한다. 여성운동가들이 정치적인 대표성을 여성운동의 연장선에서 접근할 때, 다른 조직적 문화와 문법과 화해하는 것이 필요하다. 정당은 집합적 페미니스트 정치 대표성을 실질적으로 구현하기 위한 피할 수 없는 개혁의 대상일 뿐아니라 파트너이며, 정치적 시간을 기다리기보다 기회를 만들고 페미니스트 성과를 성취하기 위해서는 정당에 대한 페미니스트 개입이 적극적 기획으로서 요청된다. 여성운동과 정당의 전략적 제휴 가능성은 정당이 온전하게 자동하지 않을 때, 특히 현재와 같이 양당 지배체제가 강고할 때 낮을 수밖에 없다. 그럼에도 보다 여성운동의 구체적인 페미니스트 성취를 위해 정당과의 관계 탐색에 이 졸고가 그 기획과 고민의 재료로 활용되길 희망한다.

제4장

일본군'위안부' 운동과 시인(recognition)의 정치
: 한국의 사회적 기억 공간을 중심으로

김명희(경상대학교 사회학과 교수)

1. 들어가며

2015년 12월 28일 한일 외상이 일본군'위안부' 문제의 '최종적이고 불가역적인 해결'을 선언했다. 그러나 한국 내의 여론은 '2015 합의'의 최종 해결책에 동의하는 방향으로 형성되지 않았고 오히려 협상 무효와 재협상을 위한 운동이 폭발적으로 전개되었다. 특히 중고등학생 및 풀뿌리 시민운동과 결합되어 전국 각지에서 건립된 '평화의 소녀상'(정식명칭 '평화비')은 일본정부에 대한 항거의 상징물이자 글로벌 시민연대의 대명사로 부상했다.[2] 이것이 어

---

1   이 글은 2018년 9월 《한국여성학》 제34권 3호에 실린 동일 제목의 원고를 이 책의 기획 방향에 맞추어 가필한 것이다.

떻게 가능했는가? 돌이켜보면, 1990년대 이후 일본군'위안부' 운동의 전개 과정은 곧 일본군'위안부'와 관련한 사회적 기억을 만들어오는 과정이었다. 어떠한 사회적 기억이 만들어지는가에 따라 일본군'위안부' 문제 해결을 둘 러싼 중요한 정치 지형이 제공되곤 했다. 이 글은 한국사회에서 일본군'위안 부' 남긴 사회적 고통이 공적 영역으로 편입되고 사회적 기억으로 확장된 과정을 시인의 정치(politics of recognition)라는 관점에서 살펴보고자 한다.

이러한 문제의식이 성립된 배경은 다음과 같다. 최근 '『제국의 위안부』 사 태'와 함께 일본군'위안부' 부인주의(denialism)가 첨예한 사회정치적 현안이자 학문적 쟁점으로 부상하고 있다. 부인주의란 역사적 사실을 부인하는 이데올 로기적 사조 및 담론체계를 일컫는 것으로 '홀로코스트 부인(Holocaust denial)'에 기원을 갖고 있다. 동아시아의 맥락에서 이와 같은 부인주의는 1990년대 중 반 일본군'위안부'의 역사교과서 기록을 기점으로 본격화되었고, 최근 소녀 상 긴립을 둘러싸고 한국 및 해외에서 가시화된 정치·외교적 갈등도 일본의 역사수정주의적 부인의 연장이라고 할 것이다(야마구치 도모미·노가와 모토카즈·테사 모리스-스즈키 외, 2017).

문제는 역사적 사실의 부인(denial)은 중대한 인권침해 사건에 대한 진실규

2　평화의 소녀상 (Statue of Peace)'(이하 소녀상)은 일제 강점기 일본군 성노예 피해자들을 기리는 동상으로 평화비, 기림비, 평화비 등으로 불린다. 소녀상은 일본군'위안부' 문제 해결 을 촉구하는 수요집회가 1000회째 열리는 날 2011년 12월 14일 서울 종로구 일본대사관 앞에 처음 세워졌고 국내와 해외(일본, 미국, 캐나다, 오스트레일리아, 중국 등) 각지에 세워 지고 있다. 엄밀히 말해 소녀상은 오랜 염원 중 하나였던 일본군'위안부' 기림비 사업의 일환 이었다. 이 계획은 민주화운동에 참가하고 꾸준히 평화와 인권문제에 관한 작품을 발표해 오던 조각가 김서경·김운성 부부의 자발적인 참여로 극적인 진전을 이루게 된다. 애당초 비석의 형태로 제작하려 했으나 할머니들의 상황과 내용을 표현하기에 부족하다 느낀 작가 들의 제안과 기림비 건립위원회 간의 적극적 의견 교환 결과, 조각으로 형상화된 것이다 (이나영, 2017: 87). 한편 해외 최초로 세워진 소녀상은 2013년 7월 30일 미국 캘리포니아 글렌데일 시에 세워진 '평화의 비 소녀상'이다(이혜숙, 2013: 128).

명을 저지하는 장치일 뿐 아니라, 피해 생존자들의 트라우마를 강화·재생산하는 2차 인권침해가 될 수 있다는 것이다. 이 지점에서 알렉산더(J. Alexander, 2007)의 문화적 트라우마 이론은 이를 넘어서기 위한 해법을 모색하는데 여전히 풍부한 시사점을 준다. 그에 따르면 트라우마는 사건 그 자체에서 발생하는 것이 아니라, 사건과 사건의 재현 사이의 간극(gap)에서 발생한다. 따라서 트라우마의 발생과 재생산, 그 경감과 해결의 향방은 외상 사건과 관련한 지배적 서사를 공적 청중에게 주장하는 수행집단(carrier groups)의 부상과 밀접한 관련을 맺는다. 다시 말해 외상 사건과 피해자들의 고통에 대한 지식주장을 통해 청중들을 공적 담론의 장으로 불러들이는 수행집단 – 보다 엄밀히 말하자면 대안적 수행집단 – 은 문화적 트라우마의 경감에 결정적 역할을 수행한다는 것이다.

수행집단에 대한 강조는 최근-반성폭력 사회문화를 향한 문화혁명에 견줄만한-미투(Me Too) 운동과 위드 유(With You) 운동이 보여주듯, 전통적인 가해자-피해자의 이분법적 구도를 넘어 가해자와 피해자 사이에 자리한 중간 영역의 다층적 행위자의 존재와 그 역할의 중요성을 환기시킨다. 이를 참고할 때 1991년 시작된 수요집회, 정신대문제대책협의회(이하 정대협) 등의 생존자 증언 채록 작업과 함께 시작된 일본군'위안부' 운동의 역사 자체가 가해자의 인권 침해 부인(denial)에 맞서 피해자와 함께 시인(recognition)의 정치를 수행하는 공감적 청중을, 나아가 진실의 재현 작업에 동참하는 수행집단(carrier groups)을 동심원적으로 확대해온 과정이었음을 가늠해볼 수 있나. 수행집단은 일종의 발화자다. 발화자의 목표는 청중의 입장에 있는 공중에게 외상에 대한 주장을 설득력 있게 전달하는 것이다. 발화가 성공적이라면, 외상 주장을 듣는 청중이 확대되어 '사회 전반'에 있는 다른 공중들을 포함시킬 수 있다(알렉산더, 2007: 214−215).

이와 같은 통찰에 착목하여 이 글은 일본군'위안부'를 둘러싼 사회적 기억 공간의 확장 과정을 이행기 정의와 시인의 정치(politics of recognition)라는 맥락에 재배치하고, 그 역사방법론적 함의를 살펴보겠다. 이 글은 다음의 순서로 구성된다. 우선 2장에서는 이 글의 주요 개념인 시인의 정치와 기억사회학적 통찰이 필요한 이론적 맥락을 밝힌다. 이어지는 3장과 4장에서는 일본군'위안부' 문제가 사회적 기억으로 편입되는 과정과 메커니즘을 '교과서'와 '평화의 소녀상'을 중심으로 각각 살펴본다. 마지막 5장에서는 이로부터 도출된 이론적·방법론적 함의를 공공역사의 가능성이라는 관점에서 확대하여 전망한다. 무엇보다 일본군'위안부' 생존 증인들을 하나 둘 떠나보내고 있는 지금, '그 사건'을 어떻게 기억하고 재현할 것인가라는 문제는 궁극적으로 일본군'위안부' 운동이 남긴 역사적 책임을 어떻게 계승하고 확장할 것인가라는 실천적 과제와 맞닿아있다.

2. 이행기 정의와 시인의 정치: 사회적 기억의 형식들

본디 전쟁범죄 및 인권침해 부인의 문제는 "정치변화 과정의 일부로서 과거 정치적 폭력을 다루기 위한 노력들"(Leebaw, 2011: 120)을 폭넓게 일컫는 이행기 정의(transitional justice)의 중요한 쟁점을 구성한다. 이행기 정의 과정에서 부인주의(denialim)의 작동은 단선적이라기보다 복합적이며, 정태적이라기보다 역동적인 양상을 보인다. 이러한 정치역학으로부터 부인의 정치(politics of denial)와 함께 발생하고 이를 시정하려는 노력을 일컫는 시인의 정치(politics of recognition)를 상정할 수 있다.[3]

부인의 정치사회학을 개척한 스탠리 코언(S. Cohen)은, 인권침해와 인간의 사회적 고통을 조장·악화하는 행위를 '부인'으로, 그것을 경감·해결하려는 움직임을 '시인'으로 정의한다. 여기서 '시인'이라는 용어는 과거에 부정했던 혐의나 의혹이 실제로는 진실이었다고 확인해주는 공적 담론에서 흔히 사용된다. "그렇다. 우리는 과거의 부인을 공식 철회한다. 그 사건은 실제로 일어났다. 일어나지 않아야 했던 사건이었다. 의혹이 대부분 사실이었음을 확인하는 바이다. 우리는 조사 위원회를 출범시킬 것이다"와 같은 형식이 대표적 사례다(코언, 2009: 509-510).

시인을 장려하기 위한 전략에는 다양한 방식이 있을 수 있다. 이를테면 부인 행위를 인지할 수 있도록 하는 인권교육이나 법적 강제력을 동원하여 '부인을 범죄로 지정'하는 것 등이다. 실제 프랑스, 오스트리아, 스위스, 독일 등 일부 서유럽 국가들이 시행한 부인죄 도입은 반인도적 범죄를 부인하는 행위 자체를 불법시하고 있다는 점에서 매우 요긴하고 강력한 시인 전략이라 할 수 있다. 그러나 한국에서 그 급진적 실현을 전망하기 쉽지 않다는 현실적 제약을 논외로 하더라도, 책임의 계승이라는 관점에서 볼 때 법적 강제가 문제해결의 '충분조건'이라고 보기는 어렵다. 이 글은 과거사에 대한 집단 시인의 상징적 절차이자 피해자—사회중심의 진실 규명을 추동할 실질적 동력으로서 '알아야할 의무'와 '기억해야할 의무'에 보다 주목하고자 한다. 이는 실제 일본군'위안부' 문제의 진전 과정이 통상의 과거청산 작업이

---

3   이 글은 코언이 제안한 acknowledgement라는 용어보다 시인의 인지적 차원과 관계적·도덕적 차원을 아울러 담을 수 있는 recognition이라는 용어를 사용하겠다. 이러한 수정은 인간의 사회행동에서 – 발생적으로나 개념적으로 인정(recognition)이 인식(acknowledgement)에 선행하며, 중립적 파악에 앞서 공감이 선행한다는 악셀 호네트(A. Honneth)의 '인정의 우선성 테제'에 근거한 것이다(호네트, 2006: 39-63). 호네트에 따르면, 인간 존재의 물화(物化)는 – 즉 사람을 "물건"으로 지각하고 다룰 수 있는 가능성은—인정 망각, 즉 "그들을 앞서 인정했다는 사실을 시야에서 놓치거나 부인하는 것"에서 시작된다(호네트, 2006: 6, 75).

가정하듯 "사실 → 진상규명 → 처벌과 제재 → 재발방지" 식의 단선적이고 논리적인 수순을 밟지 않았다는 역사적 사실에 근거한 것이기도 하다.

수요시위의 7대 요구

돌아보면 일본군'위안부' 운동의 조직적 동력이 되었던 정대협은 1992년 1월 8일 수요시위를 시작한 이래 2019년 1월 9일 현재 1369차 수요시위를 맞은 오늘까지 일본정부에게 다음의 7가지 사항을 요구하고 있다. ①전쟁범죄 인정 ②진상규명 ③공식사죄 ④법적 배상 ⑤전범자 처벌 ⑥역사교과서 기록 ⑦추모비와 사료관 건립이 그것이다(정신대문제대책협의회, 2017). 이 7가지 과제 중 일본군'위안부' 문제 극복의 역사적 순서는 흥미롭게도 ⑦과 ⑥에서 - 또 부분적으로는 아래로부터의 ②진상규명 성과에 근거하면서- 앞의 과제들을 압박하는 형식으로 진행되어 왔다. 그리고 역설적으로 시민들의 참여 또한 일본의 부인과 망언, 한국정부의 책임회피가 확인될 때마다 확산되는 형국을 보였다(이나영, 2017: 80). 이렇게 볼 때 수요시위를 중심으로 확산된 일본군'위안부' 운동의 역사는 아래로부터 형성된 사회적 기억이 국가가 주도하던 공식 기억을 해체·재구성해온 역사였다고 할 수 있다.

이렇듯 일본군'위안부'운동이 선구적으로 열어놓은 독특한 시인의 정치의 동학(dynamics)을 보다 정치하게 살피기 위해 사회적 기억을 둘러싼 기억사회학적 통찰을 참고하기로 하자. 최근 사회적 기억 연구는 집합기억(collective memory)과 공공기억(public memory)의 용법을 구분한다. 집합기억은 개인들이 동일한 사건을 각자 기억할 때 발생한다. 캐쉬에 따르면, 집합기억은 "서로 개인적으로는 알지 못하지만 동일한 사건을 기억하는 이들의 거대한 수렴"에 가깝다고 할 수 있다(Casey, 2004: 23-24). 한편 공공기억은 대중들이 다른 구성원들과의 관계에서 그리고 그 관계를 통해 기억할 때 형성된다. 다시 말해 사회구성원들이 서로의 관계 속에서 역사적 사건을 공유하고 이에 대한 공통 관점을 합의할 때, 공공기억이 나온다. 또한 양자의 차이는 기억의 주체가 일정한 시공간의 사회적 만남에서 형성된 대중인가, 아니면 분리된 개인들이나 고립된 소규모 집단의 대중인가의 차이에 있다고 하겠다. 그런 점에서 공공기억은 다양한 공적 공간들에 위치한 '장소들'의 셋트에 의해 형성된 기억이라는 특징을 갖는다(Goodall and Christopher(eds.), 2014: 4-6; 김명희, 2016b: 386-389).

나는 일본군'위안부' 운동이 나름의 '성공'을 거둔 비결을 이와 같은 공공기억의 확장과정에서 찾고 있다. 무엇보다 1992년 정부의 공식 사과와 만행에 대한 역사교육 실시 등을 요구하며 일본 대사관 앞에서 시작된 수요시위는 반복적이고 주기적인 기념과 의례를 통해 피해 생존자와 공석 정중 사이의 접촉(contact)과 근접성(proximity)을 확장하는 공공기억의 발원지로 자리했다. 아래에서 살펴볼 '교과서'와 '소녀상'도 정기적인 수요시위를 통한 '저항의 공간적 실천'(정희선, 2013)에 근거한다고 할 것이다. 일본군'위안부' 서술을 돌리싼 교과서이 변화가 국가 중심의 집합기억이 변모하는 과정을 보여준다면, 소녀상의 사례는 사회 중심의 공공기억이 생성되고 확장되는 새로운 국면을 드러내 보여주고 있다. 물론 양자는 상호 참조적이다.

3. 교과서에 재현된 일본군'위안부'의 집합: 부인과 시인의 공존과 경합

1) 역사수정주의의 새로운 도전: 교과서에 재현된 '역사전'

먼저 일본군'위안부' 문제가 역사교과서를 통해 국가의 공식 기억에 편입되는 과정을 간략히 살펴보자. 어떤 사회든 교과서는 해당 공동체가 추구하는 사회적 가치를 담고 있다. 특히 무엇을 기억할 것인지를 가리키는 '기억 가치', 어떻게 왜 기억할 것인가를 가리키는 '인식 가치'에 대한 가이드라인을 제시하는 것이 바로 역사교과서다(허영란, 2017). 현재 한국과 일본의 역사교과서는 동일하게 검정제도로 발행되고 있지만,[4] 오랜 시간 국가(nation-state) 단위를 중심으로 구성된 교과서의 집합기억은 다양한 주체들의 기억을 누락·배제해왔다. 어떤 점에서 이 같은 경향은 국가 중심으로 짜여진 근대 역사학의

---

4 한국의 경우 중·고교 역사교과서가 장기간의 국정체제에서 검정체제로 바뀐 것은 비교적 최근의 일이다. 고교 근현대사 교과서는 2003년부터, 중학교 역사와 고교 한국사는 각각 2012년과 2011년부터 검정제로 발행되고 있다. 일본은 1945년 패전 후 국정제가 폐지되고, 1947년 제정된 학교교육법에 따라 초·중·고교 모두 검정제도를 채택하여 현재에 이르고 있다. 그러나 일본의 문부과학성은 2014년 1월 17일 교과용 도서 검정 기준을 개정·고시하여 "각의 결정 그 외의 방법으로 표명된 정부의 통일된 견해 또는 최고재판소의 판례가 존재할 경우에는 그것에 의거한 기술이 되어 있을 것"을 적용하게 했다. 즉 검인정이라 하더라도 역사교과서는 제도적 제약이나 사회 여론(사회적 압력), 또 경제적 고려에서 결코 자유롭지 않다. 특히 오늘날 민간출판사의 검정교과서 제작은 일차적으로 수익 추구라는 경제적 요인에서 비롯되기에 채택률을 높이기 위한 노력을 경주할 수밖에 없다(서현주, 2017: 449-451 참고).

한계에 내장된 것이기도 하다. 국민을 위한 역사교육이라는 안정된 제도적 기반 속에서, 국가주의에 뿌리를 둔 역사교과서 담론이 생산되어 온 것이다 (김유경, 2002).

그리고 국가 중심의 집합기억은 국가 내의 역사담론 뿐 아니라 국가 간의 역사적 경험과 관련된 역사담론의 지배 질서에 따라 갈등을 겪을 수 있다. 대표적으로 '새로운 역사교과서를 만드는 모임'(이하 '새역모')은 기존 역사관을 "가학 역사관, 반일 역사관, 암흑역사관"(니시오 칸지·후지오카 노부카츠, 2001: 13)이 라고 말하며 역사수정 프로젝트를 추구해왔다. 이들은 전후 일본이 자의 및 타의에 의해 '억제'하고자 했던 황민의 집합기억에 대한 복원을 기도했다. 그럼으로써 식민지배의 피해자였던 주변국의 집합기억을 '억제'하려 한 것이다. 이렇듯 역사의 과학성이나 보편성을 부정하고 국익 중심의 역사서술을 꾀했던 '새역모'의 역사수정 프로젝트는 2001년 역사문제를 둘러싼 국내외적 분쟁을 일으킨 계기가 되었다(이동후, 2003: 82-85).

이에 대항해 일본 각지에서 '새역모' 교과서에 대한 광범위한 반대운동이 전개되었고, 대부분의 지구에서 그 채택이 저지되었다. 이 반대운동 전반에서 전국적 시민조직인 '어린이와 교과서 전국 네트 21'이 큰 역할을 했다는 점, 지식인과 노동조합운동, 시민운동의 전국적인 연대가 실현되었다는 점, 일본과 한국의 국경을 초월한 연대가 활발했던 점은 주목을 요한다. 그러나 2000년 이후 '새역모'와 밀접한 관계에 있는 우파 정치세력이 정권 중심부에 들어가면서 '위안부' 관련 역사 기술은 점차 줄어들었고, 2006년 즈음엔 거의 모든 중학교 역사교과서 본문에서 사라지게 된다(다카하시 편, 2009: 120-121; 김부자, 2017: 302-303). 그 결과 2000년대 이후 일본의 공식 기억에서 일본군'위안부'의 존재는 재차 부정되어 온 것이다.

2) 진화하는 교과서: 역사 대화의 가능성

그렇다면 한국 역사교과서는 일본군'위안부' 문제를 어떻게 재현해 왔을까? 한국의 경우 '교과서'라는 공식 역사서술에서 일본군'위안부' 문제가 최초로 거론된 것은 제2차 교육과정 시기로 추정된다. 1963년 2월 제2차 교육과정이 공포된 이후 1968년 이원순이 집필한 고등학교 『국사』에는 "여자 정신대라는 이름으로 처녀까지 공장과 전선으로 끌어냈다"(이원순, 1968: 231)는 기술이 있다. 하지만 그것이 지금의 '위안부' 피해에 대한 내용을 언급하고 있다고 보긴 어렵다. 1978년 교과서 제도를 국정·검정·인정에서 1종·2종·인정으로 바꾸었지만, 유의미한 변화는 보이지 않았다. 일제강점기에 대한 내용을 살펴보면 일본에 의한 강제 징용과 징병에 대한 언급과 함께 젊은 여성들의 강제 동원이 언급되고 있다. 하지만 당시 교과서의 기술에는 산업 시설과 전선에 동원된 젊은 여성들이 구체적으로 어떠한 피해를 입었는지에 대한 설명도, '위안부'에 대한 공식 언급도 나와 있지 않다(박재원, 2016: 49-52). 즉 '민족'을 단위로 한 한국 역사교과서의 서사에서도 마찬가지로 일본군'위안부'의 존재나 그 피해 기억은 오랜 시간 억압·배제되었던 것이다. 이 점에서 오랜 시간 한국정부는 일본군'위안부' 문제 부인의 공모자이자 방관자의 역할을 담당해왔다고 볼 수 있다. 그리고 이 같은 공모와 방관은 다시 피해 생존 여성들의 기억을 억압하고 침묵을 재생산하는데 일조해왔다(심영희, 2000; 양현아, 2006 참고).

제7차 교육과정에서 한국 국사교과서가 '위안부' 문제를 거론하기 시작한 것은 아래로부터 전개된 일본군'위안부' 운동과 시인의 정치의 성취를 반영한 것이라 볼 수 있다. 특히 2000년 '일본군성노예전범 여성국제법정' 이후 2001년 여성부는 일본군'위안부' 강제 동원과 성적 학대에 대한 기술을 강화하는 '중고교 국사교과서의 일본군 위안부 관련 사항에 대한 수정안'을 교육부에 제출했다. 이 수정안은 당시 고교 국사교과서에서 '여자들까지 정신대라는 이름으로 끌려가 일본군의 위안부로 희생되기도 하였다'는 부분을 삭제하여 '일본군 위안부가 돼 비인간적인 성적 학대를 당했다'로 보강하는 것을 골자로 했다(『동아일보』, 2001.7.12.).

그리고 2009 개정 교육과정에 기원을 둔 『중학교 역사2』는 제3장 "전시동원체제와 무장 독립 투쟁"에 관한 장에서 '위안부' 서술을 0.5-1페이지가량 싣고 있다. 『고등학교 한국사』의 경우도—교학사 교과서를 제외한 금성출판사, 미래엔, 비상교육의 교과서 등—일본군 '위안부'의 이름으로 동원된 성노예의 역사를 간략하게나마 싣고 있다. 편차는 있지만 교학사를 비롯한 대부분의 교과서엔 '일본군 위안부' 역사관과 나눔의 집, 수요 집회, 평화비, '위안부' 생존자들의 증언이나 그림엽서 등이 소개되며, 일본 역사교과서의 역사 왜곡과 부인 행위를 사실적으로 기술하고 있다. 다음은 토막박스에 피해자의 증언과 함께 실려 있는 '위안부' 관련 기술의 사례다.

"친일 반민족 행위자들이 일제의 앞잡이가 되어 권세를 누릴 때, 수많은 식민지 조선인은 침략 전쟁의 소모품으로 내몰렸다. 특히 징용, 징병 등으로 끌려간 젊은이와 '일본군 위안부'로 끌려가 성 노예 생활을 강요받은 젊은 여성의 고통은 이루 헤아릴 수 없었다. 전쟁이 끝난 이후에도 이들은 정당한 배상조차 받지 못했다. 지금까지도 일본정부는 '일본군 위안부'의 강제 동원 사실을 부인하고 있다."(『고등학교 한국사』, 미래엔, 2014: 253).

동아시아 공동 역사교재

나아가 한국과 일본의 여성 학자들이 함께 집필한『여성의 눈으로 본 한일 근현대사』(2005), 민간 차원의 교과서 협력을 통해 만들어진 최초의 한중일 공동 역사교재『미래를 여는 역사』(2005),『한중일이 함께 쓴 동아시아근현대사』(2012), 그리고 2007 개정 교육과정을 통해 고등학교 사회과 선택과목으로 개설된『고등학교 동아시아사』또한 일본군 '위안부'를 둘러싼 역사 갈등을 하나의 역사적인 사실로서, 시각적인 사진자료와 함께 기록하고 있다 (천재교육, 2014: 244; 비상교육, 2014: 248−249).

특히『고등학교 동아시아사』의 경우, "위안부 문제 해결을 위한 국제 연대"나 "역사 인식 공유를 위한 역사 대화"의 사례로서 한·일 공동 역사 교재 집필의 노력을 공식적으로 기술하고 있다는 점은 주목을 요한다.『중학교 역사2』나『고등학교 한국사』의 서술구조가 '피해자'(일본군'위안부' 할머니들)의 고통과 '가해자'인 일본정부의 역사왜곡/부인이라는 이분법적 구도에 머물러 있는 것에 비해,『고등학교 동아시아사』의 경우 일본정부와 피해생존자 사이에 자리한 다층적 행위자를 사고하기 시작했다는 점은 역사대화의 가능성이라는 측면에서 볼 때 의미 있는 진전이라 보인다. 또한『고등학교 동아시아사』는 일본정부의 입장만이 아니라 문제 해결을 위한 일본 시민사회 내부의 노력들을 "긍정적인 움직임들", 혹은 "국경을 넘어선 연대"의 사례로(비상교육, 2014: 249−252; 천재교육, 2014; 246) 아울러 기술하고 있다.

이렇게 볼 때 한국 역사 교과서에 재현된 일본군'위안부'의 집합기억은 일본군'위안부' 운동의 실천적·학문적 성과를 반영하면서 국가 중심의 기억에서 사회 중심의 기억으로 조금씩 변화해 왔다. 물론 이러한 진전이 − 최근 한국사 교과서 국정화 논란이 보여주듯 − 한국 집권세력에 따라 큰 부침과 위기를 겪는 것도 사실이지만, 일본군'위안부'를 둘러싼 기억의 변화에는 한국 민주화의 진전과 함께 "국민에서 시민으로" 점차 이동한 교육과정 및 교

과서체제의 제도적 변화가 자리했다는 점을 간과해서는 안 될 것이다.[5]

4. 진화하는 '평화의 소녀상'과 공공기억: 참여·소통·공감적 시인으로

1) 문화적 외상의 상징적 확장

나는 '2015 합의' 이후 한국의 성장 세대가 스스로 '평화의 소녀상' 지킴이 운동의 적극적 주체로 나서게 된 현상이 이러한 역사교육 및 교과서의 변화와 무관하지 않다고 생각한다. 실제 평화비 세대인 고등학생들은 '작은 소녀상 건립 운동'을 시작하여, 2017년 6월 19일, 100개 학교가 참여하는 목표를 달성했다. 건립운동은 두 가지 배경적 요인이 함께 작용한 결과라고 보인다. 첫째, 2015년 한국에서 거세게 불어 닥친 '페미니즘 리부트(reboot)' 열풍이다. 이는 개인적이고 사소한 일로 여겨졌던 여성에 대한 폭력이 공론장에 다시 부상하는 계기이자 여성의 공유된 경험과 확장된 '피해자성'을 중심으로 새로운 연대감이 형성되는 계기가 되었다(이나영, 2017: 89). 둘째, 지역을 단위로 한 시민운동의 성장도 무시할 수 없는 중요한 배경이다. 풀뿌리 시민참여 속에서 2015 한일 '합의' 이후 폭발적으로 늘어난 소녀상은 2018년 3월 말 기준 한국 내에만 100여개, 해외의 경우 미국, 캐나다, 호주, 중국, 독일,

---

5 김영석(2013)은 많은 한계에도 불구하고 "국민에서 시민으로" 강조점이 변화한 한국 교육과정의 기원을 제6차 교육과정에서 찾고 있다. 제6차 교육과정은 권위주의적 교육과정에서 탈피하여 민주화 시대의 교육과정을 지향한 전환기의 교육과정이라 할 수 있다. 이 때 '현대 사회와 시민'의 구상, 국사의 사회과 편입, 국민윤리의 성격변화 등 다양한 개혁이 시도되었고, 특히 민주 사회의 주체라 할 수 있는 시민을 강조한 것은 민주시민교육이라고 하는 현대 교육의 목표를 외복하고자 하는 상징적 조치였다는 것이다.

홍콩 등지에 세워졌다(「연합뉴스」, 2018.7.29.). 이 같은 현상은 일본군'위안부'를 둘러싼 사회적 기억의 성숙 과정과 질적 도약을 보여주는 새로운 지점이다.

소녀상에 재현된 일본군'위안부'의 기억에서 다음과 같은 역사방법론적 함의와 쟁점을 추출해볼 수 있다. 첫째, 이 기림비는 그 기획과 주체, 과정에서 전적으로 민간이 주도한 공공기억의 성취라는 특징을 보인다. 무엇보다 소녀상은 시민들의 모금과 참여, 무엇보다 예술가들이 부여한 적절한 외상 '서사(narrative)'와 함께 '위안부' 피해여성들에 대한 추모와 저항운동을 상징하는 기념물로 정착해갔다는 점에서, 국가가 주도했던 기왕의 동상 기념비와 확연히 달랐다. 흥미로운 점은 이 재현 서사를 통해 '위안부' 피해여성들의 고통과 삶이 공적 청중들에게 비로소 '인격적이고 구체적인' 형상을 갖고 인지되기 시작했다는 것이다.

서울 일본대사관앞 평화비(소녀상)

'평화의 소녀상'은 크게 '소녀상', '빈 의자', '바닥그림자'로 구성되어 있다. 즉 '평화의 소녀상'엔 단지 '소녀' 모습만이 아니라 '위안부'가 된 여성의 삶과

'위안부' 문제 해결의 과정이 오롯이 담겨 있다. '바닥 그림자'는 수요시위에 다닌 할머니 모습이다. 그리고 소녀 옆 '빈 의자'는 이미 돌아가신 할머니가 지금 여기에 함께 있다는 추모의 의미를 담고 있다. 동시에 '빈 의자'는 미래의 우리 아이들이 앉을 자리이기도 하다. 물론 이 상(像)은 일본정부만이 아니라 한국 사회를 향한 비판도 함께 담고 있다(김서경·김운성, 2016; 김부자, 2017).

둘째, 무엇보다 이 상(像)은 사회적 소통 과정을 거쳐 예술적 소통을 시도한 작품이라는 점에서 사회예술(social art)의 면모를 지닌 것으로 평가된다(김준기, 2016). 실제 평화의 소녀상을 제작한 작가들의 저서『빈 의자에 새긴 약속: 평화의 소녀상 작가노트』(2016)는 다음과 같이 쓰고 있다.

> "어쩌면 작은 비석은 물론 어떤 것이라도 세우는 게 어려울 지도 모릅니다. 그리고 비석도 좋지만, 우리는 조각을 주로 하는 사람이니 비석을 포함해 좀 더 사람들에게 다가가 공감하고 어울릴 수 있는 작업을 해보는 것이 어떨까 합니다. 단 하루를 세워 놓고 나서 철거되는 한이 있더라도 아예 의미심장한 조형물로 제작해 보면 어떨까요?"(김서경·김운성, 2016: 19).

작가들에 따르면, '평화의 소녀상'엔 다음과 같은 12가지 상징과 의미가 담겨 있다.

〈표 4-1〉 '평화의 소녀상'의 주요 상징

상징물	주요 의미
소녀	일본군 '위안부' 피해자들 중 13-8세 연령대의 미성년자가 많았다는 역사적 사실의 형상화
한복	조선인 피해자들의 고국에 대한 그리움을 표현
머리카락	피해자들 의사와 무관하게 끊기게 된 인연을 표현

상징물	주요 의미
새	소녀상 어깨에 걸터앉은 새는 이승과 저승을 연결하는 영매로서, 명예회복을 받지 못하고 고인이 된 일본군 '위안부' 피해자와 일본정부의 진정한 사과를 받기 위해 노력하는 '위안부' 피해 생존자의 하나 된 마음을 의미. 동시에 새는 자유, 해방, 평화의 상징.
뒤꿈치	땅에 닿지 못한 발뒤꿈치는 사회의 편견과 외면 속에 아픔의 세월을 불안하게 떠돌았던 피해자들의 삶을 표현
할머니 그림자	가해자의 사과와 배상을 받지 못하고 소녀들이 할머니가 되기까지 걸어온 긴 시간 동안 겪은 아픔을 표현
나비	할머니그림자의 가슴에 새겨진 나비는 '환생'의 상징으로 고인이 된 피해자들의 영혼을 위로하는 표현
빈 의자	소녀상 옆 빈 의자는 세상을 떠난 피해자들이 앉아있던 자리이며, 우리 아이들의 평화로운 미래를 위해 우리가 앉아야 할 약속의 자리를 상징
두 주먹	소녀 무릎의 꼭 쥔 두 주먹은 다시는 전쟁으로 인해 여성과 아이들이 상처와 고통을 받지 않는 평화로운 세상을 실현하겠다는 다짐을 표현
얼굴	준엄한 동시에 분노를 초월한 얼굴은 일본에게 반드시 사과와 반성을 받겠다는 의지를 표현
평화비 글씨	길원옥 할머니가 직접 쓴 평화비 글씨엔 1000번째 수요시위를 기리고 역사를 잇겠다는 정신을 표현
일본대사관과 소녀상	일본 대사관 앞이라는 장소는 소녀상의 가장 중요한 재료 중 하나. 담담하게 앉아 일본을 마주하고 응시하는 소녀상은 일본정부의 책임과 관계를 상징

자료: 김서경·김운성(2016: 64-111) 참고함

이 글의 서두에서 언급한 문화적 트라우마 논의를 상기하자면, 이러한 상징과 예술을 통한 피해자의 인격적 재현과 외상 서사의 창출은 청중과 피해자 사이의 사회적 거리를 좁히고, 트라우마를 극복하는데 있어 결정적인 중요성을 지닌다. 설득력 있는 상징화 과정은 적절한 의미를 지닌 외상 서사를 창출함으로써, 이 사건이 함축한 도덕적 의미를 직접 관련자를 넘어선 범위로 상징적으로 확장하면서 정치적·도덕적 책임의 보편화를 촉진하기 때문이다(알렉산더, 2007: 130).

2) 진화하는 소녀상: 혐오, 비판, 공감

물론 제작자의 의도를 떠나 소녀상엔 보는 사람이 저마다 갖고 있는 '위안부'관이 투영되어 혐오, 비판, 공감 등 여러 감정을 불러일으킨다. 먼저 '혐오'라는 측면에 착목한 김부자(2017)는 소녀상을 둘러싼 일본인(남성)의 감정반응을 중심으로 가해자의 자기방어반응과 감정적 내셔널리즘이 표출되는 메커니즘을 추적한 바 있다. 다음으로 소녀상을 향한 '일부' 페미니스트 비판자들의 '비판'이 존재한다. 이들은 "위안부='소녀'상"의 표상에 혹여 순결주의 또는 정조관과 같은 젠더 프레임이 투영된 것은 아닌가 하는 의혹이 그것이다(우에노, 2014). 이를테면 '소녀'가 내포한 순수/순결 이미지는 여성의 정조를 기준으로 이분화하는 차별적 시선 위에 성립된 것이기에, 여성폭력과 성의 상품화라는 근본적인 문제를 제기함에 있어 효과적인 출발점이 될 수 없다는 것이다(최은주, 2016).

이러한 비판은 '위안부' 재현을 둘러싼 공론장에서 마땅히 경청할 수 있는 지적이라 보인다. 실제 평화비를 대하는 일본정부나 한국 내 일부 남성들의 담론에서 '소녀'라는 이미지를 일면적으로 소비하는 젠더화된 시선을 발견하기란 어렵지 않다. 하지만 이 같은 형태의 비판은 자칫 '현재'의 시점에서 소녀상을 둘러싼 담론/이미지가 유통되고 소비되는 측면에만 집중해 '과거' 역사적 사실성에 대한 인지에 기초해 일본군'위안부'의 사회적 의미와 공감을 생성해가는 사회 저변의 문화적 동학을 놓칠 수 있다는 점에서 다소 일면적이다.[6] 이러한 일면성을 제프리 올릭(J. Olick)이 말한 '현재주의'의 오류에 비견해볼 수 있다. 기억된 과거와 구성된 현재 사이의 관계는 끊임없이 일어나는 구속과 재협상의 관계이지, 과거가 현재에서 순수하게 전략적으로 만들어지거나 현재가 과거의 획일적 유산에 붙들려 맹목적으로 충성하는 관계가 아니다. 과거와 현재는 마치 하나가 없으면 다른 하나의 의미가 없어지는 동전의 양면처럼 서로를 구성하는 관계인 것이다(올릭, 2011: 97).

금천 '평화의 소녀상'(2017)

---

6 달리 말해 조선인 '위안부'에 미성년자가 많았다는 사실은 '재현' 이전의 역사적 사실관계의 문제다. 이 점을 출발점으로 삼지 않는다면 일본군'위안부' 문제의 배후에 자리한 침략전쟁과 식민지배의 구조적 폭력(민족차별·계급차별·성차별)을 놓칠 수 있다는 것이다(김부자, 2017). 이 같은 관점에선 여성폭력 혹은 여성인권문제와 제국주의/식민지배의 폭력과 그 해결의 문제는 제로섬 관계에 있지 않다. 같은 맥락에서 실제 존재했던 역사적 사건 또는 사실관계의 실재성을 역사적 사실에 대한 '해석' 또는 '이야기'의 문제로 환원하는 우에노 치즈코와 박유하가 공유한 인식적 오류(epistemic fallacy) − 역사적 사실의 존재론적 차원과 인식론적 차원을 융합해버리는 인식론적 오류를 말한다 − 에 대한 비판은 김명희(2017: 260−261)를 참고하라.

이 점은 소녀상이 다양한 형태로 진화하면서 토론과 소통, 참여와 공감의 공간을 확장하고 있다는 사실에서 확인된다. 아래 사진은 2017년 8월 15일 서울 금천구에 세워진 '금천 평화의 소녀상'이다. '금천 평화의 소녀상'은 왼손에 번데기를 오른손에는 나비를 날리며 서있는 소녀의 모습이다. 이 소녀상은 건립추진위원회와 작가의 수차례 회의를 거쳐 완성되었다. 이 상을 제작한 배철호 작가에 따르면, "소녀의 왼손에 들고 있는 번데기는 나비가 되기 이전의 과거, 상처받은 과거의 영혼을 의미한다. 오른손에 들고 있는 나비는 미래를 의미, 소녀가 나비를 날리면서 과거의 상처를 날려 보내고 새로운 희망을 만들게 되며 무엇보다 자신의 힘으로 상처를 치유하는 의미를 담았다."(「아시아경제」, 2017.8.11.). 이 상의 '소녀'는 앉아있는 소녀(상)에 비해 훨씬 더 역동적으로 표상된다. 그리고 – 단지 '피해자'로 환원되지 않는 – 문제해결의 적극적 '주체'로 나섰던 피해여성들의 실제 역사를 담아내고 있다.

요컨대 '평화의 소녀상'은 설치하는 사람들 각자의 창의적인 아이디어에 의해 점차 진화하고 있다. 대표적으로 2017년 8월 14일 광주 5곳에서 민간단체에 의해 한날 동시에 소녀상 5개가 세워졌다. 5개의 소녀상은 각각 다른 작가들이 제작했다.

'세계 위안부의 날'에 광주에 세워진 다섯 곳의 '평화의 소녀상'(2017)

이 중 세 번째 소녀상은 광주 '남구'에 세워진 것으로 생존여성 이옥선(92) 할머니의 열여섯 살 시절 모습과 현재 모습을 나란히 배치한 것이 특징이다. 이 상을 제작한 이이남 작가에 따르면, 이 소녀상은 '소녀'와 '할머니'가 한 장소에 있으면서 과거와 현재가 결코 분리될 수 없다는 의미를 담고 있다. 어깨 위에 얹은 손은 아픔을 공감하고 기억을 치유하는 내면의 손길이며, 굳게 다문 입술은 여전히 해결되지 않은 역사 현실을 상징한다. 네 번째 '북구' 소녀상은 당찬 모습이 특징이다. 이 상을 제작한 최재덕 작가에 따르면, 북구의 서있는 소녀상은 일어서서 손을 뻗어 앞으로 나가는 강인한 모습을, 손끝에 놓인 새는 희망을 상징한다. 뒤로 뻗은 손은 나란히 선 시민들이 잡고 함께 같은 곳으로 나아갈 수 있게 제작되었다. 즉 점차 다양화되고 있는 '소녀상'은 이제 '생존자들'의 호소만이 아니라 이들과 공명하여 기림비 건립에 힘을 모은 '시민들'의 바람과 약속을 함께 담아가고 있다(「연합뉴스」, 2017.8.14.).

3) 참여·소통·공감적 시인으로

결국 역사적 사실의 기록과 교육이라는 형식을 취하는 역사교과서와 비교할 때 소녀상은 청중과 피해자의 접촉—근접성(contact-proximity) 공간을 확장하면서 세 차원의 시인(recognition)을 달성하고 있는 것으로 보인다. 역사적 사실에 대한 '인지적 시인', 피해생존자들이 감내해야만 했던 고통의 현재성과 대면하는 '공감적 시인', 그리고 피해 생존자와 청중 자신이 맺고 있는 실천적 관계 – 또는 연루(implication) – 를 직시·인정하는 '책임의 시인'이 그것이다.

이와 같은 시인(recognition)의 복합적 발현 양상은 과거에 대한 이해가 처음부터 지적 사안을 넘어선다는 사실을 깨닫게 한다. 역사수정주의에 대항할 역사방법론을 모색해 온 테사 모리스-스즈키(2006)가 일갈한 바 있듯, 과거와 만나는 일은 언제나 순수한 지식만이 아니라 감정과 상상력을 동반하는 과정이다. 따라서 처음부터 역사는 해석적인 차원과 정서적인 차원을 함께 지닌다. 그녀는 후자를 '해석으로서의 역사'와 구분하여 '동일화로서의 역사'

'소녀, 소녀를 만나다': 광주 동구 평화상(2017)

라고 부른다. 이것은 역사적 지식을 '관계'로서 추구한다는 것을 뜻하며, '역사에 대한 진지함'이라고 달리 말할 수 있다. 역사에 대한 진지함이란 사회적·공간적 지위를 달리하는 타자의 견해와 연동하여 과거에 대한 자신의 이해를 형성하고 또다시 형성하는 계속적인 대화라는 점에서, 곧 내성(self-reflection)의 과정이다. 이 같은 대화를 통해 다른 공간에서 일어난 역사적 사건도—그들의 장래가 내 인생과 연관되어 있다는 의미에서—'내 역사(my history)'의 일부가 된다.

이렇게 볼 때 오늘날 소녀상은 이행기 정의(transitional justice)와 젠더 정의(gender justice)를 연결하는 세대 간 대화의 공간을 열어내고 있다고 보인다. 또한 소녀상은 남북의 탈식민주의적 역사연대와 소통을 위한 매개체로 진화하고 있다. 2017년 6월 전국의 시민사회단체로 구성된 '평화비 전국연대'는 일본군'위안부' 문제 해결을 위해 '평양 평화의 소녀상 건립사업 추진위'를 구성하고 북측에 보낼 '평화의 소녀상' 제작을 위해 전국적인 모금 활동을 시작했다. 이와 함께 민주노총과 한국노총이 주축이 된 '강제징용 노동자상 건립 추진위원회'는 부산 일본영사관 소녀상 옆, 그리고 창원과 제주를 비롯해 평양에도 '일제 강제징용 노동자상' 설립을 추진하고 있다('강원도민일보』, 2017.6.1.). 이는 '평화의 소녀상' 건립운동이 식민지배가 남긴 역사적 트라우마와 분단문제를 연결해내는 새로운 매개로 부상하고 있음을 일러준다.

5. 나가며: 확대되는 수행집단과 공공역사

이 글은 일본군'위안부'를 둘러싼 사회적 기억 공간의 확장 과정을 시인의 정치라는 관점에서 재조명하기 위한 시도였다. 특히 이 연구는 '교과서'와 '소녀상'의 변화가 압축하여 보여주는 관계동학에 초점을 맞추었다. 이상의 논의로부터 일본군'위안부' 문제 극복을 향한 이론적·방법론적 함의를 도출해보자면 다음과 같다.

첫째, 수요시위, 구술 증언 채록, 역사교과서, 기림비 건립을 매개로 전개된 일본군'위안부' 운동은 역사적 진실의 재현 작업에 동참하는 수행집단이 동심원적으로 확대되어온 과정을 드러내 보여준다. 특히 소녀상 건립운동은 예술가와 시민활동가의 협력을 상징하는 공공예술로 부상하면서, 새로운 형태의 예술공론장을 형성했다. 처음엔 생존자/활동가(연구자)의 몫이었던 역사적 진실의 발화 작업에 예술가를 비롯한 다양한 청중이 일본군'위안부'를 둘러싼 문화적 외상을 재현하는 주체로 동참하게 된 것이다. 그리고 평화의 소녀상 운동이 예술가, 활동가, 고등학생, 지역주민 등 다양한 위치에 자리한 시민참여에 의해 주도되는 형국은 오늘날 역사적 지식의 생산 방식과 지식 생산의 주체가 함께 변화하고 있는 역동적 국면을 시사해준다.

이 같은 수행집단의 확장 과정은 이 글의 주제인 부인과 시인의 메커니즘을 이해하는데 있어 대단히 중요한 부분이다. 홀로코스트 이후의 사회학을 주창한 지그문트 바우만(Z. Bauman, 2013)은, 이 같은 메커니즘을 '사회적 거리의 사회적 생산'의 문제로 포착한바 있다. 그에 따르면 모든 도덕적 행위의 기초가 되는 책임성은 타자와의 근접성(proximity)으로부터 발생한다. 근접성은 책임성을 의미하며, 책임성은 곧 근접성이다. 도덕적 충동이 무화되는 것은 물리적·인지적·도덕적인 근접성이 손상될 때다. 이러한 손상은 인격적이고 구체적인 타자를 추상적인 타자로 대체하는 과정을 통해 주로 일어난다(예컨대 '빨갱이', '재일조선인', '불순한 유가족', '매춘부' 등의 추상적 범주화를 통한 '얼굴 지우기'가 피해자의 사회적 고립을 촉진하는 것이다). 수천 명의 사람들이 살인자가 되고 수백만 명의 사람들이 항의하지 않는 방관자가 되는 것도 이러한 근접성이 손상될 때이다. 이 같은 사회적 분리 과정을 거쳐 추상적인 범주로서의 '타자'는 내가 아는 '타자'와 전혀 소통할 수 없게 된다.

스탠리 밀그램(S. Milgram, 2009)의 권위에 대한 복종 실험도 유사한 통찰을 제시한다. 그에 따르면 부인(denial)의 메커니즘은 피해자의 고통에 대한 '공감' 및 '인지' 영역과 일정한 함수관계를 맺는다. 이를테면 피해자의 고통에 대한 시각적 단서들은 일정한 공감 반응을 불러일으키고, 피해자가 바로 눈앞에 보이는 상황에선 부인(denial)이라는 메커니즘은 일어나지 않는다. 즉 고통 받는 피해자와 가까운 거리에 위치한 접촉−근접성 조건에선 피해자와 청중 사이에 경험의 통일성이 확보되고, 나아가 가해자에 저항할 새로운 동맹 관계가 형성된다는 것이다.[7] 이상의 논의는 접촉−기억 공간의 확장을 통해 피해자–사회 중심의 일본군'위안부' 문제 해법을 전망할 이론적 근거를 제공한다.

둘째, 이로부터 부인의 사회심리를 통제할 방법론적 전략으로 공공역사 (public history)의 가능성을 추출해볼 수 있다. 공공역사는 크게 공적 영역에서 역사를 다루는 실천을 지칭하는 것으로, 역사서술과 재현이 이루어지는 사회 영역을 근거로 생겨난 개념이다. 이 개념은 대학과 학계의 전문적 학술 연구와 서술(academic history)에 대비되는 상대 개념으로서, 역사에 대한 공공의 의식과 접근성을 확대하는데 그 의의가 있다. 오늘날 전문 역사가들만이 역사를 서술하는 것도 아니고 그들만이 역사 재현에 나서는 것도 아니다. 사회의 공적 삶의 영역에서 전개되는 역사 지식의 생산과 전달, 소통과 소비, 활용에는 사회의 다양한 행위자들과 집단과 기관들이 참여한다. 다양한 행위자들의 정치적 실천과 문화 영역 속에서 '과거의 사회적 현재화'가 이루어지고 있는 것이다. 예컨대 인습적인 역사서술, 즉 전문 역사서를 넘어서는 역사 재현과 활용의 형식은 대중들에게 역사를 생생하게 체험하고 역사 재현 작업에 동참할 수 있도록 해준다(이동기, 2016: 135-136). 그리고 이를 통해 대학과 시민사회, 역사학과 사회학(그리고 페미니즘), 또는 전문가와 일반인들 사이에서 역사를 둘러싼 토론과 논쟁은 더욱 풍성해진다.

요컨대 역사가 역사가의 특권이 아니고 수천수만 명이 참여하는 사회적 과정이라면, 나아가 역사적 트라우마의 치유가 타자의 고통에 기꺼이 동참하는 공감적 청중의 확장을 통해서만 달성되는 사회적 과정이라면, 공공역사에 대한 비판적 개입을 활성화함으로써 −국가 중심의 해법을 넘어− 피해

---

7   바우만(2013)과 밀그램(2009)의 이상의 논의를 차용해 한국 이행기 정의의 감정동학을 분석하고 공공 기억을 통한 피해자–사회 중심의 정의 수립의 가능성을 타진한 논의로 김명희 (2016a: 80-84)를 참고하라.

자-사회 중심의 일본군'위안부' 문제 해결을 촉진할 실천적 해법을 새롭게 전망할 수 있을 것이다.

제2부

지방선거와
여성정치

제5장
한국 지방의회 선거와
여성후보자의 성격(1995-2018)[1]

하이케 헤르만스(경상대학교 정치외교학과 교수)

한국의 지방선거는 지역 단위로 나뉘어 이루어진다. 국회에 여성 정치가들이 진출한 사례는 여럿 알려져 있지만 여성 정치가의 지방의회 진출에 대해서는 연구가 철저히 이루어지지 못했다. 선거 규범은 국회에서 통용되는 것과 같기 때문에 이 글에서는 지방의회 선거에서의 여성 후보자들과 남성 후보자들에 대해 주목해 살피고자 한다. 일부는 비례대표로 당선되나, 대부분의 의원들은 그 지역에서 직접 선출된다. 여기서는 비례대표로 할당된 의석이 아닌 직접 선거에 초점을 두어 살피려 한다. 후보자들의 성향을 비교해 살피면서 여성 대표자들의 증가와 지방의회에서 여성 참여 증가에 장애가

1   이 글은 본래 영어로 작성되었습니다. 번역을 맡아준 노을이님에게 감사를 표합니다. 자료 수집을 노와주신 Christiane Gonetsch(크리스티아네 게네취)에게도 큰 감사를 표합니다.

되는 것이 무엇인지 살피고자 한다.

한국은 1987년 민주화 이후 대부분의 관직에서 여성 정치인들의 수가 점차적으로 증가했다. 2006년에 한명숙이 첫 여성 총리로 임명되었고 이어 2012년에 여성 대통령으로 박근혜가 당선되었다. 지역 단위에서는 남성들이 시장, 도지사 선거에서 우세했고, 소수의 여성만이 지역 대표로 당선되었다. 국회에서 여성 의원의 비율은 17%, 광역시·도의회에서는 19.4%, 그리고 기초의회에서는 30.8% 정도였다. 2000년도에 도입된 여성 할당제로 인해 당선된 여성 수가 급증하였다. 모든 부문에서 비례대표로 50%의 후보자가 여성이어야 한다고 규정되어 일정 의석이 여성 후보자에게 할당되었다. 이와 더불어, 추후에 규정이 다소 느슨해진 바 있으나 정당에서 지역구 의원의 30%를 여성에 할당하도록 규정했었다. 여성 할당제의 긍정적인 효과는 잘 알려져 있으며(Krook, 2014) 한국의 사례는 여성의원 수를 늘리기 위해 할당제가 중요하다는 사실을 보여 준다(Shin, 2014; Yoon·Shin 2015). 그럼에도 남성후보자들과 여성후보자들과의 직접 경쟁을 통해 당선된 여성의 수도 증가하고 있다. 2016년 선거에서, 26명이 지역에서 직접 당선된 데 반해 25명의 여성들이 할당제로 국회에 의석을 차지했다. 지역 단위에서, 비례대표로 할당돼 임명된 여성 수보다 많은 수의 여성 후보자가 지역에서 직접 선출되었다. 몇몇 지역에서는 비례대표제가 여성의 의회 입성에 주요한 역할을 했지만 말이다.

이러한 경향을 살펴보면 여성 정치가의 입후보와 당선율에 영향을 미치는 다른 중요한 요인들이 있음을 알 수 있다. 선거 시스템은 여성 대표자들의 여성 대표 수 할당에 영향을 미친다. 소선거구제에서는 여성들이 후보로 지목될 가능성이 낮은 반면, 비례대표제를 통해서는 국회에 입성하는 여성 수가 상대적으로 많은 편이다(Rule, 1987). 할당제는 여성 대표의 선출에 영향을 미치는 제도적인 요인을 보여준다. 특별히 법제적으로 여성 할당이 있는 경우에는 여성 할당 수가 많으려면 후보 지명 절차에서 정당의 지지 또한 중요하다(Norris, 1987). 관련 문헌에서도 문화적, 사회경제적인 요인들이 여성의 정치 참여에 영향을 미친다고 언급한다(Rule, 1987; Krook·Norris, 2014). 공공 영역에서의 여성에 대한 문화적 태도뿐 아니라 여성의 노동 참여 및 교육적 성취에 대해서도 다룬 문헌도 있다(Rule, 1987). 교육과 고용은 선거에서 후보들과 경쟁하기 위해 필요한 재정적, 인적 자산을 제공한다(Paxton, Kunovich·Hughes, 2007). 문화적인 신념도 지속적으로 여성 정치 대표에게 영향을 미친다(Norris, 1987; Paxton·Kunovich, 2003). 예를 들어 보수당과 그 지지자들은 진보 성향 정당에 비해 여성 정치가들에게 덜 우호적이다(Rule, 1987; Paxton·Hughes 2017).

한국에서도 비슷한 특징이 나타난다. 보수적인 문화 가치 체계 및 사회적 태도가 일반적인 가운데 공적인 영역에서 여성이 지지를 받기는 어려운 상황이다(Jones, 2006). 소선구제가 적용되는 지역에서 정당들은 당선에 초점을 두고 여성 후보의 선거 당선 가능성에 대해 우려하며, 이러한 우려는 공천 절차에서 영향을 미친다(Lee·Shin, 2016). 할당제는 모든 부문에서 여성의 참가율을 성공적으로 증가시켰다(Shin, 2014; Yoon·Shin, 2015). 지방 수준의 선거에 대해서 문상석·김범수·서정민(2017)은 관련 문헌에서, 공천 과정 중 정당 간부들 혹은 정당의 고위 관계자의 영향력을 강조하며 한국 보수 정당들이 여성 후보자 지명을 꺼리도록 이들이 영향을 미쳤다고 밝혔다(Oh, 2016). 한국 정치는 고도로 개인화되고 있어서 지역에서의 인적 네트워크나 개별적 연결이 선거 운동에서 중요한 수단이 된다(Kim·Lee, 2015). 남성들은 업무상 관계들을 통해 그런 관계망이 형성되기 쉬우나, 여성 정치가들의 경우 종교 집단, 사회 활동, 노동조합에서 관계망을 형성하는 정도이다(Jones, 2006).

이 글에서는 지난 20여 년 간의 지방선거 후보자와 관련해서 정치 대표자들의 공급 측면을 살펴봄으로써 문헌 내용에 더하고자 한다. 두 가지를 주된 목표로 삼는다. 첫째로 여성 후보자들과 대표들의 증가에 대해 다루고자 한다. 둘째로는 지역, 정당 소속, 나이, 교육, 직업과 정치적인 경험 등 사회경제적, 문화적 요인이 당선에 미친 영향을 분석하기 위해 여성 후보자들의 배경을 살펴보려 한다. 후보자들이 점차적으로 전업 정치가가 됨에 따라 연구 결과에서는 여성 정치가들의 증가에 있어 정당의 영향이 강조되고 있다.

1. 조사 방법

이 글은 중앙선거관리위원회 선거통계시스템(www.info.nec.go.kr)의 자료를 사용했다. 자료는 저자와 연구보조자에 의해 수집 및 정리되었고, SPSS를 사용하여 분석하였다. 1995년부터 있었던 7차례의 소선거구제 선거에서 지역구 의원 선거 여성 후보자에 대한 자료와, 같은 지역 남성 경쟁 후보자의 정보를 수집하였다.[2] 모두 2,222명이었으며 855명(38.5%)의 여성 후보자와 1,367명(61.5%)의 남성 후보자가 있었다. 그 중 12%의 남성들과 27.3%의 여성들이 2번 이상 출마했기 때문에, 실제로 출마한 수는 남성 1,285명과 여성 725명이다. 이는 모든 지방 선거 구역들의 5퍼센트 정도이다. 이 자료들은 보궐 선거를 제외한 정기적인 선거들을 주로 조사한 것이다. 먼저, 행정 단위 구분과 행정 단위에 따른 선거 체계에 대해 다루고자 한다. 이어서

---

2   여기서 남성 후보자에 대한 자료는, 모든 남성 후보자에 대한 자료가 아니라 직접적으로
    여성들과 경쟁한 남성 후보자들에 관한 자료만 의미한다.

지방의회에서 여성 대표자들의 진출에 대해 기술한다. 그리고 여성 후보자들의 특징을 좀 더 자세히 살펴보려 한다. 마지막 부분에서는 이를 통해 발견한 점을 다루고 한국의 선거 정치에서 여성 대표 수를 늘릴 방안들을 제시하고자 한다.

2. 행정 단위 구분

한국에서 대통령은 권력의 중심에 있다. 5년마다 직접 선거로 선출되며, 대통령이 정책 결정 과정을 총괄한다. 국회의원은 4년마다 선출된다. 1987년 민주화의 일부로, 행정 권력 중 일부분은 낮은 행정 단위로 나뉘어 졌고, 추가적인 선거들이 생겨났다. 4년마다 국회의원 선거 2년 후에 국민들은 도지사와 시군구 및 지역의 단체장, 지방의원들, 교육감들을 투표로 뽑는다. 많은 수의 후보자 정보를 일일이 파악하는 것이 어렵기 때문에 유권자들은 보통 투표 시 후보자가 어느 정당 소속인지만 참고한다. 게다가 지방 선거는 총선거 후에 있기에 보통 지방선거는 국정에 대한 평가처럼 여겨진다(황아란, 2014; 송광운, 2008; Song, 2009). 선거 유세는 대부분 그 지역 관심사나 후보자 개인 배경보다는 소속 정당을 드러내는 방식으로 이루어진다. 한국은 지역별 정당 지지의 오랜 전통을 갖고 있다. 영남지역은 전통적으로 좀 더 보수적인 반면, 인구수가 더 적은 호남지역은 보다 진보적인 당을 지지한다. 당명은 여러 번 변경되었으나, 대부분 당적은 그대로 유지되었다(Kim, 2014). 일반적으로 정당은 보수당과 진보당의 양 측으로 나뉜다. 각 진영은 하나의 거대 정당과 여러 소수 정당으로 구성된다.[3] 지난 2018년 6월의 지방 선거에서 주요 진보 정당은 더불어민주당이었고, 보수 정당은 자유한국당이었다. 분석가들은 두 거대 정당 소속 정치인들과 소수 정당 정치인들을 합쳐서 두 개의 정치 진영으로 구분했다. 충청도에서 많은 지지를 받는 자유민주노동당(1995-2004)과 바른미래당(2018) 같은 중도 우파는 보수당으로, 다양한 종류의 노동당(민노당, 2000년부터)은 진보당으로 구분했다. 한국의 정당을 나누는 데 있어 이데올로기는 큰 구분점이 되지 못한다는 면에서, 앞의 구분은 다소 단순화된 측면이 있다(Kim, 2014). 지역적, 당파적인 요소도 구분에 영향을 미친다. 정치가들과 유권자들은 소속이 바뀜에 따라 진영을 바꾸기도 한다. 예를 들어, 1990년에 세 정당이 새정치민주연합으로 통합되면서 이전 권위주의 정부를 위해 일한 대표들뿐 아니라 민주화 지도자들의 지지층까지 끌어왔다. 2016년에 새정치민주연합 당원들이 국민의당을 구성하기 위해 기존 소속 당을 떠났고, 국민의당은 후에 바른미래당 형성을 위해 중도우파 세력을 끌어모으는 동시에 전통적 지지층인 전라남도 유권자들의 지지도 유지했다.

한국에서는 대통령 선거를 직접 선거로 하는 것 외에 지역적 단위로 선거에, 혼합된 선거 시스템을 사용한다. 국회는 최근 지역구 선거에서 선출된 253명과 비례 대표제로 선출된 47명으로 구성된다(3%를 최소 한계점으로). 한국은 17개의 지역 단위로 구분되며, 6개의 광역시, 2개의 특별시, 특별 자치도인 제주도를 포함한 9개의 도로 구성된다. 도의회에는 현재 총 824명의 대표가 있고, 지역구로 737명, 비례대표로 87명이 선출되었다. 각 시, 도는 각각 하나의 비례 대표 지역이 된다. 가장 작은 단위로는 226개의 시, 군, 구가 있다(제주도를 제외하고). 현재 2,541명의 지방의회 의원들이 중선거구제

---

3 1995년부터 이름과 소속이 자주 바뀌었기 때문에 여기서는 시기에 따른 정당 이름을 언급하고, 폭넓게는 보수당, 진보당이라고 덧붙여 말한다.

를 통해 직접 선거로 선출되었고, 385명은 비례대표제를 통해 선출되었다. 이 글에서는 1995년 도입된 이래로 선거제도가 어느 정도 안정된 시기의 지방단위 선거에 초점을 두고자 한다. 지방의회의 의석수는, 국회 소속 정치인들의 지역 민주주의 참여도에 따라 1995년의 970석과 2002년의 682석 사이를 오갔다. 예를 들어 경제적으로 힘든 시기에 자금을 모으기 위해 지방의회의 규모가 축소되곤 했다. 지방의회 의석 수의 10% 정도가 비례대표제로 배정되었다. 작은 규모의 지방의회들에는 더 적은 수의 비례대표 의석이 할당되기 때문에 엄밀히 말해 선거 때마다 의석 수는 변화되었다.[4] 여성 대표 증가에 있어 비례대표제의 역할은 이론적으로 또 한국의 사례에 관해 이미 잘 연구되어 있다 (Krook, 2014; Shin, 2014; Oh, 2016; Yoon·Shin, 2015). 따라서 이 글에서는 지역구 후보자들에 대해서만 초점을 맞추고자 한다.

2000년부터 공직선거법에서는 각 정당에서 비례대표 후보자 명단의 최소 50%를 여성으로 채우도록 법제화되었다(이혜숙, 2016). 후에, 이 법은 후보자 명단의 높은 순위에 여성을 두도록 개정되어, 남성이 여성으로 대체되는 연쇄 효과를 노리기도 했다. 정당들도 지역구 선거에서 여성 후보자를 최소 30% 이상 채우도록 권고 받고 있으나, 이것은 권고 차원에 머물 뿐이었다. 이 법은 후에, 지방선거에서 국회 입당 선거구 당 최소 한 명의 여성을 지목하도록 개정되었다. 하지만 결과적으로 시행되지 않고 정당들은 이 규정의 주변을 맴돌 뿐이었다. 그럼에도 불구하고 여성 후보자의 수와 여성 의원의 수는 지난 수년간 증가해 왔다.

---

4 2006년부터 유권자들은, 지역구 선거에서 정당이 승리해서 얻는 의석 할당과 무관하게 비례대표에 대해서 따로 투표권을 행사했다.

3. 시·도의회 선거 결과

앞서 언급되었듯이 지방선거는 마치 국정에 대한 평가처럼 여겨졌다. 그에 반해 지역적인 문제들은 지방선거에 덜 중요하게 작용했다. 이 결과들은 종종 지방의회가 한 정당에 의해 지배되는 큰 변화를 가져오곤 했다. 2002년과 2006년에 보수 정당인 한나라당의 대표들이 70% 넘는 의석들을 차지했다면, 2018년에는 82%나 되는 의석을 진보 정당인 더불어 민주당이 차지했다. 지방과의 연계성이 어느 정도는 영향력이 있었더라도, 후보자의 당 소속은 유권자의 표 결정에 큰 영향을 미쳤다. 지방의 유명 인사나 재직자 중 정당에서 공천을 받지 못한 사람들은 정당을 떠나 독립적으로 출마하는 경우가 많았다(Shin, 2013). 그들은 당선 후 다시 정당에 복귀할 수 있었다. 한국 국회는 대표의 잦은 변동으로 잘 알려져 있다(Kim, 2014). 비슷한 경향이 매 선거마다 새로운 인사가 많이 등장하는 지방선거에서도 나타난다. 선거법에서 각 당에 최소 30%의 지역구 선거 의석을 여성 후보자에게 할당하도록 규정함에도, 실제적으로 정당들은 이를 적용하지 않고 있다. 지난 선거에서, 광주에서만 30%를 웃도는 여성 수가 의석을 점유했다(36.9%). 정당들은 여성 후보자 공천과 관련해, 부여된 의무에 충실하지 않았다.

지방선거에 출마한 여성 후보자의 총수는 1995년의 37명(1.52%)에서 2018년에 274명(14.53%)으로 증가했다. 〈그림 5-1〉은 비례대표제를 제외한 지역구 선거를 반영한 것으로 2006년에는 증가세를 보여준다. 2004년 총선거에서 보여진 여성의 성공적인 당선율은 정당이 선거법의 여성 공천율 30%를 준수하지 않아도 여성 후보자 수의 증가에 영향을 미친 것으로 보인다. 도시와 농촌 사이에 눈에 띄는 차이가 나타난다. 〈그림 5-1〉에서, 서울, 인천, 경기

지방을 포함한 한국 인구 절반 이상이 살고 있는 수도권에서는 여성 후보자
가 지속적으로 높은 비율(2018년, 18.3%)을 보인다. 그 외의 시에는 부산, 대구,
대전, 광주, 울산(1998년부터), 세종시(2014년부터)가 포함된다. 그 도시들에서도
여성 후보자의 비율은 수도권에서의 비율과 유사하다(2018년, 18.2%). 경기도를
제외한 나머지 도에서 여성 후보자는 지속적으로 낮은 비율(2018년, 9.45%)을
보인다. 대도시의 수가 상대적으로 가장 낮은 전라남도, 경상북도의 경우
여성 후보자 비율이 일반적으로 낮은 편이다(2018년 각각 4.35%, 6.77%).

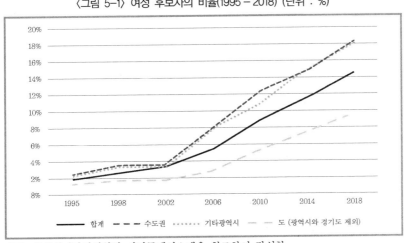

〈그림 5-1〉 여성 후보자의 비율(1995 - 2018) (단위 : %)

자료: 중앙선거관리위원회 선거통계시스템을 참조하여 작성함

〈그림 5-2〉는 당선한 여성의 비율을 보여준다. 지방의회 여성 점유율은
1995년도의 12명(1.37%)에서 2018년도에 98명(13.3%)으로 증가했다. 지난 선
거에서 여성 대표자의 수는 5%정도 증가했다. 수도권 지역은 모든 선거에서
가장 높은 비율을 보여 왔으나, 2018년 선거에서만큼은 다른 도시들에서
가장 높은 비율로 나타났고, 그 배경에는 광주와 울산 시 의회에서 여성 대

표가 급증한 이유가 있었다. 도에서의 여성 대표자 비율은 여전히 낮은 수준이다. 지방의회가 시작된 이래로, 2014년에 제주도에서 첫 여성 의원이 두 명 선출된 이후 한국 곳곳에서 여성들이 의원으로 활동해 왔다. 2018년도에 인천 시의회에만 여성의원이 없었고, 다른 모든 지방의회에 최소 두 명의 여성대표들이 있었다.

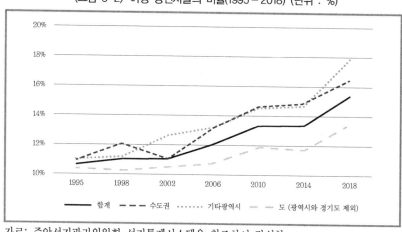

〈그림 5-2〉 여성 당선자들의 비율(1995 – 2018) (단위 : %)

자료: 중앙선거관리위원회 선거통계시스템을 참조하여 작성함

성공률로 따지자면, 여성 당선율은 남성의 지방선거 당선율에 훨씬 못 미친다. 선거 연도에 따라, 남성 후보자는 32-43% 사이의 당선율을 보인 반면, 여성 당선율은 29-38%에 가까운 정도였다〈표 5-1)〉. 비율의 변동은 후보자의 손을 벗어난, 유권자의 당 선호도 같은 부분에서 영향을 받을 수 있다. 보수당의 당선율이 높을 때보다 진보당의 당선율이 높을 때 여성 당선율이 높게 나타난다는 점은 주지할 만한 사실이다. 남성, 여성 후보자가 직접적으로 당선 경쟁을 하는 지역만 살펴보면 남성, 여성 후보자의 당선율 격차가

줄어든 사실을 확인할 수 있다(〈표 5-1〉). 이 사실은 여성이 출마할 경우 유권
자들이 여성 후보자에게 투표할 의사가 있음을 보여준다. 당면한 문제는,
출마하고자 하는 후보자들을 발굴하는 것과 정당들이 그들을 공천하는 것이
다. 이 글에서는 공천 과정에 대해 따로 다루지 않고, 여성 후보자 공천에
지속적으로 부정적인 영향을 미치고 있는 당파와 내부 집단들에 대해 언급
한 연구들을 살피고자 한다(Kim·Lee, 2015, 문상석·김범수·서정민, 2017).

〈표 5-1〉 모든 선거구와 남성과 여성이 경쟁하는 선거구의 후보자들의 당선율 비교 (%)

년도	모든 선거구		남성과 여성이 경쟁하는 선거구	
	남성	여성	남성	여성
1995	43.3%	32.4%	35.8%	32.4%
1998	39.4%	37.8%	28.2%	37.8%
2002	40.2%	29.2%	32.7%	29.2%
2006	31.9%	29.9%	30.8%	29.9%
2010	38.9%	35.7%	31.7%	35.7%
2014	42.5%	29.3%	41.5%	29.3%
2018	39.6%	35.8%	34.6%	35.8%

4. 조사 결과

이 자료는 855명의 여성 후보자를 포함하며 각 선거를 구분하며 다룬다.
앞서 언급했듯이, 621명의 여성만이 단 한 번 출마하였고 81명의 여성은 두
번, 20명은 세 번, 3명은 네 번이나 출마했다. 1995년부터 정기적인 지방의

회 선거에서 725명의 여성들이 경쟁해 왔다. 다음으로는 그들의 특징에 대해 살피고자 한다.

1) 연령과 교육 수준

48.7세를 평균으로, 다양한 연령대의 여성들이 지방의회에 출마하고자 했다. 이는 남성 경쟁자들(평균 50.5세)에 비해 조금 낮은 연령대이다. 60%의 여성 후보자가 50대 미만인데 비해 남성 후보자들은 48.4%만이 그러했다. 지역에 따라서는 세종시 후보자의 평균 나이가 44세, 부산시 후보자의 평균 나이가 45.6세로 가장 낮았다. 반대로 평균 나이가 가장 높게 나타난 지역은 충북(56세)과 경북(55세) 이었다. 1998년부터 여성 후보자의 평균 나이가 44.5세에서 51.4세로 서서히 높아졌다. 이 자료에서 대부분의 후보자는 높은 수준의 교육을 받았고 대학 교육이나 대학원 교육을 이수했다(87.5%). 남성 후보자들이 교육 기간이 상대적으로 짧은 경우가 더 많았으나, 82%의 남성 후보자들은 대학 교육이나 대학원 교육을 이수했다. 많은 수의 후보자가 선거 출마 당시 행정학 전공으로 대학원 과정을 이수하고자 하였다.

2) 주소지

한국은 점차 도시화되고 있고, 80%이상의 의석수를 차지하고 있는 도시지역에 여성이 출마하고자 하는 것도 전혀 놀랄만한 일이 아니다. 위의 〈그림 5-1〉과 〈그림 5-2〉는 시, 도 간 차이를 잘 보여준다. 하지만 이런 넓은 범주 안에서도, 차이가 나타난다. 서울과 경기도에서 여성의 출마율과 당선율이 높은 반면, 인천에서는 최근 들어 선거 유세를 하는 여성 수가 줄어드는 대조적인 모습이 보인다. 경기도 의회에서의 여성 수 증가가 주목할 만하다. 1990년대에는 경기도에서 여성 후보자의 8%만 선출되었다. 그러나 2000년대에는 출마한 여성가운데 1/4이 넘는 수가 경기도에서 선출되었다. 경기도나 경상도와 같은 도들은 대도시들을 포함하고 있기 때문에 여기서는 지역을 두 가지 범주, 구가 있는 시 지역과 군이 있는 농촌 지역으로 구분해 분석했다. 1990년대에 선거구의 약 30%가 군이었고, 이 비율은 17.2%로 떨어졌다. 여성의 농촌 지역 출마율은 낮았고, 1995년의 10%를 약간 넘는 비율과 아무도 출마하지 않은 그 사이를 오갔다. 농촌 지역에서 여성 후보자들의 당선율 또한 다소 낮았다. 합쳐서 33.7%가 도시에서 당선되었으나, 26%가 농촌 지역에서 당선되었다. 도시 지역과 농촌 지역 사이에 여성 후보자 출마 수와 당선자 수 차이를 가장 잘 설명해 주는 것은, 여성이 농촌 지역에 덜 출마하려 한다는 사실뿐 아니라 농촌 지역에 보수 진영 지지자가 더 많다는 사실도 있다.

3) 경쟁 후보자의 수

수년간 여성 후보자 한 명 외에는 다른 후보사가 없는 지역도 많았다.[5] 30.9%의 지역에 두 명의 후보자가 있었고, 44.2%의 지역에 세 명의 후보자가 있었다. 여성 후보자들은 단 한 명과 경쟁하는 상대적으로 작은 지역에서

---

5   경쟁자가 없었던 지역은 더 있었으나, 여기서는 여성 후보자 한 명만 있던 지역만 기록했다.

45%로 더 높은 당선율을 보였다. 3명이 경쟁하는 경우 여성 당선율은 38.5%로 떨어졌다. 이 점은 다시 한 번, 당 선호도가 후보자의 성별만큼이나 높은 정도로 당선에 영향을 미친다는 사실을 보여준다. 여성들만 경쟁하는 지역의 수가 수년간 총 18개(모든 지역의 0.37%)로 증가했다. 초기에는 1995년, 2002년 정도로 이런 경우가 드물었다. 2018년에 그 수가 13개로 증가했다. 수도권 지역의 여성 후보자 수가 높게 나타난 점에 비추어 보면, 2018년에 서울, 경기도에 여성만 출마한 지역이 각각 3개, 6개로 높게 나타난 점은 이상해 보이지 않는다. 이는 세 여성이 서로 경쟁한 세 지역을 포함한다.

4) 직업군

여성 후보자들은 대체로 높은 수준의 교육을 받았기 때문에 그들은 폭넓은 직업군에 포진돼 있었다.[6] 2.9%만이 선거관리위원회에 제출하는 지원 서류에 직업이 '주부'라고 적었다. 10%에 가까운 수가 회사원이었으나 공무원은 1.3%, 정치가는 4.8% 정도였다. 노동자, 농부 및 다른 저소득 직업군에 대해 실제 숫자보다 적게 표기한 점은 어떤 정치 기구를 막론하고 한국 정치의 문제점으로 남아 있다(Park, 2005). 다른 연구에서 한국 유권자들이 전문 직종에 종사하거나 성공적인 직업 경력을 소지한 후보자를 선호한다고 밝혔고, 이 연구 결과를 통해서도 그 사실은 분명해 보인다(Kim·Lee, 2015). 여성 후보자의 반이 넘는 수(54.2%)가 정당 당원, 대표 또는 지역 단위 활동가 등 그들의

---

6 등록 시, 후보자들은 현재 직업만 언급했기 때문에 이전 직업은 자료에 포함되지 않았다. 이러한 점은 정치 활동과 당선에 대한 직업의 영향을 분석하는 데 제약이 되었다.

직업을 '정치가'라고 밝혔다. 남성 후보자들의 경우 직업군이 다양했음에도, 오랜 기간 동안 대표의 경우 전문 직종 종사자들이었다. 1995년에 여성 후보자 중 6명(16.2%)만 직업을 정치가라고 적어 냈으나 이 숫자는 2018년에 158명(59%)으로 증가했다. 비슷한 경향이 남성 후보자의 경우에도 나타나, 정치가라고 적어 낸 비율이 1995의 11.9%에서 2018년의 52.3%로 증가했다. 정치적 포부가 큰 대표들은 점점 더 전임 지역 정치가가 되고자 했다. 하지만 이것은 정치적 성공이 담보되지 않은 상태에서 또한 불확실성을 안고 가는 것이다. 당선 결과가 정당에 따라 변동하고, 현직의원도 종종 재선되지 않기 때문에 의원직은 그 자체로 불안정하며 정치적 활동만을 수입으로 삼는 사람들에게는 어려움이 있다. 후보자들 사이에 전임 정치가의 수가 증가함에 따라 지역 정치에서 정당의 역할 증가 또한 두드러진다.

〈표 5-2〉 성별에 따른 후보자들 사이의 정치인 비율 (단위 : %)

년도	남성 정치인	여성 정치인
1995	11.9%	16.2%
1998	34.2%	44.4%
2002	34.7%	58.3%
2006	31.5%	45.3%
2010	49.8%	55.0%
2014	50.2%	59.8%
2018	52.3%	59.0%

5) 정당 소속

일곱 차례의 선거를 거치는 동안, 48.8%의 여성 후보자들은 진보당에 소속된 반면 36.5%의 여성은 보수당에서 출마했다. 1/8에 해당하는 여성 후보자들이 정당에 속하지 않고 독립적으로 선거 유세를 했다(12.5%). 1995년을 제외하고 진보당들은 보수 진영에 비해 더 많은 여성 후보자들을 공천했다. 각 선거 회기마다 40%가 넘는 여성 후보자들이 진보당에 출마해 2014년에는 64%에 달했다. 대조적으로 보수당들은 각 선거마다 22%에서 46% 사이의 비율로 여성 후보자를 공천했다. 이는 간접적으로 여성 대표의 수에 영향을 미친다. 진보당이 선전했을 때 더 많은 여성들이 지방의회에 입성했다. 보수당이 승리한 때에는 지방 의회의 여성 수가 낮은 수준 상승했다(송광운, 2008). 또한 많은 수의 여성들이 독립적으로 출마했고, 격동하는 정당의 상황을 반영해 2018년의 6.6%와 2006년의 21.5% 사이를 오갔다. 하지만 정당의 도움 없이 당선되기는 어려워 보인다. 자료상에서 오직 1.1%의 여성 의원과 2.6%의 남성 의원만이 정당에서 공천되지 않고서 당선되었다.

좀 더 진보 성향인 민주노동당은 다양한 형태를 띤 가운데 오직 2002년 선거 때에만 선거 경쟁에 끼어들었고 2014년 후반에는 통합진보당의 방해로 세력이 약화되었는데, 자료상으로는 여성 후보자 전부 중 15.4%를 공천했다. 이들은 대전, 울산뿐 아니라 전라북도에서도 여성 후보자를 세우는 데 중요한 역할을 했다. 노동운동과의 연관성 속에서 봤을 때, 이들은 산업 노동자가 많은 지역에서 강세를 띠었다. 이 점은 10여 년 전 여성 정치인의 당선에 정당 소속이 큰 역할을 했다고 밝힌 송광운(2008)의 연구 결과를 확증해준다.

Lee·Shin(2016)이 밝혔듯 한국 정당의 공천 절차는 제도화되지 못했고 투명하지 않다. 국가적인 수준의 공천에서는 정당의 지도자 및 지도자 그룹이 주요한 역할을 하지만, 지방선거에서 그들의 역할은 지배적이지 않다. 여기서는 지역 인맥이 더 중요한 역할을 한다(Kim·Lee, 2015). 그 결과가 같다 하더라도 후보자 공천 과정에 개인이 영향을 미칠 수 있다. 만약 그런 영향력 있는 사람이 더 많은 수의 여성 후보자를 지지한다면 공천되는 여성 수는 증가할 것이다. 하지만 지방 유명 인사들은 여성 후보자를 잘 지지하지 않고 여성 후보자의 수는 적을 수밖에 없다(Paxton·Kunevich·Hughes, 2007). 몇 차례 한국의 정당들은 공천 과정을 공개한 바 있는데, 예비 선거를 인기투표의 장처럼 만들어 버렸다(Kim·Lee, 2015). 선택하는 사람들은 후보자의 자질 및 선거구의 다양한 그룹을 대표할 인사인지를 고려하기보다 결과에만 집중했다.

앞서 언급했듯, 정당들은 선거구마다 30%의 여성을 공천하는 선거법의 권고를 따르지 않는다. 동시에 여성들은 자기 정당이 승리할 가능성이 높은 곳에서 출마하려는 경향을 보인다. 자료에도 지역주의 경향이 반영되어 나타난다. 두 개의 주요 정당만 살펴보면, 전통적으로 보수당이 승리했던 영남지역에서는 더 적은 수의 진보당 후보가 보인다. 마찬가지로 호남지역의 보수당 소속 여성 후보자 수는 매우 적게 나타나며, 사실상 지난 세 차례의 선거에서는 여성 후보가 전혀 없었다. 전체 여성 공천 수가 낮아지는 것을 방지하고자, 30%의 여성 할당 비율을 선거 가능성 없는 지역에 여성 후보자로 채우는 방식으로 메우고자 한다.[7]

---

7   2011년 8월 한국여성정책연구원 연구원과 인터뷰. 해당 연구원은 인터뷰 시에 이름을 밝히지 않기를 원했나.

6) 정치경험

모든 여성 후보자 중 27.3%만이 2번 이상 출마한 반면 남성 후보자 중 12%만 2번 이상 출마했다. 하지만 이 자료는 이 시기에 조사된 특정 지역의 4859건의 선거 유세만을 바탕으로 한 것이다.[8] 81명의 여성들이 두 차례 출마했고(9.47%), 20명의 여성이 세 차례(2.3%), 3명의 여성이 선거에 네 차례 출마했다(0.35%). 지난 두 번의 선거에서는 두세 차례 출마한 여성의 수가 눈에 띄게 증가했다. 2014년에는 여성 후보자 중 26.3%가 두 번째로 출마했고, 2018년에는 그 비율이 27%로 증가했다.

여러 번 출마한 여성들은 안정적으로 재선되었다. 119명이 당선되었고 115명이 당선되지 못했다.[9] 의원 임기 중 출마했는지 여부는 지방선거 재임에 크게 영향을 미치지 않았다.[10] 선거에 두 차례 연속으로 출마한 여성 의원들 중에 45.8%가 당선되었고 반면 남성 의원들은 매해 53%가 당선되었다. 의원 임기 중에 출마했느냐는 당선에 큰 영향을 미치지 않았고 이 점은 선거에서 정당의 세력 변화가 후보자의 성별보다 더 큰 영향을 미쳤을 것이라는 사실을 보여준다. 다른 대표들은 일정 기간 쉰 후 지방의회에 입성했다. 아마도 공천에서 떨어지거나 선거에서 당선되지 못해서일 것이다. 몇 번 쉬었는지를 세어 보면 28명 이상의 여성이 두 차례 쉬었고(모든 여성 당선자의 9.9%), 8명은 세 번 쉬었다(2.8%). 이 자료에는 여성 후보자들과 경합한 지역의

---

8 해당 자료는 이 기간 동안 관찰 될 수 있는 지역 내 4,859 개의 선거 운동 중 선택된 것만 보여준다.

9 여기에는 매 선거 회기가 포함되어 어떤 여성 후보자들은 두세 번 포함되었다.

10 선거 시기에 의석을 차지하고 있는 사람은 재직 중 의원으로 세며 그 지역에서 4년 전에 당선되지 않은 사람일지도 모른다. 의회의 4년 임기 동안, 선거 기간 중 불법 선거 유세 등의 이유로 인해 지역 의원의 다수가 실격되는 것은 슬픈 전통이다 (Park, 2005).

남성 후보자들만 포함돼 있으므로 남성들과 겨루어 여러 번 이긴 수는 상대적으로 적다. 21명만이 두 번 당선되었고, 1명은 세 번 당선되었다.

비례대표제를 통해 의원이 된 대표들은 그러한 경험을 지역구 선거에서 경쟁할 때 사용하는 것으로 종종 보인다. 한국에서 비례대표는 한 차례 대표로 활동 후 그 자리에서 내려와 지역구 선거로 마무리하는 걸로 흔히 알려져 있다(Shin, 2014). 1995년과 2018년 사이에, 350명의 여성이 비례 대표로 의회에 입성했다. 소수의 여성만이 비례대표 임기 후 지역구 선거에 출마하는 일반적인 기대에 부응했다. 13명의 전직 비례 대표 의원 중 7명만이 지역구 선거에 출마했다. 2명의 여성 후보자가 국회에서 비례 대표로 활동 후 지방 선거에 출마해 당선되었다. 당선율이 고무적이긴 하나, 의원 임기 동안 70-80명의 비례대표가 있다는 사실을 고려하면 여성 대표의 증가를 기대하기엔 너무 낮은 수준이다. 좀 더 작은 수준의 지역 정치 영역에서 활동하다가 보다 큰 지역 단위 정치가로 활동하는 경우가 많았다. 여성 정치가들 중에 181명(21.2%)은 더 낮은 단위 구·시·군의회에서 활동한 경험이 있었다. 그들 중 93명(전체 여성 후보자 중 10.9%)이 시·도의회 선거에 당선되었다. 이 점은 지역에서 얻은 식견과 지역의 지지 기반이 여성 후보자의 성공에 주요 요인임을 보여준다. 지역 정치는 보다 높은 정치 영역으로 나아갈 수 있는 발판이 될 수 있다.

또한 여성들의 여성운동 및 시민운동 참여는 정치 영역에서 요구되는 야심뿐 아니라 정치적 식견을 갖는 데 도움이 된다고 알려져 있다(Paxton·Kunevich·Hughes, 2007). 이는 또한 지역 네트워크의 지지 기반을 형성하고 유권자가 후보자를 선거 전부터 알도록 대중에 자신을 노출시키는 효과가 있다. 수집된 자료들을 보면 후보자들은 자신의 직업 경력과 함께 그런 활동 경험들을 내비쳤다. 하지만 이 연구는 포괄적인 수준에서 다루고 있고, 좀 더 세밀한 연구 절차를 통해 지역 단체들에서의 경험에 대한 자세한 정보를 얻을 수 있을 것이다. 6% 정도의 여성이 여성 단체에서의 활동을 그들의 경력으로 분명하게 언급했다. 정당 출마 명단에 오른 여성 26% 중에 상당수가 소속 정당의 여성 단체에 관련되어 있다.[11] 19% 정도가 정치 활동과 직접적으로 관련된 경험을 적지 않았으나, 그 지역 사회에서 주택협회나 전문적 협회들의 회원과 같은 활동가로 있을 가능성이 있다. 공동체 활동이 정치 활동에 긍정적인 영향을 미치는지 살피기 위해 여성 후보자의 배경을 좀 더 조사한 연구들은 이미 나와 있다.

5. 논의

지방의회에 진출한 여성의 수는 지난 20여 년 간 서서히 증가하는 경향을 띠었다. 여성 후보자들은 주로 중년으로, 도시지역에 거주하고 높은 수준의 교육을 받았으며, 시민단체나 정당에서 활동한 여성이라는 유사한 배경을 가지고 있었다. 많은 경우 여성 후보자들은 전문 직종에 종사하거나 정당 및 시민 단체에서 활동하고 있었다(자료를 통해 그러한 사례들을 확인할 수 있다). 여성 후보자의 이러한 특징은 남성 후보자들과 나이, 교육, 직종 면에서 유사했다. 그렇기에 여성 후보자들은 성별 외에는 보다 폭넓은 다른 그룹의 대표성을 확보하지 못했다. 만약 이것이 유권자나 공천 위원회의 선호도를 반영한 결과라면 논의할 여지가 더 많아 보인다. 여성 후보자들은 남성 후보자들만

---

11 다양한 경험을 도출해 낼 만큼 자료의 출처와 분류가 상세하지 않기 때문에 여기서는 단순 관찰 정도만 해 두어야겠다.

큼이나 당선될 가능성이 높기에, 여성 후보자의 지방의회 대표 진출에 방해가 되는 것은 공천 과정이라 추측된다. 전도유망한 후보자를 발견하고 지지하는 것이 정당의 역할임에도 여성 후보자들에게만큼은 그 역할을 잘 발휘하지 못하고 있는 듯하다. 이러한 문제를 극복하기 위해서, 공천 과정이 더 투명해져서 지역적 관계망 및 인맥의 영향력이 줄어들어야 한다. 많은 여성 후보자들이 자신을 정치가라고 적어 낸 사실에 비추어 이 연구에서는 지방 정치, 여성 대표라는 부분과 관련해 정당의 역할을 주목해서 보았다.

여성 단체는 여성 할당제를 위해 오랜 기간 싸워 왔고, 비례대표 의원 부문에서는 성공적인 결과를 얻었다. 그러나 지역구 선거에서 비례대표 선거에서만큼 비슷한 비율을 확보하는 것은 정당 차원이나 법적인 강제 면에서 모두 잘 이루어지지 않았다. 결과적으로 법에서 규정하는 것보다 더 적은 수의 여성들이 지방선거에 출마하게 되었다. 모든 부문에서 여성 정치가의 진출을 늘리기 위해서는 더욱 강하게 이 제도를 적용시킬 필요가 있다. 정당과 시민 단체는 현재적으로도 잠재력 있는 후보자에 대해 살피고 있지만 그러한 노력이 좀 더 깊고 폭넓게 이루어져야 한다. 멘토링 프로그램이 지역 관계망 확대에 영향을 미쳐 남성 위주로 선택하는 위원회 구조를 깨뜨릴 수 있다. 여성들이 작은 지역 단위에서 좀 더 큰 지역 단위로 진출하는 사례가 늘어나는 것 또한 전문성 확보와 지역 기관이 제공하는 지역 공동체 내 경력 확보 면에서 긍정적인 측면으로 보인다. 이는 지역 단위뿐 아니라 모든 부문의 선거 정치에 긍정적으로 적용될 수 있다. 작은 단위의 지역 정치는 더 큰 지역 단위에 여성이 진출하는 발판이 되며 이는 장기적으로 볼 때 국회에의 여성 진출 확대에도 긍정적으로 작용할 것이고, 더 나아가 한국 정치 다양성과 정책 형성 과정에 이바지할 것이다.

제6장

여성후보 당선에 영향을 미치는 요인
: 2018년 지방선거를 중심으로

김민정(서울시립대학교 국제관계학과 교수)

1. 서론

여성의 정치 참여에 대한 논의가 활발히 전개되면서 여성의 정치 참여가 저조한 원인이 무엇인지에 대해서 많은 연구자들이 관심을 가졌다. 여성이 정치적으로 필요한 사회적 및 직업적 경험이 부족하다는 지적도 있었고 한국의 선거제도가 지나치게 경쟁적인 소선거구 다수대표제이기 때문에 자금과 조직이 부족한 여성들은 경쟁력이 없다는 것, 또는 여성들이 남성에 비해서 정치적 관심이 적기 때문에 정치를 하려고 하지 않는다는 지적도 있었다. 그중에서도 많은 연구들에서 지적한 이유는 여성후보들이 선거에서 경쟁력이 낮기 때문에 보다 많은 후보를 당선시키려고 하는 정당에서는 여성

공천을 꺼리기 때문이라는 것이다. 즉 유권자들이 여성후보를 찍지 않기 때문에 선거에 나가도 여성은 당선되지 못하고, 그렇기 때문에 정당들은 여성을 공천하지 않는다는 설명이다. 이러한 주장이 상당히 설득력이 있었던 것은 정치에서 여성에 대한 전반적인 이미지가 '여성은 정치에 적합하지 않다'라든지 '여성들은 정치를 잘 못할 것 같다'라는 것으로 유권자들이 여성을 선택하기를 꺼려했었다. 더구나 일설에는 '여성의 적은 여성이다'라고 하여 여성유권자들이 더욱 여성들을 찍지 않기 때문에 정당에서는 여성을 후보로 공천하지 않았다.

　이러한 주장에 대해서 2000년대에 들어오면서 많은 연구자들이 유권자들의 지지후보 선택에 있어서 후보자의 성이 중요한 영향을 미치는지에 대해서 실증적인 연구를 하기 시작했다. 그래서 선거가 끝난 이후 여론조사를 통하여 이를 검증해왔다. 16대 국회의원 선거까지만 하여도 여성유권자들은 남성유권자보다도 여성후보를 덜 선택했지만 17대가 지나면서 서서히 여성유권자들은 여성후보에 관심을 보이기 시작해서 지역별로 차이가 나타나기 시작했다. 몇몇 지역에서는 17대에 이미 여성유권자들이 남성유권자보다 여성후보를 더 많이 지지하는 것으로 나타났다(오유석 2004). 선거가 거듭되고 2004년 17대 총선부터 비례대표 부분에 여성할당제가 도입되면서 여성 국회의원 수도 늘어났다. 또한 2006년부터는 지방선거에서도 비례대표가 도입되고 여성할당제가 실시되면서 지방선거에서도 여성의원의 비율이 증가했다. 여성의원의 비율 증가와 더불어 여성의원들의 의정활동이 결코 남성의원들에 뒤지지 않으며 시민단체와 언론사들의 의정활동 감시에서도 여성의원들의 활동이 뛰어나다는 것이 알려졌다. 이러한 변화와 더불어 여성후보에 대한 유권자의 인식도 변화되었다. 2012년 여성대통령이 등장하였고 지난 6대 지방선거에서 여성 기초단체장은 9명이 되었다. 이제 우리는 지방선거에서 여성정치인은 당선경쟁력이 없는지, 그래서 정당이 공천하지 않는지에 대해서 다시 한 번 질문해야한다. 이를 위해서 본 연구에서는 2018년 제7대 지방선거에 출마한 여성들은 누구이며 어떤 여성들이 당선되었는지를 살펴보면서 여성정치인들이 선거에서 당선가능성이 어떠한지에 대해서 알아보고자 한다.

2. 기존 연구 및 논문의 문제 제기

2000년대에 들어오면서 여성후보에 대한 유권자들의 인식을 조사한 연구들이 나타났다. 황아란(2002)은 국회의원 남녀후보들의 당선경쟁력을 비교하면서 여성후보들의 당선경쟁력이 남성후보에 비해서 뒤지지 않는다는 것을 밝혀냈다. 황아란은 13대부터 16대까지의 총선에 출마한 남녀후보들의 당선경쟁력지수[1]를 비교하였는데 남성후보의 당선경쟁력이 여성후보보다 높은 것은 사실이지만 그 차이가 점차 줄어들고 있음을 보여주었다. 황아란은 이러한 당선경쟁력의 성차가 어디에서 오는지에 대해서 살펴보면서 여성후보에 대한 편견을 첫 번째로 꼽으면서 도시보다는 농촌에서 이러한 편견이 더심하다는 것을 보여주었다. 또한 정당공천이라는 변수도 중요하다고 주장하고 있는데 그는 남녀후보의 당선경쟁력 격차는 특히 무소속 및 군소정당에서는 유의미하지만 주요 정당에서는 유의미하지 않다고 주장했다. 즉 주요정당에서 공천을 받은 후보의 경우에는 그 후보의 성은 당선에 크게 영향을 미치지 않는다는 것이다. 유권자들은 그 후보가 주요 정당의 후보일 경우

---

1   당선경쟁력 = 1−[(당선자득표율−후보자득표율)/(당선자득표율 + 후보자 득표율)].

후보의 성은 크게 고려하지 않는다는 것이 그의 주장이다. 이렇게 본다면 이미 16대 총선까지에도 여성후보들이 주요 정당의 후보이기만 하다면 유권자들이 크게 부정적인 이미지를 가지지는 않았다고 할 수 있다.

김은경(2002)은 16대 총선에서 남녀 유권자들이 여성후보에 대해서 어떻게 생각하는지를 살펴보면서 여성후보 선택에 있어서 지역구 활동, 인물, 정당 등의 요인이 복합적으로 작용한다는 것을 밝혔다. 그는 여성후보를 선택한 이유는 여성후보가 주로 평소에 지역구 활동을 많이 했기 때문에, 혹은 소속 정당 때문이라고 밝혔고 반대로 여성후보를 선택하지 않은 이유는 인물이나 정치경력이 부족하기 때문에, 혹은 정당 때문이라는 의견이 많았다. 즉 여성후보가 지역구에서 활동을 활발히 하여 유권자들에게 잘 알려졌을 경우에는 그리고 정당이 자신이 지지하는 정당인 경우에는 여성이라고 특별히 불리하지 않다는 것을 밝혀냈다. 또한 이 연구에서는 이미 여성유권자가 남성유권자보다도 여성후보를 더 많이 지지한 것으로 나타나서(54.1% : 43.9%) 여성이 여성을 찍지 않는다는 것은 잘못된 주장이라는 것을 보여주었다. 연령별로 살펴보아도 전 연령대에 걸쳐 골고루 여성유권자는 여성후보에 대해서 남성유권자보다 많은 지지를 보내고 있었다.

조금 다른 연구이지만 김민정 외(2003) 연구에서는 지지후보 결정기준에 있어서 유권자의 성별이 유의미한 차이를 보이는 지를 살펴보았는데 그 결과 지지후보 결정기준에 있어서 남녀 간의 유의미한 성차는 없는 것으로 나타났다. 즉 남녀 유권자 모두 인물/능력을 가장 중요시하여 지지후보를 결정해서[2] 남녀 간 통계적으로 유의미한 차이는 없었다.

오유석·김현희(2005)는 2004년 17대 총선에서 경기도지역을 중심으로 하

---

2 남성유권자 57.8%, 여성유권자 58.1% 그 이외에 정책/공약(남성유권자 24.9%, 여성유권자 23.9%), 소속 정당(남성유권자 7.0%, 여성유권자 9.8%).

여 설문조사를 하여 유권자들의 투표 성향을 분석했다. 그들의 연구에서는 남녀 유권자 모두 정책과 공약보다는 오히려 정당을 보고 투표했고 정당보다는 인물 및 능력을 고려하여 투표한 것으로 나타났는데 남녀 유권자 간의 차이는 보이지 않았다. 흔히 알려진 '여성은 남성보다는 인물을 보고 투표한다.'는 일반론은 사실이 아닌 것으로 나타났다. 여성후보에게 누가 투표했는가를 보았을 때에도 '여성이 여성을 찍지 않는다.'는 일반론은 사실이 아닌 것으로 나타났다. 남성(34.4%)유권자보다 여성(38.0%)유권자가 여성후보에게 더 많이 투표하고 있었다. 2002년에 이어 2004년에도 역시 여성유권자가 여성후보를 더 많이 선택하고 있었다. 또한 남성유권자는 여성이기 때문에 여성후보를 지지하지 않았다고 하는 결과를 보여주고 있어서 남성유권자들은 아직까지 후보자의 성이 선택에 영향을 미치고 있음을 알 수 있었다. 여성유권자들이 여성이기 때문에 여성후보를 지지했다고 응답한 비율은 높지 않지만 여성후보를 찍은 여성유권자 가운데 15.4%는 여성이기 때문에 여성후보를 선택했다고 응답하여 여성들에게 있어서 후보자의 성은 어느 정도 영향을 미치고 있음을 알 수 있다. 특히 50대 이상의 여성과 농업 등 1차 산업에 종사하는 여성들, 그리고 저소득층 여성에게서 특히 여성후보에 대한 성적인 선택이 의미가 있었다.

그러나 같은 17대 선거에 대한 김민정(2005)의 연구에서는 전국을 대상으로 한 설문조사에서 여성후보에 대해서 남성유권자는 39.8%의 지지를, 여성유권자는 39.2%의 지지를 보이고 있어서 약간의 차이를 보이고 있다. 반면 김민정의 연구에서는 여성후보에 대한 인지도에서는 남녀 유권자 모두 잘 알지 못하는 것으로 나타났지만 여성유권자가 남성유권자보다 더 잘 알지 못하는 것으로 나타나서 2004년 상황만 하더라도 전체적으로 여성정치인이 적었고 2004년 17대 총선에 출마한 여성들의 경우에도 대부분이 신인

이어서 여성정치인에 대한 인지도가 매우 낮았음을 시사한다.

　김원홍·김혜영(2012)의 연구는 19대 총선에서 남녀 유권자가 어떻게 다르게 투표했는지를 연구했다. 이 연구에서 남녀 유권자는 여성후보에 대해서 다르게 생각하지 않고 매우 긍정적이거나(21.9%) 긍정적(48.4%)으로 생각하고 있는 것으로 나타났다. 긍정적으로 보는 이유는 ① '지역 일을 더 잘할 것' 같다 38.6%, ② '정치가 깨끗할 것 같아서' 21.9%, ③ '소통에 부담이 적을 것 같아서' 18.3%, ④ '국회 내 싸움을 덜 할 것 같아서' 11.4%이다. 여기에서도 역시 남녀 유권자 사이에서의 성차는 없었다. 그러나 아직까지도 여성후보에 대해서 부정적으로 보는 평가도 있었는데 단지 여자라는 이유만으로, 전문성이 떨어질 것 같아서, 주도적으로 일을 잘 못할 것 같아서 여성후보를 좋아하지 않는다는 응답이 있었다. 반면 여성후보에게 투표한 유권자는 ① '섬세하게 지역 일을 잘할 것 같아서' 46.2%, ② '내가 지지하는 정당 소속이어서', ③ '깨끗할 것 같아서' 라고 응답하여 여성후보에 대해서 상당히 긍정적인 시선이 많음을 알 수 있다.

　김민정(2014)의 연구는 6대 지방선거에서 여성후보가 구청장에 당선한 두 지역을 비교하여 여성후보 당선에 영향을 미친 요인은 무엇인지를 분석하였다. 이 연구에 의하면 여성후보를 지지한 유권자는 정당을 보고 지지후보를 결정하였으며 남성후보를 지지한 유권자는 인물을 보고 지지후보를 결정한 것으로 나타났다. 이것은 여성후보의 당선경쟁력은 그를 공천한 정당의 경쟁력이라고 할 수 있다. 즉 정당이 승리가능성이 높은 지역에 어성후보를 공천하면 여성의 당선가능성도 높아진다는 것으로 의미한다.

　김민정·김정숙(2016)의 연구는 20대 총선에서 자신의 정당의 지지율이 낮은 지역에서 당선한 여성후보의 당선요인이 무엇인지 연구한 논문이다. 이 논문에서는 여성당선에 가장 중요한 요인이라고 알려져 있는 정당요인이 없을 경우 여성은 무엇으로 당선될 수 있는지를 연구한 논문이다. 이 논문에 의하면 정당요인 이외에 여성당선에 영향을 미치는 요인은 선거의 공약이다. 여성후보가 그 지역구민이 원하는 공약을 잘 내세우면 선거에 승리할 수 있음을 보여주었다.

이제까지의 연구들을 종합하여 보면 여성의 정치 참여 확대라는 대명제하에서 유권자들의 어떠한 투표 성향이 여성의 정치 참여에 긍정적인 영향을 주는지 윤곽이 드러난다. 첫째 현행 한국의 선거는 대부분이 기본적으로 소선거구 다수대표제로서 한 선거구에서 한 명을 선출하고 가장 득표가 높은 후보가 당선되는 구조를 가지고 있다. 따라서 지역구 단위의 선거에서는 지역에서 잘 알려진 후보가 유리할 수밖에 없다. 따라서 정당들은 지역적 인지도에 바탕을 두고 후보를 공천하게 된다. 일반적으로 인물 본위의 투표를 할 경우 후보자가 남성인지, 여성인지는 유권자의 선택에 있어서 중요한 변수가 될 수 있다. 그러나 최근의 한국 선거에서 후보자의 성은 선택에 있어서 중요한 변수는 아닌 것으로 나타났다(최영진 2004). 두 번째 지방선거의 경우에는 광역단체장, 기초단체장, 광역의원, 기초의원, 광역비례의원, 기초비례의원, 교육감 선거를 동시에 하기 때문에 꼼꼼하게 후보의 면면을 살펴볼 기회를 가지지 못하고 정당 중심의 투표를 하는 경향이 높다. 정당이 선택의 중요한 기준이 된다면 여성후보를 선택하는 것은 후보자의 성이 아니라 후보자가 속한 정당이 된다. 그렇기 때문에 여성대표성을 증가시키기 위해서는 당선이 유력한 정당이 여성을 후보로 공천하면 된다. 인물 본위의 투표 선택을 할 경우 여성은 불리할 수도 있지만 여성이 꼼꼼하게 의정활동을 한다든지, 여성이 좀 더 청렴할 것이라는 인식이 확대된다면 여성후보를 선택할 가능성도 높아진다. 후보자 선택에 있어서 정당이 영향력이 크다는 이갑윤·이현우(2000)의 주장과는 대조적으로 김영하(2000)와 조현걸 외(2000)

는 후보자 요인이 중요하다고 보았고 정성호 외(2007)와 송건섭·이곤수(2011)는 후보자의 이미지 및 자질보다 정책이슈가 중요하다는 주장도 있었다. 이러한 여러 논의들을 전제로 하여 2018년 7대 지방선거에서 당선된 여성후보들의 당선경쟁력은 어디에 있는지 분석해보고자 한다. 이를 위해서 우선 여성후보들은 어떠한지에 대해서 알아보고 당선된 여성들의 당선에 영향을 미친 요인은 무엇인지를 살펴보고자 한다.

3. 7대 지방선거에서 여성의 참여

7대 지방선거를 보면 1991년 지방선거에서 여성후보의 비율이 1.4%에 지나지 않았지만 8번의 선거를 치르면서 여성후보의 비율이 상당히 증가하여 25.16%에 이르게 되었다. 특히 기초의회의 경우 1.2%였던 것이 이제는 28.88%에 이를 정도로 급격히 증가하였다. 비례대표를 제외하더라도 7대 지방선거에서 기초의회 여성후보의 비율이 18.65%에 이른 것을 보면 그간에 여성정치인의 풀이 상당히 넓어졌음을 알 수 있다. 당선자의 비율을 보면 1991년 지방선거에서 1%에도 이르지 못했던 여성당선자의 비율은 이제 29.2%에 이를 정도로 증가하여 기초의회와 광역의회에서 여성의원의 비율은 각각 30.75%와 20.7%에 이를 정도로 증가하였다. 여성후보의 비율이 급증하고 여성당선자의 비율이 크게 증가하게 된 것은 2006년 4대 지방선거에서 기초의회에서 비례대표가 신설되면서 여성후보의 비율이 급증하였고 당선자도 증가하게 되었다. 또한 2010년의 지방선거에서 여성후보가 다시 증가를 보이게 되는데 그것은 공직선거법 47조 5항[3]의 신설과 더불어 국회의원 선거구에 기초나 광역의회 후보에 반드시 여성을 한 명 공천해야 한다는 규정의 영향이라고 할 수 있다. 이러한 제도적인 강제가 정당으로 하여금 보다 많은 여성후보를 공천하도록 하였고 이에 따라 여성후보가 많이 공천되면서 여성의 당선이 많아졌다.

〈표 6-1〉 지방선거 여성 참여의 발전

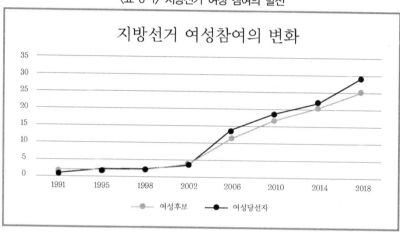

구분		여성후보자 수 (괄호 안은 총 후보자 수)	여성후보 비율	여성당선자 수 (괄호 안은 총 당선자 수)	여성 당선자 비율
1991	계	186명(13,044명)	1.4%	48명(5,161명)	0.9%
	광역의회의원	63명(2,885명)	2.1%	8명(858명)	0.9%
	기초의회의원	123명(10,159명)	1.2%	40명(4,303명)	0.9%

3 47조 5항은 "정당이 임기만료에 따른 지역구지방의회의원선거에 후보자를 추천하는 때에는 지역구시·도의원선거 또는 지역구자치구·시·군의원선거 중 어느 하나의 선거에 국회의원 지역구(군지역을 제외하며, 자치구의 일부지역이 다른 자치구 또는 군지역과 합하여 하나의 국회의원지역구로 된 경우에는 그 자치구의 일부지역도 제외한다)마다 1명 이상을 여성으로 추천하여야 한다. 〈신설 2010.1.25., 2010.3.12.〉"로 되어있다.

구분		여성후보자 수 (괄호 안은 총 후보자 수)	여성후보 비율	여성당선자 수 (괄호 안은 총 당선자 수)	여성 당선자 비율
1995	계	252명(10,168명)	1.81%	128명(5,756명)	2.2%
	광역자치단체장	2명(56명)	3.5%	0명(15명)	0%
	기초자치단체장	4명(943명)	4.2%	1명(230명)	0.4%
	광역의회의원	40명(2,449명)	1.63%	13명(690명)	5.76%
	기초의회의원	206명(11,970명)	1.72%	72명(4,541명)	1.58%
1998	계	185명(10,168명)	1.81%	97명(4,450명)	2.17%
	광역자치단체장	0명(40명)	0%	0명(40명)	0%
	기초자치단체장	8명(677명)	1.18%	0명(230명)	0%
	광역의 회의원 지역구	37명(1,571명)	2.35%	14명(602명)	2.3%
	광역의 회의원 비례대표	54명(180명)	3%	27명(47명)	57.4%
	광역의회 합계	91명(1,751명)	5.2%	41명(649명)	5.9%
	기초의회의원	140명(7,754명)	1.80%	56명(3,490명)	1.60%
2002	계	394(10,870)명	3.62%	142(4,439)명	3.19%
	광역자치단체장	0(40)명	0%	0명	0%
	기초자치단체장	8(750)명	1%	2(232)명	0.86%
	광역의 회의원 지역구	48(1,531)명	3.2%	14(609)명	2.29%
	광역의 회의원 비례대표	116(209)명	55.5%	49(73)명	67.1%
	광역의회 합계	164(1,740)명	9.4%	63(682)명	9.2%
	기초의회의원	222(7,450)명	2.9%	77(2,485)명	2.2%
2006	계	1,411(12,213)명	11.6%	529(3,867)명	13.7%
	광역자치단체장	4(66)명	6.1%	0(16)명	0%
	기초자치단체장	23(848)명	2.7%	3(230)명	1.3%
	광역의 회의원 지역구	107(2,068)명	5.2%	32(655)명	4.9%
	광역의 회의원 비례대표	136(211)명	64.5%	57(78)명	73.1%
	광역의회 합계	243(2,279)명	10.7%	89(733)명	12.1%
	기초의 회의원 지역구	391(7,995)명	4.9%	110(2,513)명	4.4%
	기초의 회의원 비례대표	750(1,025)명	73.2%	327(375)명	87.2%
	기초의회 합계	1141(9,020)명	12.6%	437(2888)명	15.1%

구분		여성후보자 수 (괄호 안은 총 후보자 수)	여성후보 비율	여성당선자 수 (괄호 안은 총 당선자 수)	여성 당선자 비율
계		1,655(9,912)	16.7%	747(3,991)	18.7%
2010	광역자치단체장	3(55)	5.5%	0(16)	0.0%
	기초자치단체장	26(749)	3.5%	6(228)	2.6%
	광역의 회의원 지역구	154(1,764)	8.7%	55(680)	8.1%
	광역의 회의원 비례대표	179(266)	67.3%	58(81)	71.6%
	광역의회 합계	333(2030)	16.4%	113(761)	14.8%
	기초의 회의원 지역구	552(5,823)	9.5%	274(2,512)	10.9%
	기초의 회의원 비례대표	729(912)	79.9%	352(376)	93.6%
	기초의회 합계	1,281(6,735)	18.9%	626(2,888)	21.6%
계		1823(8817)	20.67%	854(3861)	22.11%
2014	광역자치단체장	1(57)	1.75%	0(17)	0%
	기초자치단체장	40(694)	5.76%	9(226)	3.98%
	광역의 회의원 지역구	196(1719)	11.4%	58(705)	8.22%
	광역의 회의원 비례대표	161(228)	70.6%	55(84)	65.4%
	광역의회 합계	357(1947)	18.3%	113(789)	14.32%
	기초의 회의원 지역구	757(5377)	14.07%	369(2519)	14.64%
	기초의 회의원 비례대표	668(742)	90.02%	363(379)	95.77%
	기초의회 합계	1425(6119)	23.28%	732(2898)	25.25%
계		2315(9201)	25.16%	1166(3993)	29.2%
2018	광역자치단체장	6(71)	8.45%	0(17)	0%
	기초자치단체장	35(749)	4.67%	8(226)	3.53%
	광역의 회의원 지역구	274(1886)	14.52%	98(737)	13.29%
	광역의 회의원 비례대표	209(295)	70.84%	62(87)	71.26%
	광역의회 합계	483(2181)	22.14%	160(824)	19.41%
	기초의 회의원 지역구	992(5318)	18.65%	526(2541)	20.7%
	기초의 회의원 비례대표	799(882)	80.58%	374(385)	97.14%
	기초의회 합계	1791(6200)	28.88%	900(2926)	30.75%

자료: 중앙선거관리위원회 자료 재구성

4. 7대 지방선거 여성후보, 여성당선인

1) 여성후보

광역자치단체장에 출마한 여성후보는 모두 6명으로 전체 71명 가운데 8.45%이다. 2014년 지방선거에서 광역자치단체장에 출마한 여성후보가 1명이었던 것에 비하면 상당히 증가한 숫자이다.

출마한 여성후보는 서울특별시장 후보로 3명, 부산특별시장 후보로 1명, 세종특별시장 후보로 1명, 그리고 제주특별자치도지사 후보로 1명이 출마하였다. 이들은 세종특별시에 출마한 자유한국당 소속의 송아영 후보를 제외하면 모두 군소정당후보였다. 이런 점에서 당선가능성을 가지고 있는 정당이 당선가능성이 높은 지역에 여성후보를 공천해야만 우리나라에서 최초의 여성광역자치단체장이 탄생할 수 있을 것으로 기대할 수 있다.

6명의 여성후보 모두는 정당인으로서 이 가운데 서울특별시장 후보에 녹색당후보로 출마했던 신지예 후보의 경우 27세로 젊은 정치인이며 페미니스트 시장이라는 표어를 내걸고 출마하여 많은 관심을 불러일으켰다.

〈표 6-2〉 7대지방선거 광역자치단체장 여성후보

	이름	소속정당	경력
서울특별시장 후보	김진숙(39세)	민중당	정당인
	신지예(27세)	녹색당	정당인
	인지연(45세)	대한애국당	정당인
부산특별시장 후보	박주미(59세)	정의당	정당인
세종특별시장 후보	송아영(54세)	자유한국당	정당인
제주특별자치도지사 후보	고은영(32세)	녹색당	정당인

자료: 중앙선거관리위원회 사료 재구성

기초자치단체장선거에는 여성후보가 모두 35명 출마하였는데 지역별로 다소 편차가 있다. 서울에서는 가장 많은 기초단체장 여성후보가 출마하였고 경기도와 부산에서도 각각 7명과 6명의 여성후보가 출마하였다. 그러나 광주와 강원도, 경상북도에서는 한명의 여성기초단체장후보가 출마하지 않아 이 지역에서 여성정치인의 발굴이 필요함을 보여주었다.

〈표 6-3〉 지역별 기초자치단체장 여성후보

기초자치단체	여성후보(전체후보)
서울특별시	11(88)
부산광역시	6(56)
대구광역시	2(24)
인천광역시	1(34)
광주광역시	0(14)
대전광역시	1(14)
울산광역시	1(17)
경기도	7(103)
강원도	0(60)
충청북도	1(32)
충청남도	1(46)
전라북도	1(44)
전라남도	1(73)
경상북도	0(81)
경상남도	2(63)
전체	35(749)

자료: 중앙선거관리위원회 자료 재구성

광역의회의 경우 지역별로 보면 여성 후보수에 있어서 역시 큰 편차를 보인다. 서울의 경우 전체 후보자수 가운데 여성후보는 18.2%로서 상당히 많은 편이며 이를 상회하는 비율을 보인 것은 광주광역시의회가 여성후보비율이 36.95%로 가장 높았고 울산광역시의 경우에도 24.56%, 경기도의회의 경우 314명이 출마한 가운데 여성 67명 출마하여 21.3%의 비율을 보인 것이다. 반면 전라남도의회의 경우에는 여성후보가 4.34%에 그쳤고 인천광역시의 경우에도 6.5%에 그쳐 비교적 낮은 비율을 보였다.

〈표 6-4〉 지역별 광역의회 여성후보

시도의회선거	여성 후보(전체 후보)	여성후보비율
서울특별시	52(285)	18.2%
부산광역시	16(121)	13.2%
대구광역시	14(87)	16.0%
인천광역시	5(76)	6.5%
광주광역시	17(46)	36.95%
대전광역시	8(46)	17.39%
울산광역시	14(57)	24.56%
세종특별자치시	5(50)	10.0%
경기도	67(314)	21.3%
강원도	7(101)	6.93%
충청북도	9(70)	12.85%
충청남도	10(93)	10.75%
전라북도	8(78)	10.25%
전라남도	5(115)	4.34%
경상북도	9(133)	6.76%
경상남도	17(141)	12.05%
제주특별자치도	11(73)	15.06%
전체	274(1886)	14.52%

자료: 중앙선거관리위원회 자료 재구성

한편 여성후보들의 직업을 살펴보면 지방의회의원의 비율이 비교적 높아서 16%의 여성후보들이 지방의회의원이었다. 이제까지 많은 연구들이 여성정치의 발전을 위해서는 여성정치인의 수가 늘어나는 것도 필요하지만 이들의 경력지속이 필요한데 이를 위해서는 의회에서의 선수가 높아지는 것이 필요하다는 연구들이 많이 있어왔다(김민정 2012). 이런 점에서 지방의회의원들이 지속적으로 선거에 출마하고 있다는 것은 여성정치발전의 의미 있는 지점이라고 할 수 있다. 더구나 정당인의 경우가 전체 274명의 후보 가운데 94명으로 34.3%의 광역의회 여성후보가 정치에 몸담고 있는 여성들이다. 이렇게 정당으로부터 출발하여 기초의회에 출마하고 이어서 광역의회로 출마하면서 정치에서 경력을 쌓아가는 여성들이 장기적으로 한국에서 여성정치발전을 견인하는 중요한 인물이 될 것이다.

2) 여성당선인

(1) 기초단체장
광역자치단체장에는 단체장선거가 도입된 이래로 단 한 번도 여성광역자치단체장이 선출된 적이 없다. 출마는 지속적으로 있어왔고 이번 선거에서도 6명의 여성후보가 출마하였지만 한명도 당선되지는 못하였다. 앞에서도 언급하였듯이 대부분이 군소정당후보여서 지지도가 낮은 정당 소속이었기 때문에 지방선거의 속성상 정당효과가 크기 때문에 군소정당후보 여성후보가 당선되는 데에는 어려움이 있었다.

기초자치단체장선거를 보면 여성후보는 모두 35명이 출마하여서 8명이 당선하였다.

〈표 6-5〉 기초자치단체장 여성당선인

이름	정당	선거구	전직
김미경	더불어민주당	은평구청장	서울시의회의원
김수영	더불어민주당	양천구청장	양천구청장
조은희	자유한국당	서초구청장	서초구청장
서은숙	더불어민주당	부산진구청장	서울시정책자문특별보좌관
정명희	더불어민주당	부산북구청장	부산시의회의원
정미영	더불어민주당	부산금정구청장	민주당금정지역위원장
박정현	더불어민주당	대전대덕구청장	대전시의회의원
은수미	더불어민주당	성남시장	국회의원

자료: 중앙선거관리위원회 자료 재구성

이들은 모두 정치인으로 분류될 수 있는 경력을 가지고 있으며 시의회의
원 혹은 국회의원, 구청장 등의 선출직 경력을 가지고 있는 여성정치인들이
다. 전체적으로 보면 이번에 높은 지지율을 보인 더불어민주당 소속이며 서
초구청장에 당선된 조은희의 경우에는 그 지역에서 지지율이 높은 자유한국
당 소속이다. 이를 통해서 여성후보가 당선되기 위해서는 큰 정당 혹은 그
지역에서 지지율이 높은 정당 소속이어야 함을 알 수 있다. 서울에서 더불어
민주당은 3명의 여성후보를 구청장 후보에 공천하였는데 낙선한 여성후보
는 서초구에 공천된 이정근 후보이다. 7대 지방선거에서 더불어민주당의 지
지율이 높았지만 서초구만은 자유한국당 지지가 높은 지역이어서 이정근 후
보의 낙선은 다른 이유보다는 정당요인에 기인했을 가능성이 크다.

이번에 진행된 여론 조사에서도 유권자들이 후보를 결정할 때 선택의 기
준이 되었던 것은 소속정당이었다. 소속정당을 보고 투표했다는 유권자는
전체의 34.7%였으며 후보자의 정책 및 공약을 보고 투표한 유권자는
25.9%, 후보자의 경력과 능력을 보고 투표한 후보는 22.5%였다. 물론 후보

자의 성을 보고 투표한 유권자도 없지는 않지만 전체적으로 소속정당을 보고 투표하는 것으로 나타났다. 특히 지방선거의 경우에는 교육감까지 포함하면 모두 7장을 투표해야하기 때문에 후보자에 대한 자세한 경력 및 공약을 꼼꼼히 살피기보다는 정당을 보고 투표하는 성향이 높았다고 할 수 있다. 이런 점을 보았을 때 여성구청장 탄생에 가장 큰 요인은 큰 정당 혹은 지지가 높은 정당에서 공천된 여성후보라는 점이라고 할 수 있다.

〈표 6-6〉 7대 지방선거 후보 선택기준[4]

이번 선거에서 후보를 선택한 기준은?	
소속정당을 보고	34.7%
후보자의 정책/공약을 보고	25.9%
후보자의 경력과 능력을 보고	22.5%
후보자에 대한 주변 평가를 보고	10.2%
후보자가 남성이라서	1.1%
후보자가 여성이라서	0.2%
기타	3.8%
모름/무응답	1.6%

이와 더불어 흥미로운 사실은 남성후보를 지지하는 유권자와 여성후보를 지지하는 유권자 사이에 후보 선택기준에 있어서 약간의 차이가 있다는 사실이다. 이번 선거의 여론조사는 아니지만 6대 지방선거의 여론조사에 따르면 남성후보를 지지한 유권자보다 여성후보를 지지한 유권자가 더욱 후보자의 소속정당을 보고 투표하였다고 응답하였다. 즉 남성후보를 지지한 유권

---

4 이 설문조사는 2018년 6월 18일-21일까지 21세기여성정치연합에서 실시한 설문조사로서 전국 19세이상 성인남녀를 대상으로 전화면접한 내용을 분석한 것이다(신뢰수준 95%).

자의 경우에는 41.9%가 소속정당을 보고 투표하였다고 응답한 반면 여성후보를 지지한 유권자의 경우에는 49.9%가 소속당을 보고 투표하였다고 응답하여서(김민정 2014) 사실 여성후보의 경우에는 더욱 정당의 효과가 중요함을 알 수 있다.

〈표 6-7〉 남녀후보 지지자의 후보 선택기준(2014년)[5]

	남성후보 지지자	여성후보지지자
후보자의 경력과 능력을 보고	20.0%	18.6%
소속 정당을 보고	41.9%	49.9%
후보자의 정책/공약을 보고	16.5%	12.6%
후보자에 대한 주변 평가를 보고	9.5%	6.6%
여성(혹은 남성)후보에 대한 거부감 때문에	8.9%	4.2%
기타	0.5%	3.3%
모름/ 무응답	2.6%	4.9%

이제까지 정당에서 여성후보 공천에 미온적이었던 핑계는 여성정치인이 선거경쟁력이 약하다는 것이었다. 남성정치인에 비해서 여성정치인은 인지도가 낮고 유권자들이 정치는 여성보다는 남성에게 더 적합하다고 생각하기 때문에 여성후보가 당선될 가능성이 낮다는 것이 그 이유였다. 그러나 최근에 오면서 여성정치인들의 선거경쟁력이 결코 남성정치인에 비해서 낮지 않다는 것이 여러 가지로 입증되고 있다. 2014년 6내 지방선거에서 서울에서 기초자치단체장에 당선된 서초구와 양천구의 두 여성당선인에 대한 연구에서 나타났듯이 여성구청장 당선자의 득표율은 해당지역 해당정당의 광역의

---

5   이 설문조사는 2014년 21세기 여성정치연합에서 실시한 설문조사로이다. 서 전국 19세이상 성인남녀를 내성으로 긴회면접한 내용을 부석한 것이다(신뢰도수준 95%).

회 비례대표의 득표율과 비교해볼 때 그다지 차이가 나지 않았다. 서초구의 경우에는 해당지역 광역비례 정당 득표율이 55.51%인데 비해서 서초구청장 당선인인 조은희 당선인의 득표율이 49.86%로 다소 떨어지지만 양천구의 경우에는 해당정당 득표율은 46.76%인데 비해서 여성당선인인 김수영의 득표율은 47.90%로 다소 높았다(김민정 2014). 이를 보더라도 여성정치인의 선거경쟁력이 낮다고 하기는 어렵다. 다른 한 연구에서는 20대 국회의원 선거에서 강남 을에서 당선된 전현희(더불어민주당) 당선자는 해당 지역 정당지지율이 22.01%인데 비해서 이를 훨씬 상회하는 51.5%를 얻어서 당선하였다(김민정·김정숙 2016). 이와 같이 여성정치인은 지지율이 높은 정당에서 공천을 받게 되면 낙선하지 않으며 혹시 지지율이 낮은 정당에서 공천을 받더라도 때에 따라서 당선할 수 있을 정도로 선거경쟁력이 남성정치인에 비해서 낮지 않다.

이번 선거에서 기초자치단체장에 당선한 여성후보들의 선거경쟁력을 보면 소속정당의 득표율을 훨씬 상회하는 득표율을 보이고 있어서 여성정치인은 이제 더 이상 남성정치인보다 선거경쟁력이 없지는 않다.

〈표 6-8〉 기초자치단체장 여성당선인 선거경쟁력

	지역	정당	득표율	광역비례 소속정당 득표율	광역단체장 소속정당후보득표율
김미경	서울 은평구	더불어민주당	66.55%	53.2%	55.1%
김수영	서울 양천구	더불어민주당	61.02%	50.2%	52.6%
조은희	서울 서초구	자유한국당	52.38%	30.8%	34.4% 박원순 42.5%
서은숙	부산 부산진구	더불어민주당	50.05%	48.29%	53.4%

	지역	정당	득표율	광역비례 소속정당 득표율	광역단체장 소속정 당후보득표율
정명희	부산 북구	더불어민주당	56.50%	50.4%	56.3%
정미영	부산 금정구	더불어민주당	54.5%	45.5%	52.9%
박정현	대전 대덕구	더불어민주당	57.85%	54.1%	53.6%
은수미	경기도 성남시	더불어민주당	57.64%	52.7%	57.3%

자료: 중앙선거관리위원회 자료 재구성

위의 표는 기초자치단체장으로 당선한 여성당선인들의 득표율과 해당지역 소속정당의 득표율을 비교하기 위해서 해당지역 소속정당의 광역의회 비례대표 득표율과 해당지역 소속정당의 광역자치단체장 후보의 득표율을 비교하였다. 이 표를 보면 부산진구의 서은숙을 제외하면 모든 여성당선인들이 소속정당의 해당지역 득표보다 훨씬 높은 득표를 하고 있어서 여성정치인들이 소속정당보다 지지가 높았던 것을 알 수 있다. 물론 이들의 득표율에는 소속정당의 효과가 상당부분 있지만 소속정당의 득표보다 득표율이 높다는 것은 이러한 정당 효과를 상회하는 개인적인 요인이 여성정치인들에게 있음을 알 수 있다.

이와 더불어 이제까지 여성후보에 대해서 부정적일 것이라는 유권자들의 인식이 빠르게 변화되고 있음을 이번 선거는 보여주었다. 금번 설문조사에서 2020년 21대 총선에서 사회적 지위나 경력 등이 비슷한 남녀후보 중 누구를 선택하겠느냐는 질문에서 오히려 여성후보를 지지하겠다는 응답이(35.8%)남성후보를 지지하겠다는 응답보다(27.2%) 훨씬 높았는데 이것을 보더라도 조건이 같다면 여성정치인의 선거경쟁력은 낮지 않다고 할 수 있다.

(2) 광역의회

이번 선거에서 지역구에서 당선된 여성당선자는 전체 광역의회 지역구 당선자 가운데 13. 29%이다. 지난 6대 지방선거에서 광역의회 지역구 여성당선인이 두 자리에 이른 이후 지속적인 증가를 보이고 있다. 그러나 이 역시 지역별로 편차를 보여서 광주광역시의 경우 30%의 여성지역구 당선자를, 울산광역시의 경우 26.3%의 여성당선자를 보인 반면 인천광역시는 한명의 여성당선자도 없었으며 6개의 광역자치단체에서 여성당선자는 아직 10%에 이르지 못하고 있다.

〈표 6-9〉 7대 지방선거 광역의회 여성당선자

시도의회선거	여성 당선(전체)	비율
서울특별시	18(100)	18%
부산광역시	7(42)	16.66%
대구광역시	5(27)	18.5%
인천광역시	0(33)	0%
광주광역시	6(20)	30.0%
대전광역시	3(19)	15.7%
울산광역시	5(19)	26.3%
세종특별자치시	2(16)	12.5%
경기도	24(129)	18.6%
강원도	4(41)	9.75%
충청북도	4(29)	13.79%
충청남도	5(38)	13.15%
전라북도	2(35)	5.71%
전라남도	3(52)	5.76%
경상북도	3(54)	5.55%
경상남도	4(52)	7.69%
제주특별자치도	3(31)	9.67%
전체	98(737)	13.29%

자료: 중앙선거관리위원회 자료 재구성

5. 결론

7대 지방선거를 통해서 여성정치인의 당선에 영향을 미치는 요인이 무엇인지 살펴보았다. 지난 선거에서도 드러났듯이 여성후보의 당선에 영향을 미치는 가장 중요한 요인은 정당으로 보인다. 지지율이 높은 정당에서 여성을 공천하게 되면 여성들은 당선가능성이 높으며 여성들을 선택하는 유권자들의 경우에는 대부분이 후보의 소속정당을 보고 지지하는 성향이 높기 때문에 정당에서의 여성공천이 가장 중요한 요인이라고 할 수 있다. 두 번째 이번 선거를 통해서 알 수 있었던 것은 지역적으로 여성후보에 있어서도, 당선에 있어서도 큰 편차를 보인다는 것이다. 주로 대도시를 중심으로 여성후보가 많이 출마하였고 또 그만큼 당선비율도 높았다. 지방에서는 여성후보의 출마도 적었고 그만큼 당선비율도 낮았는데 이것은 대도시의 경우에는 유권자들의 의식도 남녀 정치인에 대한 차별적인 성향을 보이지 않는다는 점과 더불어 여성정치인의 풀도 넓은 반면 지방의 경우에는 여성정치인의 풀이 얇아서 출마하는 여성이 절대적으로 적음을 알 수 있다. 이런 점을 고려하여 여성정치발전을 위하여 각 광역단위에서 정당들은 보다 많은 여성정치인을 발굴하여 교육하는 일을 게을리 하지 말아야할 것이다.

이와 더불어 여성정치인들의 경력이 지속되고 있음을 이번 선거를 통하여 다시 한 번 확인되었다. 기초단체장에 당선한 여성정치인들의 경력은 정당인 혹은 광역의회의원이거나 아니면 다른 선출직을 경험한 여성들이 대부분이어서 선출직 경력을 바탕으로 단체장에 도전하여 성공한 것으로 보인다. 여성정치가 보다 발전한 유럽의 경우에도 국회의원 여성의원들의 대부분은 기초단위의 지방의회로부터 출발하여 정치의 경험을 쌓고 보다 큰 단위의 선출직에 도전하여 경력을 이어가고 있다. 지난 국회의원 선거에서 공천을 받지 못하고 초선에 그치는 여성의원들의 경우에는 외부에서 영입되어 정당 내에서 지지기반이 약하거나 혹은 지역경선에서 통과하지 못하여 공천이 되지 못하는 경우가 많았다. 이러한 어려움을 보았을 때 지방의회로부터 출발하여 경력을 이어가면서 정당 내 지지기반을 확보하고 자신의 지역에서 지지기반을 확대해나가는 것이 장기적으로 여성정치인의 경력이 유지되며 여성정치의 세력화에 기여할 것으로 보인다.

마지막으로 언급되어야할 것이 제도의 중요성이다. 1991년 지방선거가 부활하여 7대 지방선거에 이르기까지 8번의 선거를 거치면서 지방에서의 여성정치가 상당히 발전하였다. 이러한 발전은 정치문화가 바뀌고 정당이 바뀌고 유권자들의 의식이 바뀌어서 이루어졌다기 보다는 제도의 힘이 컸다는 것을 부인하기 힘들다. 가장 중요한 제도적 첫 변화는 2006년 기초의회에 비례대표가 도입된 것이다. 이 제도로 인해서 여성후보의 비율은 갑자기 10%를 넘어서 급증하였다. 이어서 중요한 제도적 변화는 2010년에 도입된 공직선거법 47조 5항이다. 이로 인해서 국회의원 지역구에 여성후보를 광역의회 혹은 기초의회 후보에 반드시 한명을 공천하게 되면서 여성후보의 비율이 증가하였고 이러한 증가는 결국 여성당선자의 비율을 견인해왔다. 이러한 제도적 힘을 생각할 때 현재 광역자치단체장에 단 한명의 여성도 없다는 현실과 기초자치단체장에 여성비율이 3.5%밖에 안 된다는 사실을 기억하면 제도로서 이를 발전시켜야할 필요를 느낀다. 또한 많이 증가하였다고는 하지만 여전히 20%밖에 안 되는 기초의회 지역구에서의 여성당선자 비율을 생각하면 빠른 시간 안에 여성의원의 비율을 늘릴 필요가 있다. 이러한 점에서 각 정당에서는 단체장에 있어서 여성을 전략 공천하는 비율을 규정화해야하며 기초의회에서는 남녀동반선출제를 고려해볼 시점이다.

제7장
지방선거와 여성의 정치참여
: 2018년 6·13 지방선거 경남지역을 중심으로

이혜숙(경상대학교 사회학과 교수)

1. 지방선거와 여성 정치참여의 흐름

1994년 〈공직선거 및 선거부정방지법〉이 제정되어 의회선거와 단체장 선거, 지방선거일의 법정화, 동시선거 등 제도적 장치가 마련되면서부터 1995년 본격적인 지방자치가 실시되었다. 지방자치는 무엇보다도 지역주민들이 정치참여 기회를 확대하고 자신들의 문제해결을 자신들이 해 나갈 수 있다는 의의를 갖는다.

지방자치의 핵심은 단체장과 지방의원을 해당 지역 주민들이 선출하는 지방선거에 있다. 지방선거를 통해 지방분권과 풀뿌리 민주주의의 제도화가 실천될 수 있는 것이다. 그러나 여성들이 지방정치에 참여하는 것은 쉽지 않다. 우선 정치를 지망하는 여성후보자가 많지 않으며 정당공천과정에서 여성후보자 공천의 걸림돌이 많은 것이다. 그렇지만 여러 가지 제도개선을 통해 여성의 정치참여는 확대되어 왔다.

역대 지방선거의 제도변화를 살펴보면 2002년 3차 지방선거에서 비례대표제와 정당공천제가 광역의회 선거에 도입되었고 광역의회 선거에서 50% 여성의무공천제와 순위 2인마다 여성 1인 명부작성 의무(위반시 명부 등록 무효) 등이 제정되었다. 그리고 시·도의원 후보자 30%를 여성의원으로 공천할 것을 권고하고 이를 준수한 정당에 대한 정치자금 인센티브를 지원하였다. 2006년 4차 지방선거에서는 비례대표제와 정당공천 50% 여성의무공천제도가 기초의회까지 확대되었고 기초의회 선거에 중선거구제가 도입되었다. 2010년 5차 지방선거에서는 정당공천제와 여성의무공천제도 위반시 명부 등록무효 규정이 광역의회 선거만 적용되던 것을 기초의회까지 확대하였고 정당의 지역구 후보 여성할당을 권고제에서 의무제로 변경하면서 위반할 경우에는 등록무효를 하도록 규정하였다(김원홍·김복태, 2013: 38). 이러한 제도개선을 통한 효과로 지방의회 여성참여는 수적 증가 양상을 보여준다.

여성 당선자 비율은 1회 1995년 1.5%에서 6회인 2014년 21.7%, 2018년 26.8%로 증가하였다. 그러나 지금까지 광역단체장은 여성이 한명도 당선되지 않았고 기초자치단체도 2014년 6회의 경우 4%, 2018년의 경우는 3.5%에 불과하다. 광역의회와 기초의회를 살펴보면 광역 비례대표 부분에 여성할당이 시작된 1998년에 광역의회에서는 5.9%로 여성의원의 비율이 증가하였고 2002년에는 9.2%, 2006년에는 12.1%, 2010년에는 14.8%로 증가하였다. 2014년에는 14.3%로 약간 낮아진 비율을 보이고 있고 2018년에는 19.4%이다. 기초의회의 경우에는 2006년에 비례대표가 설치되었고 여기에 여성정치

할당제가 도입되었다. 여성정치할당제가 도입되기 이전에는 기초의회 여성
의원의 비율은 광역의회보다 훨씬 낮았다. 1991년 0.9%, 1995년과 1998년
1.6%, 2002년 2.2%에 지나지 않았다. 비례대표에 여성정치할당제가 시작되
면서 2006년에는 15.1%로 급증하였고 이어서 2010년에는 21.6%, 2014년에
는 25.2%, 2018년에는 30.8%로 증가하였다.

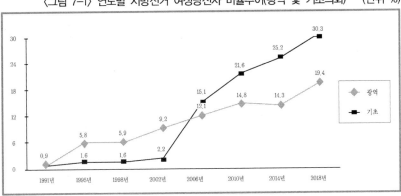

〈그림 7–1〉 연도별 지방선거 여성당선자 비율추이(광역 및 기초의회)　　(단위 %)

자료: 중앙선거관리위원회 선거통계시스템(http://info.nec.go.kr) 참조하여 작성함

2. 2018년 6·13 지방선거와 여성

1) 성평등 시대정신에 부합하지 못한 지방선거

〈참고자료 7–1〉

더불어민주당은 '더불어남자당'이라는 질타를 받았다. 어느 때보다 여당에
게 유리한 선거 국면에서조차 광역자치단체장 후보에 여성을 한 명도 공천하

지 않아 광역단체장 0명이라는 최악의 상황을 만들었다.

자료: 여성신문. 2018. 6. 18

미투운동이후 진행된 지방선거였음에도 성평등 의제가 이야기되는 장면도 보기 힘들었다. '페미니스트'를 선언한 대통령이 있는 집권 여당엔 '더불어남자당'이냐는 말이 돌 정도로 남성후보들로 가득했다. '페미니스트 시장'이 되겠다고 말했던 녹색당 신지예 서울시장 후보는 다수의 포스터와 현수막이 훼손되는 여성혐오 사건을 겪었다.

자료: 페미니스트 저널 일다. 2018. 6. 25

이번 2018년 6.13 지방선거의 특징은 남북 정상 간의 4·27선언과 북미 간의 싱가포르 회담 등의 영향으로 인한 한반도 비핵화와 평화에 대한 희망으로 좌우 이념 논쟁과 사상 검증이 통하지 않았고 지역주의가 다소 해소되었다. 남북정상회담과 북미정상회담이라는 이슈에 밀려 지방선거는 국민적 관심을 끌지 못했는데 결과는 더불어민주당의 압승으로 나타났다. 더불어민주당은 17개 광역자치단체장 14개(82.3%), 226개 기초자치단체장 151개(66.8%), 광역의회 지역구의원 737명 중 605명(82.2%), 기초의회 지역구의원 2,541명 중 1,400명(55.1%), 광역의회 비례대표의원 87명 중 47명(52%), 기초의회 비례대표의원 385명 중 238명(1.8%)를 차지하였다(김은주, 2018: 11).

또한 6.3 지방선거는 가부장적 권위 문화에서 성평등 문화로 변화를 염원하는 미투운동과 성평등 개헌의 목소리와 함께 전개된 선거였다(권향엽, 2018: 23). 특히 미투 정국하에서 실시되었던 이번 선거에 대한 여성계의 관심은 높았다. 불평등한 권력 관계의 해소를 위한 여성대표성의 확대라는 공감대가 조성되었으며 불평등한 권력 관계와 이에 따른 성차별을 해소하기 위해서는 여성의 정치적 대표성이 확대되어야 한다는 문제의식이 컸다. 이번 선거에서 페미니스트 시장을 표방하는 녹색당의 신지예 서울시장 후보는 선거운동에 새로운 바람을 불어넣었다. 그러나 남성중심적인 성별 불평등한 권력 구조에는 큰 변화가 일어나지 않았다. 더불어민주당의 압도적 승리의 결과는 여성과 공유되지 않았다. 정당의 승리가 여성의 승리와 연결되지 못했으며 여성의 과소대표성이라는 정치 지형을 바꾸는 계기는 되지 못했다. "제도정치, 여전한 '그'들만의 리그"(김은희, 2018), "성평등의 시대정신과 반대로 간 지방선거"(홍미영, 2018b)라는 지적이 있는 것도 이 때문이다. 좀 더 구체적으로 여기에서는 2018년 6.3 지방선거 결과를 여성 당선자 현황을 중심으로 살펴본다.

이번 7회 6·13 지방선거의 여성 당선자 현황을 보면 광역자치단체장 0명, 기초자치단체장 8명(3.5%), 광역의회의원 160명(19.4%), 기초의회의원 900명(30.8%)로 나타났다. 총 3,993명의 당선인 중 여성이 1,068명으로 26.8%를 차지하여 2014년 21.7%보다 증가하였다. 2014년 6회 지방선거 결과에 비하면 기초자치단체장은 9명에서 8명으로 1명이 줄어들었지만 광역의회의원은 5.1%p, 기초의회의원은 5.5%p가량 증가하였다.

〈표 7-1〉 2018 지방선거 여성 당선자 현황 (단위: 명, %)

구분		2018			2014		
		전체	여성	비율	전체	여성	비율
광역단체장		17	0	0%	17	0	0%
기초단체장		226	8	3.5%	225	9	4%
광역의원	지역구	737	98	13.3%	705	58	8.2%
	비례대표	87	62	71.3%	84	55	65.6%
광역의원 합계		824	160	19.4%	789	113	14.3%
기초의원	지역구	2,541	526	20.7%	2,519	369	14.6%
	비례대표	385	374	97.1%	379	363	95.8%
기초의원 합계		2,926	900	30.8%	2,898	732	25.3%
계		3,993	1,068	26.8%	3,929	854	21.7%

자료: 중앙선거관리위원회 선거통계시스템(http://info.nec.go.kr) 참조하여 작성함

여성당선자가 과거보다 늘었다는 점에서 여성의 정치적 대표성은 양적 측면에서 긍정적인 성과를 거두었다고 할 수 있다. 그러나 광역자치단체장은 모두 남성이었고(1995년 지방선거가 시작된 후 여성 광역단체장은 23년 동안 한 명도 나오지 않았다). 226명의 기초자치단체장 중 여성은 단 8명(3.5%) 밖에 되지 않았다. 여성당선과 관련한 자치단체장과 지방의회의 여성 대표성 간의 이러한 격차는 여성할당제의 유무와 밀접하게 연관되어 있다. 지방선거에서 여성할당제는 광역의회와 기초의회에만 적용되고 자치단체장 선거는 제외되었기 때문이다. 결국 이번 선거결과도 여성의 정치적 대표성 확대의 질적 측면에서는 큰 진전이 없다고 할 수 있다.

그러나 여성후보자 당선률을 살펴보면 2018년 지방선거 여성후보자들이 2014년 지방선거의 여성후보자들 보다 경쟁력이 더 높아졌다. 2018년 지방선거 결과는 다음과 같이 정리해 볼 수 있다(김은주, 2018: 21).

첫째, 여성대표성이 양적 측면에서는 점진적으로 증가하고 있지만 질적인 전환이 이루어지지는 않았다. 여성대표성의 증가가 지방의회 차원에서만 머물고 자치단체장 차원에서는 일어나지 않고 있다.

둘째, 여성 후보의 당선 경쟁력은 증가하고 있다. 여성의 과소대표성의 문제는 여성의 문제가 아니라 정당의 공천에 있음을 보여준다.

셋째, 정당의 성공이 여성 후보들의 성공으로는 이어지지 않았다는 점이다. 더불어민주당은 압승했지만 여성은 절반의 성공에 그쳤다. 이는 여성 후보의 낮은 공천율과 당선 가능성이 낮은 지역에 대한 공천에서 온다고 본다.

사상 최고의 대통령 지지율과 '1번만 달면 당선된다'는 생각 속에 진행되어 위기의식 없는 지방선거였으며 유권자 눈치 안 보는 공천을 진행하는 시·도당이 많았다. 지방자치 발전과 여성정치 확대 등 정당정치의 발전을 위한 공천보다는 2년 뒤 국회의원 선거에 도움 될 인맥을 만드는 공천이 횡행했다. 대체로 '나오면 붙는' 지역에서는 여성들이 공천과정에서 밀려났고 접전이나 패배가 확실시되는 지역에 시·도당은 여성 후보를 내었다. 조직과 인맥이 우세한 남성이 우선되고 결과는 '더불어남자당'이라는 비판을 받는 상황이 된 것이다(홍미영, 2018b: 75).

"여성계에서 숱하게 공문을 보내 기자회견을 열고 후보 당사자들의 목소리를 높여도 선수를 고르고 결정하는 그들은 여전히 지역 당협위를 중심으로 후보를 추천받는 실정이고 당협위는 향후 자신의 경쟁력을 담보할 선수를 고르는 데 집중하거나 과거 자신의 당선을 위해 헌신해 온 공로자들을 중심으로 선거 수개월 전부터 기초-광역-기초단체장 후보 판을 짜놓고 지방선거에 대비하고 있어서 여전히 여성들이 들이밀고 들어갈 자리는 부족하거나 아예 없었다. 이런 지경에 여성 후보를 적극 공천하라고 목소리를 높이는 여성계의 요구가 그들의 귀에 들어올 리가 없었다. 여성 후보들이 경쟁력이 없다는 게 그 이유다"(유순희, 2018: 63).

"이는 무척 우려스러운 상황이다. 미투운동과 함께 성평등을 요청하는 목소리가 여느 때보다 높은 지금, '페미니스트 대통령'이 되겠다고 선언한 정부가 있는 지금, 지방정치에서는 오히려 퇴행이 일어난 것이다. 성평등을 둘러싼 이슈는 지금 한국의 가장 뜨거운 사회적 전선 중 하나다. 그럼에도 기성 정당과 정치는 이 시대정신을 읽어내지 못하고 있다. 높은 당 지지율을 활용해 어느 때보다 많은 여성 후보를 내어 성평등 민주주의를 발전시킬 수 있는 기회였음에도 오히려 반대로 기존 남성중심 권력을 공고히 했다"(홍미영, 2018b: 75-76).

2) 기울어진 운동장: 공천과 경선

〈참고자료 7-2〉

후보 등록과 공천 과정에서의 문제점

늦었다. 이미 결정되었다. 다음 기회에 보자는 게 당협위를 둘러싼 지역
  관계자들의 반응
당협위원장 중심 주변 인물 우선시
동등한 참여의 기회조차 없는 선거
예비후보 등록 전 문턱 높은 당협위
후보의 능력과 자질과 무관
기초는 관대하게 열린 공천, 광역과 기초단체장은 은밀한 내실 공천
비정당인, 정치 신인들에게 더 높은 정당공천 진입 장벽 존재
여성공천 꺼리는 당협위, 양보없는 당협위원장들의 님비 현상

자료: 유순희(2018)

여성들의 경우 돈과 조직, 네트워크에 취약하다. 많은 여성들이 본선보다
경선이 더 어렵다고 하는 이유다. 실제로 이번 지방선거는 여성에게도 진보
정당에게도 어차피 기울어진 운동장에서 치러진 선거였다. 더불어 민주당은
압승을 예산했기에 본선보다 내부 경선이 더 어려운 선거였다. 여성정치인
의 경우 진보/보수를 떠나 남성연대가 공고한 현 상황에서 기성정당의 변화
를 일으키기가 쉽지 않았다(조선희, 2018). 더욱이 이전보다 공격적인 여성 혐오
를 보이기도 했다. 이는 소위 '헬조선'에 대한 분노를 약자인 여성에게 전하
는 행동이기도 하다. 특히 이러한 공격 속에서 여성전략공천의 의미가 훼손

되고 여성 후보를 공격하는 빌미가 되었다.

"많은 당원들이 여성전략공천은 특혜이며 불공정한 공천이라고 주장했다. '가산점' 제도는 실제 당락에 별다른 영향을 주지 않지만 막대한 무기처럼 부풀려지고 과대 평가된다. 이미 기울어진 운동장에서의 기계적 형식적 동등함은 결코 공정하지도 정의롭지도 않지만 당은 전략공천이나 가산점제도의 의의나 필요성을 제대로 설명하지 않고 여성 후보에게 가해지는 공격들을 방치했다"(홍미영, 2018b: 76).

"이미 지역에 깊숙이 뿌리박힌 남성 기득권 중심의 정치 네트워크에서 배제될 수 밖에 없는 여성 정치인들이 정당 안에서 경력과 자원을 쌓아갈 수 있도록 정당의 의지와 역할이 필수적임에도 불구하고 정당들은 '마땅한 여성 후보가 없다'는 구차하고 위선적인 변명으로 일관하였다"(한국여성단체연합, 2018).

3) 선거과정과 젠더

여성의 정치참여 확대를 위해서는 실제 정치참여를 희망하는 여성들이 존재해야 하고 이들이 후보로 나서고 선거를 통해 당선되는 과정을 거쳐야 한다. 이번 선거운동과정에서 정의당은 성평등선본을 운영하여 성평등한 선거 가이드 북 제작, 성평등한 선거운동을 위한 5대 수칙을 정해서 선본에 전달했지만(조선희, 2018) 여성후보자들은 남성중심의 정치문화 속에서 여러 가지 면에서 선거과정의 불이익을 경험한다.

"선거운동과정에서 힘들었던 것은 주민들을 만날 때 '실물이 더 예뻐요'라는 말들에 하고 싶은 말을 할 수 없었다는 것이다. 유권자들이 칭찬이라고 던져주는 말도 불편한데, 어떤 후보는 '이쁘니까 뽑아 주세요' 했단다(조선희, 2018).

선거에 집중할 수 없는 가사노동과 밤 8시 이후 선거운동을 위해 술집까지 방문해야 하는 여성후보자들은 한계를 느낀다(배주임, 2018). 또 많은 여성들이 여성을 호명함으로써 여성성의 긍정적 이미지를 가져오고자 한다. 이러한 젠더 전략은 여성의 전통적 이미지와 성고정 관념을 활용한다는 점에서 부정적인 시각이 있었지만 여전히 이러한 전략을 사용했다.

"'똑소리나게'라는 성별화된 표현을 현수막에 건 후보도 있었다. 정의당의 후보가 아니었지만 성별화된 선거 홍보가 없어졌으면 좋겠다"(조선희, 2018).

"제가 '우리 동네 유일한 여성 구의원 후보'라는 말을 굉장히 많이 했다는 겁니다. 거짓말은 아닙니다. 제 선거구 경쟁자 4명은 모두 남성이었습니다. 그런데 저는 여성 구의원 후보니 꼭 찍어달라는 말이 직접 말하면서도 너무 텅 비어있는 것 같아 괴로웠습니다. '어떤 여성'인지가 아니라 '여성'이기 때문에 찍어달라는 말은 박근혜가 여성이니 여성 대통령을 만들기 위해 찍어야 한다는 것과 같아 보였습니다. 나중에는 '화장실 바닥 청소해본 여자, 음식물 쓰레기 버려본 여자, 쓰레기 분리수거해본 여자' 등등 '어떤'에 들어가야 할 메시지를 넣긴 했지만 이것 역시 가사노동을 여성의 일로 보는 프레임을 강화시키는 메시지임을 잘 알고 있습니다"(곽승희, 2018).

이번에 개선된 한 가지가 비혼의 후보가 지정하는 한 사람이 명함 배포를 할 수 있는 것이었다. 가족이 없는 후보자에게는 불리한 제도였던 것이 그나마 한 가지 개선된 것이다(조선희, 2018).

3. 2018년 6·13 지방선거와 경남여성의 정치참여

1) 정당별 당선 현황

〈참고자료 7-3〉

지방선거 성적표 든 경남 여야 국회의원 희비 교차

자유한국당이 독차지하던 경남의 지방권력이 더불어민주당으로 크게 바뀌면서 경남 지역구 국회의원들이 희비가 엇갈린다. 6.13 지방선거에서 민주당은 '불모지'인 경남에서 지방권력 교체를 이뤘다. 도지사 선거승리에 이어 경남 18개 시군 중 7곳에서 단체장 선거에 이겼다. … 한국당이 절대다수를 차지하던 경남도의회도 민주당이 다수당이 됐다. 한국당 일색이던 시군의회 역시 마찬가지다. 1년 10개월 앞으로 다가온 21대 총선(2020년 4월)을 준비해야하는 국회의원들 희비가 교차하는 이유다. 경남 지역구 국회의원 16명 중 12명이 한국당 소속이다. 민주당이 약진한 이번 선거 결과로 한국당 의원들은 다음 총선 준비가 쉽지 않을 것이라는 분석이 나온다.

자료: 경남신문, 2018. 6. 17

경남의 경우 이번 2018년 6.13 지방선거의 투표율은 65.8%로 전국 평균 투표율 60.2% 보다 높았나. 지난 2014년 경남 투표율 59.8%보다도 6%p 높아진 것이며 전남(69.3%)과 제주(65.9%)에 이어 전국 3번째로 높아서 이번 선거에 대한 경남 유권자의 높은 관심을 보여주었다. 투표율은 상대적으로 군 지역이 대체적으로 높고 시 지역이 낮았다.

경남지역은 오랫동안 자유한국당 계열인 보수당이 선거에서 지배적인 위치를 차지했다. 그런데 2018년 6.13 지방선거 경남지역 당선자 정당분포를 살펴보면 자유한국당이 48.1%(164명)으로 가장 높지만 더불어민주당도 42.9%(146명)를 차지하고 있다. 더불어민주당 당선자 전국 평균 61.9%(2.167명), 자유한국당 29.8%(1,044명)와 비교해 보면 비율면에서 많은 차이가 나타나고 있지만 2014년 경남 지방선거에서 보수당인 새누리당이 71.2%의 압도적 지지를 받았던 것과 비교해 보면 큰 변화라 하겠다. "지방 정당정치 토대가 구축됐다"(경남신문, 2018. 6. 14), "'경남=보수' 지역주의 끊었다"(경남신문, 2018. 6. 14)라는 지적도 이와 같은 의미이다. 지방선거가 실시된 이후 경남지역은 늘 보수당 체제였지만 이번에 지방권력이 교체된 것이다.

특히 경남도지사가 더불어민주당 소속으로 과거와는 많이 변화를 보여준다. 보수 텃밭인 경남에서 '온전히 새로운 경남, 힘 있는 도지사'를 내세운 김경수 후보가 '경험 있는 도지사'로 맞불을 놓은 김태호 후보를 누른 것이다. 김경수 더불어민주당 후보의 당선은 '경남=보수정당'으로 연결되는 지역주의를 뛰어넘었다는 의미가 크다.

〈표 7-2〉 2014 지방선거 경남지역 정당별 당선자 수 　(단위: 명, %)

구분		계	새누리당	새정치 민주연합	통합 진보당	노동당	무소속
도지사		1	1(100.0%)				
시장·군수		18	14(77.7%)	1(5.6%)			3(16.7%)
광역의원	지역구	50	47(94%)			1(2%)	2(4%)
	비례대표	5	3(60%)	2(40%)			
기초의원	지역구	225	151(67%)	21(9.3%)	6(2.7%)	2(0.8%)	45(20%)
	비례대표	35	22(62.9%)	13(37.1%)			
전체		334	238(71.2%)	37(11%)	6(1.8%)	3(0.9%)	50(14.9%)

자료: 중앙선거관리위원회 선거통계시스템(http://info.nec.go.kr) 참조하여 작성함

구분		계	더불어 민주당	자유 한국당	민중당	정의당	무소속
도지사		1	1(100.0%)				
시장·군수		18	7(38.8%)	10(55.5%)			1(5.5%)
광역의원	지역구	52	31(59.6%)	19(36.5%)			2(3.8%)
	비례대표	6	3(50%)	2(33.3%)		1(16.6%)	
기초의원	지역구	228	89(39%)	113(49.5%)	1(0.4%)	2(0.8%)	23(10%)
	비례대표	36	15(41.6%)	20(55.5%)		1(2.7%)	
전체		341	146(43.1%)	164(48.5%)	1(0.3%)	4(1.1%)	26(7.7%)

자료: 중앙선거관리위원회 선거통계시스템(http://info.nec.go.kr) 참조하여 작성함

그런데 경남지역 후보자들의 정당별 득표율을 살펴보면 18개 시군 전역에서 여야를 엇갈려 기표하는 이른바 '교차투표' 현상이 나타났음을 보여준다. '전략적 투표', '분할투표'로도 불리는 이같은 유권자의 선택은 독식이 예상되는 더불어민주당 또는 자유한국당에 대한 견제 의미가 담겨있는 것으로 보인다. 가령 진주의 경우 도지사 선거에서 더불어민주당 김경수 후보(51.1%)가 자유한국당 김태호(44.5%) 후보를 이겼지만 기초단체장은 자유한국당 조규일 후보(52.1%)가 더불어민주당 갈상돈 후보(45.7%)를 이기고 당선된 것이다 (경남도민일보, 2018.6.21).

2) 성별 현황

경남지역의 경우 보수적인 문화 특성으로 여성들이 정치참여를 시도하기에는 힘든 실정이며 정치적, 사회적으로 중요한 영향력을 미치는 분야에 여

성의 진출이 저조한 편이다. 지방선거에서의 경남지역 여성의 정치참여 현황을 보면 이제까지 단체장 및 시·군의 장으로 여성이 선출된 바가 없으며 여성 국회의원도 없다. 광역의회의 경우 1-3대 까지는 여성의원이 전무했으며 할당제가 적용되기 시작한 2006년부터 여성의원의 비율은 광역의회의 경우 11.3%, 2010년에 16.7%, 2014년에 14.5%로 나타났다. 기초의회의 경우 여성의원의 비율은 2006년 13.5%에서 2010년 18.5%, 2014년 21.9%까지 꾸준히 증가했다. 전체적으로 비례대표 의원이 많은 편이나 지역구 의원의 비율도 늘고 있다. 지역구 여성의원의 경우 광역의원이 4.2%, 8.2%, 8%로 변화해 왔으며 기초의원의 경우는 0.9%, 7.1%, 9.7%로 계속 늘고 있다.

〈표 7-4〉 경남 여성의원 현황(광역의회)　　　　(단위: 명, %)

년도	구분	의원정수		
		계	지역구	비례
2006	전체	53	48	5
	여성	6(11.3%)	2(4.2%)	4(80%)
2010	전체	54	49	5
	여성	9(16.7%)	4(8.2%)	5(100%)
2014	전체	55	50	5
	여성	8(14.5%)	4(8%)	4(80%)
2018	전체	58	52	6
	여성	8(13.8%)	4(7.7%)	4(66%)

자료: 중앙선거관리위원회 선거통계시스템(http://info.nec.go.kr) 참조하여 작성함

〈표 7-5〉 경남 여성의원 현황(기초의회)　　　　(단위: 명, %)

년도	구분	의원정수		
		계	지역구	비례
2006	전체	259	226	33
	여성	35(13.5%)	2(0.9%)	33(100%)
2010	전체	259	226	33
	여성	48(18.5%)	16(7.1%)	32(97%)
2014	전체	260	225	35
	여성	57(21.9%)	22(9.7%)	35(100%)
2018	전체	264	228	36
	여성	68(25.8%)	34(15.1%)	34(94%)

자료: 중앙선거관리위원회 선거통계시스템(http://info.nec.go.kr) 참조하여 작성함

2018년 경남 지방선거 결과를 성별로 보면 우선 도지사 및 시·군 단체장 선거의 당선인 중에서 여성이 한 명도 없다. 전체 여성 당선자 수는 76명으로 광역의원은 58명 중에서 8명으로 13.8%, 기초의원은 264명 중에서 68명으로 25.8%를 차지한다. 이를 비례와 지역구로 나누어 살펴보면 광역 비례로 4명(66.6%), 기초 비례로 34명(94.4%)의 여성의원이 당선되었다. 지역구만 본다면 38명의 여성의원이 당선되었는데 광역의원은 7.7%(52명중 4명)으로 전체 평균 13.3% 보다 낮으며 기초 의원도 14.9%(228명중 34명)로 전체 평균 20.7%보다 낮다.

〈표 7-6〉 2018 지방선거 경남 당선자 성별 비율　　　(단위: 명, %)

구분		전체	남성	여성	여성비율(%)
도지사		1	1	0	0.0%
시장·군수		18	18	0	0.0%
광역의원	지역구	52	48	4	7.7%
	비례대표	6	2	4	66.6%
	계	58	50	8	13.8%
기초의원	지역구	228	194	34	14.9%
	비례대표	36	2	34	94.4%
	계	264	196	68	25.8%
전체		341	265	76	22.3%

자료: 중앙선거관리위원회 선거통계시스템(http://info.nec.go.kr) 참조하여 작성함

2018년 경남 지방선거 결과를 2014년도와 비교해 보면 여성 당선인 수는 2014년 65명에서 2018년 76명으로 11명이 늘어났다. 광역의회는 14.5%에서 13.8%로 약간 줄었고 기초의회는 21.9%에서 25.8%로 약간 늘었다. 전국과 비교해 보면 광역의회의 경우 전국 평균보다 계속 낮다가 2014년에 전국평균보다 약간 높아졌으나 2018년에 13.8%로 전국 평균 19.4% 보다

다시 낮아졌고 기초의원의 경우는 2018년 전국 평균이 30.8%인데 경남은 25.8%로 전국 평균보다 계속 낮다.

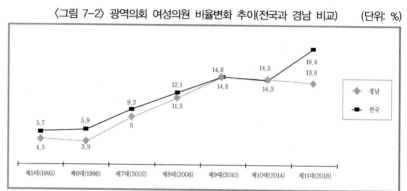

〈그림 7-2〉 광역의회 여성의원 비율변화 추이(전국과 경남 비교)　　(단위: %)

자료: 중앙선거관리위원회 선거통계시스템(http://info.nec.go.kr) 참조하여 작성함

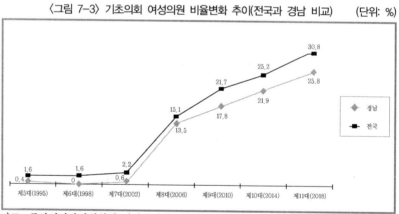

〈그림 7-3〉 기초의회 여성의원 비율변화 추이(전국과 경남 비교)　　(단위: %)

자료: 중앙선거관리위원회 선거통계시스템(http://info.nec.go.kr) 참조하여 작성함

3) 시군별 현황

여성 시군의원 당선인들은 대부분 여성, 출산, 보육, 교육, 저소득층 등에 초점을 맞춘 공약들을 내세우며 기초의회를 통해 생활정치 실현을 강조했는데(경남도민신문. 2018. 6. 18) 정당별로 보면 전체 여성당선인 76명 중에서 자유한국당이 36명(47.3 %), 더불어민주당이 35명(46 %), 정의당 2명(2.6 %), 무소속이 3명(3.9 %)이다.

〈표 7-7〉 2018 지방선거 경남지역 정당별 여성 당선자 현황 (단위: 명, %)

구분		계	더불어 민주당	자유 한국당	정의당	무소속
광역의원	지역구	4	3(75%)	1(25%)		
	비례대표	4	2(50%)	1(25%)	1(25%)	
	계	8	5(62.5%)	2(25%)	1(12.5%)	
기초의원	지역구	34	17(50%)	14(41.2%)		3(8.8%)
	비례대표	34	13(38.2%)	20(58.8%)	1(2.9%)	
	계	68	30(44.1%)	34(50%)	1(1.5%)	3(4.4%)
전체		76	35(46%)	36(47.3%)	2(2.6%)	3(3.9%)

자료: 중앙선거관리위원회 선거통계시스템(http://info.nec.go.kr) 참조하여 작성함

광역의회 여성 당선자는 비례 4명, 지역구 4명이다. 광역의원 지역구의 경우 여성후보자는 17명이었고 이중 4명이 당선되었는데 당선된 곳은 창원에서 3명, 거제에서 1명이다. 기초의원의 경우 비례 34명, 지역구 34명으로 68명의 여성의원이 당선되었다. 특히 진주시의회의 경우 2014년 지방선거에는 당선인 20명 중 여성당선인이 6명에 불과했지만 이번에는 총 당선인 중에서 절반에 가까운 9명의 여성당선인이 나왔다. 여성 당선인 비율을 시가 27%, 구이 21.9%를 나타내어 시가 상대적으로 높은 편이다. 구체적으로

보면 진주 42.8%, 사천 41.6%, 통영 38.4% 순으로 높으며 시 중에서는 밀양이 15.3%로 가장 낮다. 군의 경우에는 하동과 거창이 36.3%로 군 중에서는 높은 편이며 고성 9%, 남해, 함양이 각각 10%로 낮은 편이다.

〈표 7-8〉 2018 지방선거 경남 기초의회 여성 당선인 비율   (단위: 명, %)

	지역	전체	여성 당선인 수(비례)	여성 당선인 비율(%)
시	창원	44	9(4)	20.4%
	진주	21	9(3)	42.8%
	통영	13	5(2)	38.4%
	사천	12	5(2)	41.6%
	김해	23	5(2)	21.7%
	밀양	13	2(2)	15.3%
	거제	16	4(2)	25%
	양산	17	4(2)	23.5%
시 전체		159	43(19)	27%
군	고성	11	3(2)	27.3%
	의령	10	2(1)	20%
	함안	10	2(1)	20%
	창녕	11	3(2)	27.2%
	하동	11	4(2)	36.3%
	남해	10	1(1)	10%
	함양	10	1(1)	10%
	산청	10	2(1)	20%
	거창	11	4(2)	36.3%
	합천	11	3(2)	27.2%
군 전체		105	25(15)	21.9%
전체		264	68(34)	25.8%

자료: 각 시군 홈페이지 참조하여 작성함

기초의회의 경우 지역구만 살펴보면 여성후보자가 65명으로 전 지역에서 1명이상은 있었는데 이 중 34명이 당선되었다. 그러나 군지역인 남해, 밀양, 함양에는 여성 당선자가 전혀 없다.

구분		지역	여성후보자	여성당선인	당선률
출마지역	시 지역	창원	12	5	41.6%
		진주	19	6	31.5%
		김해	7	3	42.8%
		거제	5	2	40%
		양산	6	2	33.3%
		사천	4	3	75%
		통영	5	3	60%
		밀양	1		0%
	군 지역	남해	1		0%
		의령	1	1	100%
		하동	2	2	100%
		함안	2	1	50%
		거창	2	2	100%
		산청	2	1	50%
		고성	1	1	100%
		창녕	1	1	100%
		함양	1		0%
		합천	2	1	50%
합계			65	34	52.3%

4. 여성정치세력화의 방향과 과제

　한국의 정치는 학연과 지연이 강한 남성중심 문화가 강하다. 이러한 정치문화에서 여성정치인은 정치권에 진입하기가 무척 어려울 뿐 아니라 당선되는 여성정치인들도 '여성'의 목소리를 대변하기 보다는 기존 남성권력을 따라가게 된다. 지역위원장에게 '충성'을 보이거나 유력 계파에 편승해야 살아남고 공천을 받을 수 있기 때문에 소위 "오빠(힘있는 남성정치인)가 허락한 정치"(홍미영, 2018b: 76)가 되는 것이다. 그리고 이러한 정치문화 속에서는 여성이슈는 사소하고 주변적인 문제로 취급된다.

2018년 6.13 지방선거 과정을 살펴보면 공천과 경선 과정에서 계파 논리가 모든 판단의 우선이 되었으며. 여성 고위 정치인들도 그 눈치를 보는 상황에서 성평등한 공천보다는 계파논리에 따른 공천이 우선시 되었다. 당내 여성공천을 적극적으로 지원할 구심체가 미약했으며 정당들은 지역구 선거 후보공천에서도 여성 30%를 준수해야 하지만 이번에도 이를 어겼다. 특히 지방자치단체장 선거후보 공천의 경우 더불어민주당은 30% 공천 규정에서 제외하는 당헌을 두고 있는데 개정하지 않고 있다.

여성의 정치적 대표성이 소폭 증가하는 성과는 있었으나 기초의회에만 머물러 선거별 여성공천 확대를 위한 공천혁신과 여성의 정치적 대표성 확대를 위해 법, 제도의 개선이 필요하다. 기울어진 운동장을 없애기 위한 적극적 정책으로 광역단체장 여성할당제 실시를 고려해 볼 필요가 있다. '어차피 떨어질 곳=여성전략지역'이라는 꼼수를 부리지 말아야 할 것이며(조선희, 2018) 현재 여성가산점 제도를 실시하더라도 예산 통과가 힘든 만큼 가산점의 표본과 비율을 확대해야 한다.

> "연동형 비례대표제 도입, 비례대표 의석 수 확대 등 정치제도의 개혁이 이루어져야 한다. 또한 성평등한 정치를 위한 정당들의 적극적인 의지와 역할이 필수적이다. 특히 능력과 경험, 자원을 갖춘 여성 정치인들이 지속적으로 성장할 수 있는 구조를 정당 내에 만들어야 하며 여성 대표성 확대를 위한 최소한의 장치인 여성할당제를 엄격히 지켜야 한다"(한국여성단체연합, 2018).

세계적으로 여성의 동등한 권리를 찾기 위하여 남녀동수 정치참여의 바람이 불고 있으며 프랑스에서는 2000년 '남녀동수법'이라 불리는 빠리테법(La Parite)를 헌법안에 제정함으로써 여성할당제를 도입하였다. 우리보다도 보수적인 일본에서도 2018년 5월 16일 일본 참의원 본회의에서 국회의원과 지방의회의원 선출 선거에서 남녀후보자 수를 '최대한 균등'하게 할 것을 정당에 촉구하는 '정치분야에서의 남녀공동참여 추진에 관한 법률안'이 만장일치로 가결되어 성립되었다.

경남지역 여성 정치참여의 흐름을 통해서 여성의 정치세력화를 위한 함의를 살펴보면 제도적인 면에서 비례대표, 여성우대공천, 정치할당제, 정당공천제, 중선거구제 등이 경남지역에도 여성의 정치참여 확대를 가져오는 효과가 있었다(이혜숙, 2016: 27). 그러나 여전히 경남은 여성의원의 비율이 전국평균보다 낮은 편이다. 2018년 지방선거 결과도 광역의원이 13.8%, 기초의원이 25.8%로 전국평균 광역의원 19.4%, 기초의원 30.8% 보다 낮다. 다만 이번 2018년 지방선거결과 지역주의에 기반한 보수적인 특정 정당의 지배에 균열이 생겼음을 알 수 있다. 전통적인 보수당 계열이 아닌 정당 소속의 도지사가 당선되었고 '최연소·여성·민주계' 경남도의회 의장이 탄생한 것도 향후 정당지지도와 관련한 경남의 방향과 관련하여 새로운 출발을 기대해 볼 수 있게 한다.

〈참고자료 7-4〉

'최연소·여성·민주계' 3관왕 된 김지수 경남도의회

경상도는 굉장히 보수적인 지역 중 한 곳이잖아요, 이런 곳에서 기존 고정 관념을 깼다는 데 대해 매우 고무적이에요. 시켜봤더니 잘 하더라 라는 의장으로 기억되고 싶어요, 무엇보다도 권위적이지 않은 수평적인 리더십을 보여주고 싶어요, 또 활발한 토론과 의견교환이 이뤄졌으면 좋겠고 도민들에게도 문을 열어 열린 의정을 만들고 싶어요

자료 : 약사공론, 2018. 7. 23

경남지역을 중심으로 여성의 정치세력화의 전망과 과제는 다음과 같다.

첫째, 여성후보 발굴과 여성후보 양성이다. 이번 지방선거에서 경남지역은 광역단체장에서 여성후보자가 없었으며 기초단체장에서도 2명뿐이었다. 지역구의 경우만 본다면 여성후보자는 광역의회가 17명, 기초의회가 65명으로 후보자 비율 자체가 낮으며 시군별 지역차가 있다. 지방자치가 실시된 지 20년이 넘어가므로 이제 단체장에서도 여성후보자 발굴과 양성이 필요하고 광역의원 뿐 아니라 그동안 여성의원이 전혀 없거나 적었던 군 지역에서도 여성후보자가 발굴되고 양성될 수 있도록 해야 한다. 지역구만 살펴보면 경남은 광역의회 여성후보자가 12.1%, 기초의회가 12.8%로 전국 평균 광역의회 14.5%, 기초의회 18.7% 보다 낮은 편이다. 따라서 당선자 비율도 경남 광역의원이 7.7%, 기초의원이 14.9%로 전국 평균 13.3%, 기초의원 20.7%에 비해 낮다(김은주. 2018: 19). 지방정부와 정당, 여성단체 등 다양한 수준에서 여성정치교육을 지속적으로 실시하고 일상 속에서 생활정치를 이끌어 왔던 여성들의 경험이 지방정치에서 반영될 수 있도록 해야 한다.

둘째, 선거과정에서 남성후보에 비해 조직이나 지지기반 등 정치적 자원이 부족한 여성후보의 경쟁력을 키우면서 여성후보 지원과 적절한 홍보전략이 필요하다. 선거과정에서의 여성후보 지원과 관련하여서는 여성운동단체의 입장에서 정당 소속 후보자와 어떤 거리를 유지할 것인가, 어떤 식으로 연대가 가능할지가 간단하지는 않다. 여성단체들이 정당 소속의 특정 후보를 지지하기는 힘들다 하더라도 후보자들의 공약이나 의정활동, 개인적 능력과 자질을 검증할 수 있는 다양한 공론의 장을 만들어서 여성후보자에 대한 유권자 관심을 높이고 좋은 후보를 당선시킬 수 있도록 해야 할 것이다.

셋째, 여성의원들에 대한 역량강화를 통해 여성정치인의 전문성 확보와 정치역량 수준을 높여야 한다. 몇 차례 지방선거를 치르면서 비례대표의 경험 등으로 의원경력이 있는 여성후보자가 존재하며 이들은 정치참여의 지속을 원하고 있다. 실제로 여성들의 의정활동 경험은 당선에도 크게 영향을 미친다고 볼 수 있으므로 평상시에 활발한 의정활동을 홍보하고 선거 국면에서 적절한 홍보전략이 필요하다. 여성단체에서는 여성의원들의 활발한 의정활동을 지역사회에 알리고 지방정부와 정당에서도 이들에 대한 역량 강화 프로그램이 필요하다. 특히 이번 선거의 경우 처음으로 정치권에 진입한 초선의원도 꽤 있으므로 의원들에 대한 다양한 지원을 통해 이들의 정치경력이 단절되지 않고 지속될 수 있도록 해야 한다.

넷째, 지역 수준에서 여성의 정치세력화에 주된 관심을 두는 여성운동단체나 여성정치인네트워크의 활동이 중요하다. 2018년 1월 15일부터 경남여성정치포럼이 경남 지역에 조직되어서 활동하고 있는데 지속적인 활동을 통해 지역의 생활정치를 통해 구축해 온 사회적 네트워크를 활성화시키고 후보발굴과 공천부터 당선이후의 활동까지 지원해 줄 수 있는 정치적 기반으로 유지하고 정치활동 경험을 나눌 수 있는 연대활동 등을 발전시켜야 한다. 지방정치나 선거참여 경험을 공유하면서 일상적으로 정치에 대한 여성의 관심과 참여를 높이는 방안, 여성유권자의 투표참여 증대방안, 지역사회에서의 여성의제 및 다양한 생활의제 발굴 등을 모색해야 한다. 전통적으로 경남 지역의 경우 지역주의에 기반한 정당선호가 강한데 지역주의보다는 생활정치와 주민자치의 실현이라는 지방자치 원래의 취지를 살릴 수 있도록 해야 하며 지방정치에서 여성의 정치참여 확대를 통해 이진과는 다른 새로운 모습을 보여주어야 한다.

제8장
지방선거 여성지원 선거법·제도가 여성대표성에 미친 영향과 향후 과제

김원홍(상지대학교 교양대학 초빙교수)

1. 서론

2017년 세계경제포럼이 발표한 성격차지수(GGI, Gender Gap Index)에서도 한국은 조사대상 144개국 중 118위였으며, 그 중 정치 분야는 90위에 머물렀다. 성격차지수를 획기적으로 올리는 가장 좋은 방법은 '정치적 권한'에서의 지위 향상이다. 20대 총선 후 2018년 3월 현재 여성 국회의원 비율은 17%(51명)로 19대 총선의 15.7%(47명)에 비하여 다소 나아지기는 하였으나, 아직 여성의 대표성 확대를 위한 법적·제도적 개선을 위한 과제가 많이 있다. 2018년 6·13지방선거 결과 광역자치단체장 0%(0명), 기초자치단체장 3.54%(8명), 광역의회의원 19.42%(160명), 기초의회의원 30.76%(900명)으로 지난 지방선거에 비해 광역자치단체장의 경우 마찬가지로 0%, 기초자치단체장의 경우 4.6%(1명) 포인트 하락, 광역의회 여성의원의 경우 5.12%(47명) 포인트 증가, 기초의회 여성의원의 경우 5.23%(168명) 포인트 증가를 보여 지방의회에 있어 여성의 정치참여는 발전하는 모습을 볼 수 있었다. 그러나 지방자치단체장의 경우 광역자치단체장의 경우 0%로서의 현상유지를, 기초자치단체장은 지난 지방선거에 비해 퇴보하는 현상을 보이고 있었다. 우리는 현재 지방분권화를 준비하는 상황에서 그리고 50%에 달하는 여성유권자의 현실을 놓고 볼 때, 지방정치에 있어 여성대표성을 목표로 한 남녀동수를 추구하기에는 아직 요원한 실정이다. 향후 지방선거에서 남녀동수 시대를 맞이하기 위해서는 여성의 대표성과 관련한 법적·제도적 개선과 함께 다양한 지원 정책적 노력이 요구된다. 이미 유럽이나 아프리카 등 전 세계국가 중 여성의 정치적 대표성을 보장하는 것이 여성발전 뿐 아니라 전체 사회의 민주적 발전에 기여할 것이라는 인식 하에 선거제도와 정치관계법에 이를 보장한 나라가 많다. 우리나라도 이제 지방화 시대를 맞아 지역차원에서 모든 정책이 성 주류화를 위하여 기본적으로 여성 정책 지향적 마인드를 가진 여성의원과 지방자치단체장 수가 증가하고, 정치인을 대상으로 한 성인지 교육의 강화가 이루어져야 할 것이다.

이와 관련하여 이 글에서는 여성의 대표성을 중심으로 한 지방선거의 역사와 동향을 살펴보는 가운데 먼저 역대 지방선거에서의 여성의 대표성 관련 선거법·제도를 살펴보고, 이러한 선거법과 제도의 변화가 지방선거 여성 대표성에 미친 영향을 살펴보고, 향후 과제를 제시하고자 한다.

2. 역대 지방선거에서의 여성의 대표성 관련 선거법·제도 [1]

여성의 정치참여 확대를 위해서 무엇보다도 선행되어야 할 과제로 제도적 개선을 꼽을 수 있을 것이다. 여성의 정치적 대표성 문제는 여성의 사회참여 확대와 관련하여 가장 중요하게 부각되는 문제임을 직시하면 이를 뒷받침해주는 선거제도의 변화가 여성의 정치적 대표성에 어떤 영향을 미치는가를 분석하는 일이야말로 여성의 정치참여 확대를 위한 논의의 출발점이라 할 수 있겠다. 1991년 지방선거가 재개된 이후 여성대표성과 관련하여 발전되어온 선거제도의 주요 골자는 다음과 같다. 여기서 지방선거 제도의 경우 국회의원 선거제도와 연동되어 있어 같이 살펴보도록 하겠다.

1) 여성공천할당제

여성공천할당제는 2000년 정당법 개정을 통해 국회 및 광역의회 비례대표에 먼저 도입되었다. 정당법 제31조 제4항은 "정당은 비례대표 선거구 국회의원 선거후보자와 비례대표 선거구 시도의회의원 선거후보자 중 100분의 30 이상을 여성으로 추천하여야 한다."라고 규정하였다. 이 때 도입된 국회 및 광역의회 비례대표 여성 할당제는 강제이행조치가 부재한 단순 의무화 규정으로 단지 선언적 의미만 가졌다.

비례대표 여성 할당제는 국회의원 선거의 경우에는 2004년 정당법과 공직선거법의 개정으로 30%에서 50%로 여성추천 비율이 확대되었고 비례대

---

1 보다 구체적인 내용은 김원홍·김복태·김혜영·전선영·김은주(2015)를 참조

표 여성후보 공천 시 홀수번호를 부여하는 남녀교호순번제는 2005년 공직 선거법의 개정으로 도입되었다. 반면 지방의회의원 선거의 경우 2002년 정당법 제31조를 개정하여 "정당은 비례대표선거구 시·도의회의원 선거후보자 중 100분의 50 이상을 여성으로 추천하되, 비례대표선거구 시·도의회의원 선거후보자명부 순위에 따라 2인마다 여성 1인이 포함되도록 하여야 한다".고 하여 광역의회 비례대표 여성추천 비율을 30%에서 50%로 확대하였고 비례대표 후보 2인마다 여성 1인을 추천하도록 하였다. 또한 공직선거법 52조의 개정을 통해 이를 위반 시 등록을 무효화하도록 하는 강제이행 조치를 도입하였다. 또한 2005년 공직선거법의 개정을 통해 기초의회 비례대표가 신설되면서 기초의회 비례대표에도 50% 여성 할당 및 홀수번호 부여를 도입하였다. 2006년 공직선거법 개정을 통해 비례대표 50% 여성 할당과 남녀교호순번제를 위반할 경우에 대한 수리불허 및 등록무효 대상을 광역의회만이 아니라 기초의회에도 적용되도록 확대하였다.

현재 비례대표 여성공천할당제는 국회의원 선거와 지방의회의원 선거에 다르게 규정되어 있다. 국회의원 선거에서는 50% 여성 할당 및 교호순번제가 단순의무화로 강제이행 장치가 부재하다. 따라서 정당의 규모와 관계없이 50% 여성 할당과 남녀교호순번제를 제대로 준수하고 있지 않은 실정이다. 반면 지방의회의원선거 비례대표 여성 할당과 남녀교호순번제는 강제이행 규정을 갖고 있다. 남녀교호순번 도입에 있어서도 광역의회비례대표의 경우에는 처음엔 2인마다 여성 1인으로 추천하도록 하였으나 국회의원 비례대표의 여성후보 순번 결정은 정당에게 자율성을 주었다. 2005년 공직선거법 개정을 통해 국회의원선거 및 지방의회의원 선거 비례대표 모두에게 홀수번호 부여를 명문화하였다.

〈표 8-1〉 여성공천할당제관련 법조항의 변화

시기	관련조항	핵심내용	적용선거
2000. 2.16	• 정당법 제31조	- 국회 및 광역의회 비례대표 30% 여성추천의무화	2000년 총선
2002. 3.7	• 정당법 제31조 • 공직선거법 제47조 제52조	- 광역의회 비례대표 50%와 2인 중 1인 여성추천도입 - 광역의회 지역구 30% 추천권고 광역의회비례대표50% 및 2인 중 1인 여성추천 위반 시 등록무효	2002년 지방선거
2004. 3.12	• 정당법제31조 • 공직선거법 제47조	- 국회 비례대표 여성추천 50%로 확대 - 국회 지역구선거 30% 여성 할당 권고	2004년 총선
2005. 8.4	• 공직선거법 제47조 제49조 제52조	국회비례대표 홀수번호 부여 - 기초의회비례대표제 도입 - 기초의회비례대표 50% 여성 할당 및 홀수번호 부여 - 지역구 국회의원선거와 지역구 지방 의회의원선거 30% 여성 할당 권고 - 기초의회 중선거구제 도입	2006년 지방선거
2006. 10.4	• 공직선거법 제47조 제52조	- 비례대표50%여성 할당 및 홀수번로 부여 위반 시 수리불허 및 등록무효대상을 광역의회 및 기초의회로 확대	2006년
2010. 3.12	• 공직선거법 제47조 제52조	- 지방선거에서 국회의원 지역구마다 1명이상을 여성으로 추천하며 이를 위반 시 등록무효로 함(군지역제외). 단 후보총수가 의원정수 50%미만인 경우는 제외	2010년 지방선거

자료: 국가법령정보센터

지역구 여성공천할당제는 비례대표 여성공천할당제 보다 늦게 도입되었다. 국회의원 선거의 경우, 지역구 여성 할당제는 2004년에 도입되었다. 공직선거법 제47조 ④항에 "정당이 임기만료에 따른 지역구 국회의원 선거 및 지역구 지방의회의원 선거에 후보자를 추천하는 때에는 각각 전국 지역구 총수의 100분의 30 이상을 여성으로 추천하도록 노력하여야 한다".고 규정하여 노력 사항으로 도입되었다. 반면 지방의회 선거의 경우 2002년 정당법 개정으로 광역의회 지역구 30% 여성 할당제가 도입되었고 2005년 기초의회 지역구 선거에도 30% 여성 할당이 도입되었다. 2010년에는 공직선거법 개정을 통해 지방선거 지역구 여성공천할당제의 실효성을 높이기 위해 공직선거법 제47조 5항을 신설하여 "당이 임기만료에 따른 지역구 지방의회의원 선거에 후보자를 추천하는 때에는 지역구 시·도의원 선거 또는 지역구 자치구·시·군 의원 선거 중 어느 하나의 선거에 국회의원 지역구(군 지역을 제외하며, 자치구의 일부지역이 다른 자치구 또는 군지역과 합하여 하나의 국회의원 지역구로 된 경우에는 그 자치구의 일부지역도 제외한다)마다 1명 이상을 여성으로 추천하여야 한다."고 규정하였다. 또한 제47조 제5항의 위반 시 "해당 국회의원 지역구의 지역구 시·도의원후보자 및 지역구 자치구·시·군의원후보자의 등록은 모두 무효로 한다".[2]고 규정하여 강제이행토록 하였다.

앞서 본 바와 같이 지역구 30% 여성공천할당제는 국회나 지방의회 모두 정당의 노력사항으로 규정하여 강제력이 없다. 특히 국회 지역구 여성 할당제는 지방선거보다 더 취약하다. 지방선거 30% 여성 할당제는 2010년 공직선거법 47조 5항의 신설과 52조의 개정을 통해 국회의원 선거구당 1인 이상의 여성의무공천 및 강제이행조치 조항 등을 신설하는 등 실효성을 점진적

---

2 다만, 제47조 제5항에 따라 여성후보자를 추천하여야 하는 지역에서 해당 정당이 추천한 지역구시·도의원후보자의 수와 지역구자치구·시·군의원후보자의 수를 합한 수가 그 지역구 시·도의원 정수와 지역구자치구·시·군의원 정수를 합한 수의 100분의 50에 해당하는 수(1 미만의 단수는 1로 본다)에 미달하는 경우와 그 여성후보자의 등록이 무효로 된 경우에는 그러하지 아니하다. 〈신설 2010.3.12.〉

으로 강화하고 있는데 반해 국회의원 선거의 지역구 여성 할당제는 도입 이후 지난 10년 동안 단 한 번의 개정도 이루어지지 않았다.

2) 여성정치발전기금

여성정치발전기금은 정당 내에서 목적의식적으로 여성 정치 인력을 발굴하고 양성하는 작업을 일상적으로 수행할 수 있도록 마련한 것으로 2004년 정치자금법에 도입되었다. 2004년 3월 국회정치개혁특별위원회는 정당의 국고보조금 중 10%를 여성정치발전을 목적으로 사용해야 한다는 국회정치개혁특별위원회의 자문기관의 범개혁 위원회 안을 받아들여 이를 정치자금법에 명시하고 또 이를 위반 시 용도를 위반한 금액의 2배를 감액하도록 하는 조항까지 마련함으로써 의무적으로 집행해야 하는 강제장치가 마련되었다(홍미영, 2004: 6).

〈표 8-2〉 여성정치발전기금 관련 법조항

시기	관련조항	핵심내용
2004. 3.12	• 정치자금법 제19조	– ② 제18조의 규정에 의하여 보조금을 지급받는 정당은 지급받은 제17조 제1항의 규정에 의한 보조금 총액의 .... 100분의 10은 여성정치발전을 위하여 사용하여야 한다.
	• 정치자금법 제20조	– 3. 제19조제2항의 규정에 의한 용도외의 용도로 사용한 경우에는 그 용도를 위반하여 사용한 보조금의 2배에 상당하는 금액을 감액

자료: 국가법령정보센터

그러나 현재 정치자금법상 국고보조금 10%를 여성정치 발전에 사용하여야 한다는 조항만 있을 뿐 자세한 규정이나 지침이 마련되어있지 않아 기금의 목적에 맞지 않게 집행되는 경우가 적지 않다. 명확한 지침의 부재는 기금의 효율적인 집행을 지연시키고 있다. 특히 정당의 여성조직 운영 인건비도 여성정치발전기금에서 집행되고 있다는 것은 가장 큰 문제점으로 지적될 수 있다. 2008년 중앙선거관리위원회는 한나라당 여성위원회의 질의에 대하여 중앙당 여성국 및 시·도당 여성팀 등 여성정치 발전에 필요한 활동을 기획·집행하는 부서를 둔 경우 그 유급사무직원 인건비를 경상보조금에서 지급하는 것은 「정치자금법」 제28조 제2항에 따라 여성정치발전을 위하여 경상보조금을 사용할 수 있다하여 대부분의 정당들이 여성정치발전비에서 정당의 여성조직 인건비로 사용하고 있다. 따라서 여성정치발전기금의 용도는 여성의 정치참여 확대를 위한 방향으로 당초의 목적대로 사용하도록 세부지침 및 규칙을 만들어야 한다. 현재 정당에 주는 전체 국고보조금의 용도로는 첫째, 선거비용(공직선거법 제119조(선거비용 등의 정의)의 선거비용에 해당하는 비용), 둘째, 선거비용 외 정치자금으로 1) 기본경비의 경우 ① 인건비(사무직원에 대한 봉급·수당·여비·활동비·격려금, 일반사무관계에 소요되는 여비, 그 밖의 인건비), ② 사무소 설치비용, 2) 정치활동비의 경우 ① 정책개발비, ② 조직활동비, ③ 여성정치발전비, ④ 지원금 ⑤ 그 밖의 경비 등으로 사용할 수 있도록 되어 있다. 따라서 정당 내 여성조직의 사무직원에 대한 인건비는 당초 전체 국고보조금 인건비에서 지출되어야 할 것이다. 여성정치발전기금은 여직원 인건비의 사용보다는 여성의 정치참여 확대를 위한 ① 정책개발비(여성정책 공모 및 연구용역, 성별 분리 당직자 통계 개발 등), ② 여성후보 육성경비, ③ 차세대 여성후보 육성경비(인턴제 운영 및 여대생 장학금 지급 등), ④ 남녀정치인 양성평등의식 교육, ⑤ 여성후보 지역활동 경비로 사용할 수 있도록 해야 한다(여성신문, 2016. 10. 17).

3) 공직후보자 여성추천보조금

공직후보자 여성추천보조금 제도는 여성 정치참여 확대 방안의 일환으로 2002년 지방선거를 앞두고 광역의회 여성후보자들을 위한 선거운동비용을 지원하기 위해 도입되었다. 2002년에 개정된 정치자금법 제17조의 2에 따르면 최근 실시한 국회의원 총선거의 선거권자 총수에 100원을 곱한 금액을 공직후보자 여성추천보조금으로 조성하여, 임기만료로 인한 시·도의회의원 선거가 있는 연도 예산에 계상하여 30% 이상을 여성후보로 추천한 정당에게는 여성추천보조금의 50%를 지급 당시의 정당별 국회의석수의 비율에 따라 배분하고 잔여분은 최근 실시한 국회의원 총선거의 득표율의 비율에 따라 배분하도록 하였다. 여성추천보조금은 여성후보자의 선거경비 용도로만 사용되며, 만약 위반 시 용도를 위반한 보조금의 2배에 상당하는 금액을 감액하여 지급하도록 제재조치를 두고 있다.

〈표 8-3〉 공직후보자 여성추천보조금 관련 법조항

시기	관련조항	핵심내용
2002. 3.7	• 정치자금법 제17조의2 (공직후보자 여성추천 보조금)	① 국가는 정당법 제31조제6항의 규정에 의한 보조금으로 최근 실시한 국회의원총선거의 선거권자 총수에 100원을 곱한 금액을 임기만료로 인한 시·도의회의원선거가 있는 연도 예산에 계상한다. ② 임기만료에 의한 지역구시·도의회의원선거후보자중 100분의 30 이상을 여성으로 추천한 정당에 대하여 공직후보자 여성추천보조금 총액의 100분의 50은 지급 당시 정당별 국회의석수의 비율에 따라, 그 잔여분은 최근 실시한 국회의원총선거의 득표율의 비율에 따라 배분·지급한다. ③ 제1항 및 제2항의 규정에 의한 보조금은 임기만료로 인한 지역구시·도의회의원 선거의 선거일 후 1월 이내에 지급한다.

시기	관련조항	핵심내용
2004. 3.12	• 정치자금법 제17조의2	① 국가는 정당법 제31조(공직선거후보자의 추천)제6항의 규정에 의한 보조금으로 최근 실시한 국회의원총선거의 선거권자 총수에 100원을 곱한 금액을 임기만료에 의한 국회의원선거 또는 시·도의회의원선거가 있는 연도 예산에 계상하여야 한다. ② 임기만료에 의한 지역구국회의원선거 및 지역구시·도의회의원선거의 전국지역구총수의 100분의 30 이상을 여성으로 추천한 정당에 대하여 제1항의 규정에 의한 공직후보자 여성추천보조금 총액의 100분의 50은 지급 당시 정당별 국회의석수의 비율에 따라, 그 잔여분은 최근 실시한 임기만료에 의한 국회의원선거에서의 득표수의 비율(비례대표전국선거구 및 지역구에서 당해 정당이 득표한 득표수 비율의 평균을 말한다. 이하 "국회의원선거의 득표수 비율"이라 한다)에 따라 배분·지급한다. ③ 제1항 및 제2항의 규정에 의한 보조금은 임기만료에 의한 지역구국회의원선거 또는 지역구시·도의회의원 선거의 선거일 후 1월 이내에 지급한다.
2005. 8.4	• 정치자금법 제28조3항	③ 정당은 소속 당원인 공직선거의 후보자·예비후보자에게 보조금을 지원할 수 있으며, 여성추천보조금은 제1항의 규정에 불구하고 여성후보자의 선거경비로 사용하여야 한다.
2006. 4.28	• 정치자금법 제26조 (공직후보자 여성추천 보조금)	① 국가는 임기만료에 의한 지역구국회의원선거, 지역구시·도의회의원선거 및 지역구자치구·시·군의회의원선거에서 여성후보자를 추천하는 정당에 지급하기 위한 보조금(이하 "여성추천보조금"이라 한다)으로 최근 실시한 임기만료에 의한 국회의원선거의 선거권자 총수에 100원을 곱한 금액을 임기만료에 의한 국회의원선거, 시·도의회의원선거 또는 자치구·시·군의회의원선거가 있는 연도의 예산에 계상하여야 한다. ② 여성추천보조금은 제1항의 규정에 의한 선거에서 여성후보자를 추천한 정당에 대하여 다음 각 호의 기준에 따라 배분·지급한다. 이 경우 지역구시·도의회의원선거와 지역구자치구·시·군의회의원선거에서의 여성추천보조금은 제1항의 규정에 의하여 당해연도의 예산에 계상된 여성추천보조금의 100분의 50을 각 선거의 여성추천보조금 총액으로 한다.

시기	관련조항	핵심내용
		1. 여성후보자를 전국지역구총수의 100분의 30이상 추천한 정당이 있는 경우 여성추천보조금 총액의 100분의 50은 지급 당시 정당별 국회의석수의 비율에 따라, 그 잔여분은 최근 실시한 임기만료에 의한 국회의원선거에서의 득표수의 비율(비례대표전국선거구 및 지역구에서 당해 정당이 득표한 득표수 비율의 평균을 말한다. 이하 "국회의원선거의 득표수 비율"이라 한다)에 따라 배분·지급한다.
		2. 여성후보자를 전국지역구총수의 100분의 30이상 추천한 정당이 없는 경우
		가. 여성후보자를 전국지역구총수의 100분의 15이상 100분의 30미만을 추천한 정당여성추천보조금 총액의 100분의 50을 제1호의 기준에 따라 배분·지급한다.
		나. 여성후보자를 전국지역구총수의 100분의 5이상 100분의 15미만을 추천한 정당여성추천보조금 총액의 100분의 30을 제1호의 기준에 따라 배분·지급한다. 이 경우 하나의 정당에 배분되는 여성추천보조금은 가목에 의하여 각 정당에 배분되는 여성추천보조금 중 최소액을 초과할 수 없다.
		③ 여성추천보조금은 임기만료에 의한 지역구국회의원선거, 지역구시·도의회의원선거 또는 지역구자치구·시·군의회의원선거의 후보자등록마감일 후 2일 이내에 정당에 지급한다.
	• 정치자금법 제29조 (보조금의 감액)	4. 제28조제3항의 규정에 의한 여성추천보조금의 용도 외의 용도로 사용한 경우에는 용도를 위반한 보조금의 2배에 상당하는 금액

자료: 국가법령정보센터

〈표 II-3〉에서 보는 바와 같이 공직후보자 여성추천보조금은 정치자금법 개정을 통해 2004년에는 국회의원선거, 2006년에는 시·군·구의회의원선거에도 확대 적용되었다. 공직후보자 여성추천보조금 지급대상에 있어서 2002년과 2004년의 정치자금법에서는 지역구 국회의원과 지역구 광역의회 의원의 30% 이상을 여성으로 추천한 정당에게만 지급하도록 하였으나

2006년 정치자금법의 개정을 통해서는 지역구 국회의원, 지역구 광역의회의원, 지역구 기초의회의원 등의 선거에서 여성후보를 30% 이상 추천하지 못한 정당들도 여성후보추천보조금을 받게 되었다. 여성후보를 5% 이상~30% 미만을 추천한 정당에게도 여성추천 보조금이 지급되었다. 단 5% 미만인 정당은 지급대상에서 제외하였다.

따라서 공직후보자 여성추천보조금제도가 도입된 2002년부터 2006년 4월 28일 이전에 실시된 선거에서는 지역구 총수의 30% 이상의 여성을 추천한 정당만이 지급대상이 되었기 때문에 이 사이에 실시되었던 2004년 제17대 국회의원선거에서는 한 정당도 여성추천보조금을 지급받지 못하였지만, 2006년 지방선거에서는 개정된 정치자금법이 적용되어 여성추천보조금이 처음으로 지급되었다.

〈표 8-4〉 공직후보자 여성추천보조금 배분방식

구분	총지급액		배분방식
지역구총수의30% 이상 추천 정당이 있는 경우	총액 지급		50%: 정당별 국회의석수 비율에 따라 배분 50%: 득표수[3]비율에 따라 배분
지역구총수의 30% 이상 추천 정당이 없는 경우	지역구총수의 15%이상 30%미만을 추천한 정당	총액의 50% 지급	위와 같음
	지역구총수의 5%이상 15%미만을 추천한 정당	총액의 30%지급	위와 같음

자료: 국회입법조사처(2013: 184)

---

[3] 득표수비율은 직전 국회의원선거의 비례대표 및 지역구 득표수비율의 평균을 말함

현행 공직후보자 여성추천보조금의 배분방식을 보면 지역구 총수의 30% 이상의 여성을 추천한 정당이 있는 경우에는 여성추천보조금 총액을 50%는 지급 당시 정당별 의석수 비율에 따라 배분하고 50%는 직전 국회의원 선거의 비례대표 및 지역구 득표수 비율의 평균에 따라 배분한다. 그리고 지역구 총수의 30% 이상의 여성을 추천한 정당이 없는 경우에는 15%에서 30% 미만의 여성을 추천한 정당에게는 총액의 50%를 위와 같은 방식으로 배분하고 5% 이상~15% 미만의 여성을 추천한 정당에게는 총액의 30%를 위와 같은 방식으로 배분한다.

3. 여성의 대표성 관련 선거법·제도가 지방선거 여성대표성에 미친 영향

지방선거에서의 여성대표성 현황을 살펴보면 다음과 같다. 즉, 2018년 제7회 전국동시지방선거 결과, 총 4,015명의 당선인 중 여성은 1,070명으로 26.65%를 차지하였다. 구체적인 여성당선인 현황은 기초자치단체장 8명(3.54%), 광역의회의원 160명(19.42%), 기초의회의원 900명(30.76%)이다. 이는 2014년 지방선거 결과에 비하면, 당선자수가 214명(교육감과 교육의원 선거 결과는 배제함) 증가하였고 비율도 5.05% 포인트 증가하였다는 점에서 여성의 정치적 대표성 확대의 양적 측면에서 긍정적인 현상으로 볼 수 있다. 교육감의 경우 2014년 선거에서 0명의 교육감을 배출했던 데 비해, 2018년 지방선거에서는 2명의 여성 교육감을 배출하였다. 교육의원은 2014년 선거와 마찬가지로 당선자가 없었다. 그리고 광역자치단체장도 종전 선거와 마찬가지로 한명의 여성 당선자도 배출하지 못했다는 점과 기초자치단체장의 경우 여성

당선자가 8명으로 2014년에 비하여 1명 줄어든 것을 고려할 때 여성의 정치적 대표성은 질적 측면에서는 진전이 없었다고 할 수 있다. 〈표 8-5〉

〈표 8-5〉 제7회 지방선거 여성 후보자 및 당선인 현황

구분		입후보자수			당선자수		
		전체(A)	여성(B)	비율(B/A)	전체(C)	여성(D)	비율(D/C)
광역단체장		71	6	8.45	17	0	0.0
기초단체장		749	35	4.67	226	8	3.54
광역의원	지역구	1,886	274	14.53	737	98	13.30
	비례	295	209	70.85	87	62	71.26
광역의원 합계		2,181	483	22.15	824	160	19.42
기초의원	지역구	5,358	992	18.51	2,541	526	20.70
	비례	882	799	90.59	385	374	97.14
기초의원 합계		6,240	1,791	28.70	2,926	900	30.76
교육감		59	6	0.10	17	2	11.76
교육위원		6	0	0.0	5	0	0.0
계		9,306	2,321	24.94	4,015	1,070	26.65

자료: 중앙선거관리위원회 선거통계시스템.

1991년 지방자치 재개 이후 여성의원 비율은 꾸준히 증가하였다. 기초의회 의원의 경우 1991년 0.9%에서 1995년 1.6%, 1998년 1.6%, 2002년 2.2%(77명), 2006년 15%(434명), 2010년 21.6%(626명), 2014년 25.3%(732명), 2018년 30.76(900명)이다. 광역의회의 경우 1991년 0.9%, 1995년 5.8%, 1998년 5.9%, 2002년 9.2%(63명), 2006년 12.0%(88명), 2010년 14.8%(113명), 2014년 14.3%(113명), 2018년 19.42%(160명)으로 늘어났다. 특히 여성의 지방의원 참여가 늘어난 것은 정치권이 2000년 제16대 총선을 앞두고

광역의회 비례대표제, 여성 할당 30%를 정당법에 명문화한 이래, 2002년 제3차 동시 선거를 앞두고 국회에서 여성의 정치참여 확대를 위하여 비례대표제 당선권 범위 내 여성 50% 이상을 공천하고, 광역의회 지역구 할당제 30%를 노력사항으로 공천할 것을 정치관계법에 명시한 이후이다.

그간 정당의 여성후보 공천이 여성의 대표성에 미친 영향을 통계로 살펴보면 다음과 같다. 여성 후보자 비율 증가 추세를 살펴보면, 제1회에서 제3회까지는 소폭 상승 모습을 보이다가 제4회에서 조금 큰 폭의 상승 모습을 보였고, 2010년 지방선거에 들어서는 광역-기초의원 모두 2배에 가까운 증가폭을 보여주고 있다. 이는 제5회 선거에 지역구 '여성공천의무할당제'가 도입되면서, 각 당이 이에 대응한 노력의 흔적이라 해석할 수 있다. 게다가 여성 당선자 중 비례대표로 당선된 이들의 비율이 압도적으로 많은데, 제7대 동시 지방선거에서 광역 비례의원은 전체 당선인 중 71.26%, 기초 비례의원의 경우는 97.14%의 비중을 차지하고 있다. 이처럼 2018년도 지방선거에서 여성 당선인이 늘어난 것은 여성 후보자 수의 증가에서 비롯된 부분이 크다. 2018년 지방선거에서 광역의원의 경우 지역구 후보자 중 여성이 차지하는 비율이 14.53%에 이르러, 2014년 제6회 전국 동시지방선거와 비교시 약 3.03% 포인트가 증가한 것으로 나타났다. 기초의원의 경우도 전회 대비 약 4.41% 포인트 상승했으며, 총 후보자 중 여성 비율이 18.51%를 차지하였다. 여성 당선인도 광역의원(지역구)의 경우 여성의원 비율이 전회 8.2%에서 13.30%로 크게 증가한 점과 기초의원(지역구)의 여성의원 비율이 14.1%에서 18.51%로 증가했다는 점에서 다른 요인들에 대한 고려에 앞서 2010년도에 도입한 정당의 여성의무공천제의 효과가 부각된다고 할 수 있다. 2006년 도입된 중선거구제는 비례대표가 아닌 지역구에서 여성의 진출을 다소 증가시킨 바 있다. 비례대표제의 경우, 2006년 기초의회에 도입된 이후, 80-90%

대의 여성의원 비율을 보이고 있다. 반면 지역구 의원이 경우, 중선거구제 도입 전 2002년 선거까지 기초의회 여성의원의 비율은 1-2%대였다. 그러다 가 중선거구제가 도입된 2006년 선거에서 4.4%로 전 선거(2.2%) 대비 약 2배 늘었으며, 2010년에는 전 선거 대비 2배 이상인 10.9%를 차지하는 등 비약 적 증대를 가져왔다. 이처럼 지방선거제도의 변화가 역대 지방선거에서의 여 성의 대표성을 증대하는데 기여한 것으로 보인다.

〈표 8-6〉 역대 지방선거에서 여성후보자의 당선현황 비교 (단위 : 명, %)

선거 종류	구분		1회 (1995)	2회 (1998)	3회 (2002)	4회 (2006)	5회 (2010)	6회 (2014)	7회 (2018)
광역 단체 장	입후 보자 수	전체	56	40	55	66	55	57	71
		여성 (%)	2(3.57)	0(0.0)	0(0.0)	4(6.06)	3(5.45)	1(1.75)	6(8.45)
	당선 자수	전체	15	16	16	16	16	17	17
		여성 (%)	0(0.0)	0(0.0)	0(0.0)	0(0.0)	0(0.0)	0(0.0)	0(0.0)
기초 단체 장	입후 보자 수	전체	943	677	750	848	749	694	749
		여성 (%)	4(0.42)	8(1.18)	8(1.07)	23(2.71)	26(3.47)	40(5.76)	35(4.67)
	당선 자수	전체	230	232	232	230	228	225	226
		여성 (%)	1(0.43)	0(0.0)	2(0.86)	3(1.30)	6(2.63)	9(4.00)	8(3.54)
광역 의원 선출	입후 보자 수	전체	2446	1571	1531	2068	1764	1719	1886
		여성 (%)	38(1.55)	37(2.36)	48(3.14)	107(5.17)	154(8.73)	198(11.52)	274(14.53)
	당선 자수	전체	874	616	609	655	680	705	737
		여성 (%)	12(1.37)	14(2.27)	14(2.30)	32(4.89)	55(8.09)	58(8.23)	98(13.30)
광역 의원 비례	입후 보자 수	전체	178	180	209	211	266	228	295
		여성 (%)	79(44.38)	54(30.00)	116(55.50)	136(64.45)	179(67.29)	161(70.61)	209(70.85)
	당선	전체	97	47	73	78	81	84	87

선거종류	구분		1회 (1995)	2회 (1998)	3회 (2002)	4회 (2006)	5회 (2010)	6회 (2014)	7회 (2018)
자수		여성 (%)	43(44.33)	27(57.45)	49(67.12)	57(73.08)	58(71.60)	55(65.48)	62(71.26)
기초의원 선출	입후보자 수	전체	11970	7754	8373	7995	5823	5377	5358
		여성 (%)	206(1.72)	140(1.81)	222(2.65)	391(4.89)	552(9.48)	757(14.08)	992(18.51)
	당선자수	전체	4541	3489	3485	2513	2512	2519	2541
		여성 (%)	72(1.59)	56(1.61)	77(2.21)	110(4.38)	274(10.91)	369(14.65)	526(20.70)
기초의원 비례	입후보자 수	전체				1025	912	742	882
		여성 (%)				750(73.17)	729(79.93)	668(90.03)	799(90.59)
	당선자수	전체				375	376	379	385
		여성 (%)				327(87.20)	352(93.62)	363(95.78)	374(97.14)
합계	입후보자 여성비율 (여성/전체, %)		1.62	1.84	3.61	11.55	17.17	20.70	25.05
	당선자 여성비율 (여성/전체, %)		1.50	1.61	3.22	13.68	19.19	21.74	26.75

자료: 중앙선거관리위원회 선거통계시스템.

4. 지방선거 남녀동수 진출 확대를 위한 향후과제

1) 제도적·법적 지원

(1) 남녀동수선출제의 도입

국내에서는 헌법개정 중에 있으며, 헌법 내 성평등조항을 포함할 것으로 보인다. 프랑스의 경우 2000년 헌법개정을 통해 남녀동수법을 제정하고, 2001년부터 지방선거에도 적용 확대를 위한 제도개선을 지속적으로 추진해 왔다. 프랑스의 남녀동수운동 전략은 개별적인 제도나 법률의 제·개정에 그 치는 논의라기보다 기본적인 평등권에 대한 원칙을 법으로 제정하는 방식, 즉 헌법의 수정을 목적으로 했다는 점에서 그간 지속적으로 '남녀동수제'가 제안되고 있는 우리나라에게도 시사하는 바가 크다고 하겠다. 이와 관련하 여 우리나라에서는 각종 선거의 선출직과 비례대표제에 남수동수제를 도입 하여 여성의 지방의회 진출 확대를 통하여 양성평등사회를 구현하는 것에 대한 적극적 검토가 필요하다.

(2) 비례대표제의 확대

여성참여의 확대를 위한 남수동수제 등 적극적 조치는 선거제도 개혁 전 반과의 구조적 연계가 필요하며, 큰 틀에서의 선거제도 개선 없는 남녀동수 제 논의는 한계를 가진다. 선거제와 관련하여 한국의 경우 특히 변화되어야 하는 부분이 바로 낮은 비례대표 의석비율이다. 비례대표제의 확대가 무엇 보다 중요한 선거제도 개혁과제임을 말해준다. 비례대표제를 통한 의회구성 변화를 보여준 뉴질랜드의 사례를 살펴보면, 비례대표제의 긍정적 효과와 새로운 정치에 대한 희망의 연계를 도출해 볼 수 있다. '선거에 의한 독재'라고 할 만큼 승자독식 다수제 민주주의의 표본이었던 뉴질랜드는 제도개혁을 통해 1996년 선거부터 독일식 정당명부제를 도입하면서 심각한 비비례성을 극복하고 있다. 한국에서도 '새정치'에 대한 요구가 강력하게 대두되고 있는 만큼 보다 큰 틀에서의 정치쇄신의 논의가 필요한 때이다.

(3) 여성추천보조금제도 배분방식 보완

여성추천보조금 제도는 여성 정치참여 확대 방안의 일환으로, 각 정당의 여성후보자 추천을 보다 더 견인하고, 이를 통해 여성의 정계진출을 촉진하기 위해 만들어진 제도이다. 자금력에 있어 취약한 여성후보자들에게 선거운동비용으로 지급되는 여성후보추천보조금은 적지 않은 도움이 되고 있다는 점에서 고무적인 제도라고 할 수 있다. 그러나 공직후보자 여성추천보조금 제도는 여성후보자의 공천을 활성화하기 위한 제도라는 점에서 배분방식을 살펴보면 적지 않은 문제점들이 있다. 각급 선거에서 정당이 추천한 여성후보자의 수가 전혀 고려되지 않기 때문이다. 여성추천보조금 제도가 여성후보 추천을 활성화하기 위한 목적으로 만든 제도로서 각 정당들로 하여금 지역구 여성공천 30% 할당제를 현실화하기 위한 인센티브 제도로 도입된 것이라는 점을 감안한다면 여성추천보조금의 배분방식은 개선되어야 한다. 특히 지방선거의 경우 지방선거와는 무관한 국회의석수와 국회의원선거 득표율에 따라서 여성후보추천보조금을 지급한다는 것은 입법취지를 무색케 한다. 따라서 각급 지역구 선거에서의 여성후보 공천 확대라는 목적에 맞게 해당선거에서 각 정당의 여성후보 공천 비율 즉, 전체 후보 수 대비 여성후보 비율에 따라 국고보조금을 배분하는 방식으로의 관계법 개정이 요구된다.

(4) 지방자치단체장 여성후보 지역별 추천

    (도시 30%, 도농 지역 20%, 농어촌 지역 10%) 의무제 제도화

  지방화 시대를 맞아 생활정치를 기하기 위하여 지방자치단체장에 여성참여 확대는 필수이다. 왜냐하면 여성자치단체장의 경우 지역발전과 지역균형에 보다 더 균형적이고 조화로운 시각을 가져올 수 있을 것이라 기대되기 때문이다. 현재 여성자치단체장으로는 광역은 없고, 기초는 8명(3.54%)로 낮은 상황이다. 지방선거에서 여성공천할당제는 광역의회와 기초의회에만 적용되고 자치단체장선거는 제외되었기 때문이다. 여성대표성의 질적 확대를 위해서는 기초자치단체장 여성 할당제의 도입이 절실히 필요하다. 앞으로의 지방선거를 맞아 정당들은 도시 30%, 도농복합지역 20%, 농촌지역 10%를 목표로 하여 여성자치단체장을 발굴하고, 공천해주는 것을 제도화하여야 할 것이다.

2) 정책지원

(1) 공천심사위원회 규모 확대 및 50% 여성위원 참여 의무화

  공천심사위원회 규모 자체의 확대가 필요하다. 각급 선거에서 대부분의 공천심사위원회의 위원 숫자는 10명-15명 내외를 벗어나지 않고 있다. 이렇게 적은 숫자의 심사위원들이 공천을 심사하다보니 심사위원 선정에 있어서 당지도부 및 당실력자들이 쉽게 자신들의 의견을 대변할 수 있는 위원을 선임할 수 있고 심사과정에 있어서도 당지도부와 당실력자의 의견이 쉽게 영향을 미칠 수 있다. 그러므로 공천심사위원회의 규모가 확대되고, 당연직 위원에 여성이 배제되지 않도록 공천심사위원회에 여성위원 참여를 확대하

는 규정을 두는 것이 필요하다.

(2) 지역구 당 우세지역 전략공천 여성후보 일정비율 의무화

정당별로 유리한 지역 선거구가 있다. 더불어민주당의 경우 호남권, 자유한국당의 경우 영남권이다. 정당별 유리한 지역구에 일정 비율의 여성후보를 공천하자는 것이 여성전용 선거구제의 의무화의 요지이다. 즉, 여성친화적인 공천방식의 일환으로 여성 할당제에 의한 전략공천을 확대하는 방식이다. 이를 위하여 중앙당 및 지역당 차원에서 당우세 지역에 일정비율의 '여성으로 구성된 후보자 리스트'를 만들어 여성후보를 공천하는 방법을 당헌·당규로 명문화하여야 할 것이다. 특히 여당 내지 제1야당의 경우, 당 우세지역에 여성 후보에 대한 전략 공천을 확대하는 것이 필요하다. 1-2명의 여성광역자치단체장의 탄생을 위하여도 필요한 정책으로 보여진다.

(3) 정당 경선 시 여성후보 가산점제 확대

경선이 정당민주화를 위한 핵심적인 대안이라는 점에는 동의하지만 현실적으로 여성의 정당 활동과 정치참여가 취약한 우리나라와 같은 정치풍토에서는 여성들에게 불리하게 작용하고 있다. 아울러 현재와 같이 10-20% 자기가 얻은 득표율에 가산점을 주는 것은 의미가 적다. 따라서 경선을 할 경우 대의원 경선이나 당선경선제 보다 여론조사 등의 방법을 제도화하며, 이중 전체 표본수의 20%를 가산하는 방법으로 경선가산점제가 확대되는 것이 필요하다.

(4) 차세대 여성정치인 육성

그간 각 정당과 여성정치 NGO 단체들이 여성 인재 확보를 위해 노력해

왔으나, 여전히 '쓸 만한 여성 인재가 없다'.는 이야기가 지속되어 왔다. 이와 관련하여 각 정당과 여성정치 NGO 단체들은 연계성을 강화해 인재풀을 확대하고 정당정치 이전 단계에서 이들 인재들의 정치적 지도자로서의 역량을 강화하기 위한 차세대 인재 육성 및 역량강화 프로그램의 심화를 도모할 필요가 있다.

참고문헌

제1장 여성할당제 너머: 남성할당제와 남녀동수

권수현(2017), "정치와 여성: 할당제, 대표성, 정치세력화," 중앙대학교, 『녹지』 50번째 가을호.

_____(2014), "민주화 이후 젠더개혁 연구: 한국 여성정책 입법과정 분석을 중심으로," 고려대학교대학원 박사학위논문.

김선욱(2016), "지방자치단체의 양성평등기본조례에 관한 연구," 이화여자대학교 젠더법학연구소, 『이화젠더법학』 제8권 제3호.

김원홍·이현출·김은경(2007), "여성의원이 국회를 변화시키는가? 17대 국회의원 조사결과를 중심으로," 한국정당학회, 『한국정당학회보』 제6권 제1호.

김원홍·윤덕경·최정원(2008), "한국 여성정책 의제의 변화와 확대: 17대 국회 전반기 입법활동을 중심으로," 한국여성정책연구원, 『여성연구』 통권 제74호.

김원홍·양경숙·정형옥(2009), 『기초의회 여성의원 증가에 따른 남녀의원 의정활동 변화에 관한 연구』, 서울: 한국여성정책연구원.

김은경(2010), "여성대표성 확보의 기제로서 할당제 효과: 16, 17대 여성의원의 대표발의 활동을 중심으로," 한국의정연구회, 『의정연구』 제16권 제2호.

김은주·이진옥·권수현·황연주(2018), 『성평등 헌법 개정을 둘러싼 쟁점분석과 대안모색』, 서울: 국회여성가족위원회.

박경미(2012), "여성할당제의 적용 요인 연구: 제19대 총선의 여성 지역구 후보의 정당공천," 한국의정연구회, 『의정연구』 제18권 제3호.

박숙자·김혜숙(1999), "여성정책에 관한 남녀 국회의원의 관심 및 기여도 비교 분석: 제15대 국회 1년간 회의록을 중심으로," 한국의정연구회, 『의정연구』 제5권 제1호.

박영애·안정화·김도경(2011), "기초의회 여성의원 증가에 따른 입법 활동 변화에 관한 연구: 부산시 기초의회를 중심으로," 부산대학교 여성연구소, 『여성학연구』 제21권 제1호.

서복경(2010), "17-18대 여성의원의 의정활동 비교: 투입측면을 중심으로," 성신여자대학교 한국여성연구소, 『여성연구논총』 8집.

신기영(2017), "여성대표성과 할당제에 대한 남녀 국회의원의 인식분석," 젠더정치연구소 여.세.연·국회입법조사처·한국일보 공동주최 대한민국 제20대 국회의원 정치대표성 인식조사 발표회, 『여성의원과 남성의원, 무엇이 다른가?』 자료집 발표문(2017.7.16.).

신기영·황아란(2017), "'성균형의회'에 관한 제20대 국회의원의 인식분석," 경남대학교 극동문제연구소, 『한국과국제정치』 제33권 제4호.

엄태석(2011), "충북지역 여성 지방의원의 정치참여와 의정활동에 관한 설문조사," 한국정 치정보학회, 『정치정보연구』 제14권 제2호.

_____(2010), "여성의 정치참여가 지역 여성정책에 미치는 영향에 관한 연구: 고양시의회 여성의원의 의정활동을 중심으로," 한국정치정보학회, 『정치정보연구』 제13권 제1호.

유성진(2012). "19대 총선과 여성 대표성: 후보공천방식과 여성대표성 증진," 연세대학교 동서문제연구소, 『동아연구』 제24권 3호.

윤이화(2009), "비례대표 여성후보 공천할당제의 성과에 대한 비판적 검토," 대한지방자 치학회, 『한국지방자치연구』 제11권 제2호.

윤이화·하세헌(2014), "비례대표 여성후보 공천할당제 확산효과에 관한 연구: 프랑스 지방의회 동수법(La loi Parite)을 중심으로," 한국동북아학회, 『한국동북아논총』 제 19권 제1호.

이진옥(2018), "제10차 헌법 개정 과정의 젠더 트러블," 한국여성정치연구소·남인순 국회 의원 공동주최 동수정치를 위한 100년(70+30) 토론회, 『남녀동권제헌에서 동수개헌으 로』 자료집 발표문(2018. 7. 18.).

이진옥·황아란·권수현(2017), "한국 국회는 대표의 다양성을 보장하는가?: 비례대표제 와 여성할당제의 효과와 한계," 한국여성학회, 『한국여성학』 제33권 제4호.

이혜숙(2014), "지방의회 여성의원의 의정활동과 성평등 의식: 경남지역 여성의원들을 중심으로," 한국여성학회, 『한국여성학』 제30권 1호.

주재선·송치선·박건표(2017), 『한국의 성인지 통계』, 서울: 한국여성정책연구원.

전진영(2013), "국회의원 여성할당제 채택의 정치적 동인 분석," 서울대학교 한국정치연 구소, 『한국정치연구』 제22권 제1호.

_____(2009), "여성의원은 양성평등법안을 더 지지하는가?" 한국의회발전연구회, 『의정 연구』 제15권 제2호.

최정원·김원홍·윤덕경(2007), "17대 국회의원 입법 활동 성차 분석: 여성관련 법률안

입법과정을 중심으로." 한국의회발전연구회, 『의정연구』 제14권 제1호.

황아란·서복경(2011), "여성의 정치적 대표성과 선거제도 효과: 지방의원 선거를 중심으로." 한국선거학회, 『선거연구』 제1권 1호.

Beckwith, Karen(2007), "Numbers and Newness: The Descriptive and Substantive Representation of Women," *Canadian Journal of Political Science*, Vol.40, No.1.

Bratton, Kathleen A. and Leonard P. Ray(2002), "Descriptive Representation, Policy Outcomes, and Municipal Day-Care Coverage in Norway," *American Journal of Political Science*, Vol.46, No.2.

Celis, Karen(2006), "Substantive Representation of Women: The Representation of Women's Interests and the Impact of Descriptive Representation in the Belgian Parliament(1900-1979)," *Journal of Women, Politics & Policy*, Vol.28, No.2.

Dahlerup, Drude(1988), "From a Small to Large Minority: Women in Scandinavian Politics," *Scandinavian Political Studies*, Vol.11, No.4.

Debus, Marc and Martin Ejnar Hansen(2014), "Representation of Women in the Parliament of the Weimar Republic: Evidence from Roll Call Votes," *Politics & Gender*, Vol.10, No.3.

Kanter, Rosabeth Moss(1977), "Some Effects of Proportions on Group Life: Skewed Sex Ratios and Responses to Token Women," *American Journal of Sociology*, Vol.82, No.5.

Murray, Rainbow(2014), "Quota for Men: Reframing Gender Quotas as a Means of Improving Representation for All," *American Political Science Review*, Vol.108, No.3.

Studlar, Donley T. and Ian McAllister(2002), "Does a Critical Mass Exist? A Comparative Analysis of Women's Legislative Representation since 1950," *European Journal of Political Research*, Vol.41, No.2.

(회의록)
제5차 국민개헌대토론회 회의록
제9차 국민개헌대토론회 회의록
제11차 국민개헌대토론회 회의록

(언론보도)
〈경향신문〉 2017.12.20. "'성평등'은 왜 '양성평등'이 됐을까 … '이데올로기의 최전선'
　된 젠더-성소수자 문제," http://news.khan.co.kr/kh_news/khan_art_view.
　html?artid=201712201710001&code=940100#csidxbf3cc13b20fb60096a5f27fd
　06bb168 검색일: 2018.01.01.
〈경향신문〉 2015.08.14. "양성평등 조례안, 지자체 곳곳서 '몸살'."
　http://news.khan.co.kr/kh_news/khan_art_view.html?atid=201508142205
　025&code=940202 검색일: 2018.04.12.
〈금강일보〉 2018.04.01. "선거방송토론위 주관 토론회 불참 과태료 1000만원,"
　http://www.ggilbo.com/news/articleView.html?idxno=456324
　검색일: 2018.04.11.
〈서울신문〉 2016.02.03. "김을동 의원, 여성이 너무 똑똑한 척 하면 밉상…약간 모자란
　듯해야," http://www.seoul.co.kr/news/newsView.php?id=20160203500517#
　csidx69ad2377e88551796eba5bedc0ee900 검색일: 2018.04.12.
〈아시아경제〉 2018.07.03. "文 대통령 '홍대 몰카, 편파수사 아냐…여성 가해자 가볍게
　처벌'," http://view.asiae.co.kr/news/view.htm?idxno=2018070316562147836
　검색일: 2018.08.05.
〈여성신문〉 2015.09.19. "한국여성단체연합 "여성비하 발언 일삼는 김무성 대표 각성
　하라"," http://www.womennews.co.kr/news/view.asp?num=86796
　검색일: 2018.04.12.
〈오마이뉴스〉 2018.04.09. "남궁영 권한대행 "충남인권조례 폐지, 대법원에 제소","
　http://www.ohmynews.com/NWS_Web/View/at_pg.aspx?CNTN_CD=A0002
　422732&CMPT_CD=P0010&utm_source=naver&utm_medium=news-
　earch&utm_campaign=naver_news 검색일: 2018.04.12.
〈한겨레〉 2018.06.24. "문 대통령, 국가가 동거커플 출산 지원방안 검토해봐야,"

http://www.hani.co.kr/arti/politics/bluehouse/850383.html

검색일: 2018.06.25.

〈한국여성단체연합 페이스북〉 2018.05.03. "[성명] 더불어민주당 광역자치단체장 후보 중 여성 0명, 여성후보 공천 없이는 성차별·성폭력 사회구조를 변혁할 수 없다." https://www.facebook.com/kwau38/photos/a.650201601781341.1073741 826.650201555114679/1282353838566111/?type=3&theater

검색일: 2018.07.29.

〈향이네〉 2018.02.07. "[정리뉴스] 은하선 하차 논란 EBS '까칠남녀' 조기종영 이르기까지." http://h2.khan.co.kr/view.html?id=201802071345001

검색일: 2018.04.11.

〈HUFFPOST〉. 2013.03.08. "자유한국당 박순자, "한국당은 '터치'는 있었어도 성폭력은 없었다"." http://www.huffingtonpost.kr/entry/sexual-assault_kr_5aa0e173 e4b002df2c60c388 검색일: 2018.03.26.

(홈페이지)

국회법률정보시스템(http://likms.assembly.go.kr)

국민과 함께 하는 개헌(http://www.n-opinion.kr)

더불어민주당(http://theminjoo.kr/main.do)

한국여성단체연합(http://www.women21.or.kr)

반동성애기독시민연대(http://www.antihomo.net)

아르헨티나 외교부(https://cancilleria.gob.ar)

제2장 (여전히) 새로 시작되는 여정: 여성과 국제정치

김미경(2017), "다문화 사회의 '유연한 젠더레짐'과 사회불평등 구조: '상호교차성 이론'의 한국사회 적용 가능성", 『사회사상과 문화』 20(2), pp 179-208.

맥그루, 앤서니(2012), "지구화와 지구정치", 하영선외 옮김, 『세계정치론』 서울: 을유문화사

우에노 지즈코, 니일등 옮김(2010), 『여성혐오를 혐오한다』 서울: 은행나무.

우즈, 나이르(2012), "지구화시대의 국제정치경제", 하영선외 옮김, 『세계정치론』 서울: 을유문화사.

이지영(2013), "국제이주와 여성", 서울대학교 국제문제연구소편, 『젠더와 세계정치』 서울: 사회평론.

황영주(2000), "심청전 읽기로 본 한국에서의 근대국가와 여성", 『한국정치학회보』 34(4), pp. 77-92.

_____(2003), "평화, 안보 그리고 여성:'지구는 내가 지킨다'의 페미니즘적 재정의 (reformulation)", 『국제정치논총』 43(1), pp. 45-68.

_____(2007), "만나기, 뛰어넘기, 새로만들기: 페미니즘 국제정치학에서 안보와 그 과제", 『국제정치논총』 47(1), pp 75-94.

_____(2008), "정치학에서 페미니즘 접근방법", 한국정치학회편, 『정치학 이해의 길잡이: 정치이론과 방법론』 서울: 법문사.

_____(2012a), "다문화사회와 지방정치", 조광수외, 『지방정치학으로의 산책』 파주: 한울아카데미.

_____(2012b), "대치동, 타워팰리스 그리고 흰색 자전거: 드라마 「아내의 자격」과 한국에서 페미니즘 안보 또는 평화학 엿보기", 『정치·정보연구』 15(1), pp. 349-374.

_____(2013a), "페미니즘 안보연구의 기원, 주장 그리고 분석", 서울대학교 국제문제연구소편, 『젠더와 세계정치』 서울: 사회평론.

_____(2013b), "페미니즘과 다문화주의의 (불편한) 만남: 영국에서의 다문화주의", 『국제지역연구』 17(1), pp. 163-184.

_____(2014), "부산지역발전을 위한 사회복지·문화정책 모형연구", 『21세기정치학회보』 24(3), pp. 511-538.

티커너, 안, 황영주외 역(2007), 『여성과 국제정치』, 부산: 부산외대 출판부.

티커너, 안(2012), "젠더와 세계정치", 하영선외 옮김, 『세계정치론』 서울: 을유문화사

Hoang, Young-ju and O'Sullivan, Noel(2018), "Gendered militarisation as state of exception on the Korean Peninsula", *Third World Thematics: A TWQ Journal* 3(2), pp.164-178.

Moon, H.S. Katharine(1997), *Sex Among Allies: Military prostitution in U.S.-Korea Relations*, New York: Columbia University Press.

Neethling, Theo,(2004), "The development of normative theory in International relations: Some Practical implications for norm-based and value based scholarly inquiry", *Koers* 69(1), pp. 1-25.

Peterson, V. Spike(1992), "Introduction" in Peterson(ed.), *Gendereing State:*
Feminist (re)visions of International Theory. Boulder, Colo.: Lynne Rienner
_____(2004), "Feminist Theories Within, Invisible into, and
Beyond IR", *Brown Journal of World Affairs* 10(2), pp. 35-65.
Sjoberg, Laura(ed.)(2010), "introduction" in Sjoberg(ed.), *Gender and*
International Security: Feminist Perspectives. London: Routledge.
Tickner, J. Ann(2006), "Feminism meets International Relations: Some meth-
odological Issues." in Brooke A. Ackerly, Maria Stern and Jacqui True(eds.),
Feminist Methodologies for International Relations. Cambridge; Cambridge
University Press.
Tickner, J. Ann(2014), *A Feminist Voyage Through International Relations.*Oxford:
Oxford University Press.
〈한겨레신문〉 2017.11.19. "스웨덴 외교 수장의 도발적인 '페미니스트 외교' "........
http://www.hani.co.kr/arti/international/europe/819703.html#csidx1fdab1b0
5a1666586b46583da2291f0(검색일 2018년 8월 15일).
"Feminist Perspectives on Globalization" Stanford Encyclopedia of Philosophy
https://plato.stanford.edu/entries/feminism-globalization/
(검색일 2018년 9월 5일).

제3장 여성운동과 정당의 전략적 제휴는 가능할까?
: 여성정치세력화 운동의 복기와 복원

(사)젠더정치연구소 여.세.연(2015a), 「2016 총선을 맞이하는 여성정치 플랫폼 만들기:
기초다지기 토론회 파트 1. 여성정치세력화 평가와 전망」, 토론회 자료집(2015. 5. 15.),
서울여성플라자.

_____(2015b), 「2016 총선을 맞이하는 여성정치 플랫폼 전망대
회」, 토론회 자료집(2015. 10. 28.), 서울여성플라자.

강준만(2015), 『청년이여 정당에 쳐들어가라!』, 서울: 인물과사상사.
국회여성가족위원회(2005), 「여성들의 지방 의회 진출을 위한 법적·제도적 방안 모색:
후보자와 유권자들의 입장과 태도를 중심으로」, 국회여성가족위원회.

김명화(2006), 『지방선거를 통해서 본 여성 풀뿌리 정치의 가능성』, 대구: 경북여성정책개발원.

권수현·황아란(2017), "여성의 당선경쟁력과 정당공천: 제20대 총선 지역구 선거결과 분석", 『한국정치학회보』, 51(2): 69-92.

김은경(2004), "여성의 정치세력화, 그 가능성과 딜레마", 『여성과 사회』, 15:275-301.

김은희(2010), "공직선거법상 여성정치할당제 제도화의 효과 분석: 2010년 동시지방선거 결과를 중심으로", 『이화젠더법학』, 1(2): 73-101.

_____(2017a), "여성 정치세력화 운동 30년: 삭제된 젠더의 가시화와 갈등적 분투", 『한국여성단체연합 30년의 역사』, 서울: 당대.

_____(2017b), "그럼에도 페미니스트 정치", 『그럼에도 페미니즘』, 서울: 은행나무.

김의겸(2004), "여성을 놀린 '여의도 사기극'", 『한겨레 21』, 498호.

김한나(2016), "정치참여의 다양성과 심리적 조건: 내적효능감과 정부신뢰를 중심으로", 『한국정치연구』, 25(1): 81-110.

김현희·오유석(2011), "여성정치할당 10년의 성과와 한계", 『동향과 전망』, 79: 140-182

김혜성 외(2013), 「여성의 지방의회 진출 성공요인분석」, 한국의정여성포럼.

문지영(2012), "한국의 민주주의와 양성평등-여성정치할당제 문제를 중심으로", 『기억과 전망』, 26: 149-186.

_____(2015), "한국의 자유민주주의와 여성 정치참여: 과제와 전망", (사)젠더정치연구소 여.세.연, 「2016 총선을 맞이하는 여성정치 플랫폼 만들기: 기초다지기 토론회 파트 1. 여성정치세력화 평가와 전망」, 토론회 자료집(2015. 5. 15.), 서울여성플라자.

박상훈(2011), 『정치의 발견』, 서울: 폴리테이아.

_____(2015), 『정당의 발견』, 서울: 후마니타스.

석수경·심흥식·홍기표(2013), 『나쁜 남자가 당선된다: 2014년 지방 선거 승리를 위한 실전 노하우』, 서울: 글통.

스콧, 조안(2006), 『페미니즘 위대한 역설』, 공임순 외 역, 서울: 앨피. Scott, Joan W.(1997), *Only Paradoxes to Offer: French Feminists and the Rights of Man*, Cambridge, MA: Harvard University Press.

안숙영(2016), "민주화 이후 민주주의와 여성의 정치적 대표성", 『페미니즘 연구』, 16(1): 121-147.

엄태석(2011), "충북지역 여성지방의원의 정치참여와 의정활동에 관한 설문조사", 『정치

·정보연구』, 14(2): 227-259.

오미연·김기정·김민정(2005), "한국정당의 여성국회의원 후보자 공천과 한국의 여성정치: 제15·16·17대 국회에 대한 비교분석", 『한국정치학회보』, 39(2): 369-397.

오장미경(2004), "여성의 정치세력화: 지금 우리에게 요구되는 선택은 무엇인가?", 『여성과 사회』, 15: 257-274.

윤이화(2011), "비례대표 여성후보 공천할당제의 성과에 대한 비판적 검토", 『한국지방자치연구』, 11(2): 69-93.

윤정석(1996), "정당정치의 이론적 접근", 윤정석·신명순·심지연 편. 『한국정당정치론』, 서울: 법문사.

이재희·김도경(2012), "비례대표 여성의원과 대표성-19대 총선을 중심으로", 『여성학연구』, 22(3): 7-41.

이진옥(2017a), "여성정치세력화 운동의 딜레마와 이중전략", 『젠더와 문화』, 10(2): 105-141.

_____(2017b), "대선과 젠더 정치: 18대 대선과 19대 대선의 불/연속성을 중심으로", 『여성학연구』, 27(2): 95-137.

_____(2018), "여성 정치와 페미니즘 정치 사이: 촛불혁명 이후의 젠더 민주주의 구축을 위한 모색", 『기억과전망』, 39: 197~246.

이진옥·김민정·문경희·오유석(2014), 『여성 대표성 강화를 위한 지방선거 모니터링: 6.4 지방선거 여성 후보자 선거운동 경험에 대한 연구』, 국가인권위원회.

이혜숙(2012), 『지방자치와 지역여성의 전망-지역여성정책과 지역여성운동의 동학』, 서울: 집문당.

_____(2016), 『지방자치와 여성의 정치세력화』, 서울: 다산출판사.

_____(2017), "여성의 정치참여와 정치세력화: 담론과 과제", 「2017 정책엑스포 – 여성의 정치참여와 정치세력화」, 2017년 3월 17일(금) 옛충남도청 2층 소회의실, 대전세종연구원.

정상호(2007), "시민사회운동과 정당의 관계 및 유형에 관한 연구", 『한국정치학회보』, 41(2): 161-184.

조이여울(2006), "진보적 여성단체'의 위기", 『진보평론』, 28: 240-255.

조현옥(2005), "한국에서의 여성정치세력화 운동", 조현옥 외 『한국의 여성정치세력화 운동』, 서울: 사회와연대.

조현옥·김은희(2010), "한국 여성정치할당제 제도화과정 10년의 역사적 고찰." 『동향과 전망』, 79: 110-135.

조희원(2011), "한국여성의 정치적 대표성 증가와 여성정치할당제의 제도화", 『평화학연구』, 12(4): 241-261.

최일성(2012), "참여민주주의와 사회적 배제 1987년 6월 민주항쟁기에 대두된" 여성정치세력화운동"에 대한 이론적 검토", 『기억과 전망』, 27: 192-213.

최장집(2005), 『민주화 이후의 민주주의: 한국 민주주의의 보수적 기원과 위기』, 서울: 후마니타스.

Celis, Karen(2008), "Gendering Representation", in Gary Goertz and Amy Mazur eds, *Politics, Gender, and Concepts*, Cambridge: CUP.

Dahlerup, Drude(2008), "Gender Quotas: Controversial But Trendy", *International Feminist Journal of Politics*, 10(3): 322-328.

Evans, Elizabeth(2016), "Feminist Allies and Strategic Partners: Exploring the relationship between the Women's Movement and Political Parties", *Party Politics*, 22(5): 631-640.

Kelly Dittmar(2015), *Navigating Gendered Terrain: Stereotypes and Strategy in Political Campaigns*, Philadelphia: Temple University.

Krook, Mona Lena(2015), "Contesting Gender Quotas: A Typology of Resistance", Paper presented at the European Conference on Politics and Gender, Uppsala University, Uppsala, Sweden, June 11-13, 2015.

Pitkin, Hanna F(1967), *The Concept of Representation*, Los Angeles: University of Press.

Shin, Ki-young(2014), "Women's sustainable representation and the spillover effect of electoral gender quotas in South Korea", *International Political Science Review*, 35(1), pp.80-92.

Warren, Mark(2008), "Citizen Representatives", Mark Warren and Hilary Pearse eds, *Designing Deliberative Democracy: The British Columbia Citizen's Assembly*, Cambridge: Cambridge University Press.

〈신문기사〉

이승훈 (2012), "위기의 남자들…'민주당이 이대 동문회냐'", 〈오마이뉴스〉 2012.02.08.
http://www.ohmynews.com/NWS_Web/View/at_pg.aspx?CNTN_CD=A000169
5393(검색일: 2018년 9월 29일).

〈여성신문〉, "새누리당 비례대표 명단 꼼수…여성 유권자 우롱," 2016.03.12.
http://www.womennews.co.kr/news/92347#.VwH9FpyLSWj
(검색일: 2018년 10월 10일).

〈여성신문〉, "정의당 비례 1번 이정미 "남녀교호순번 어길 시 제재 법안 만들 것,"
2016.04.13.
http://www.womennews.co.kr/news/92977(검색일: 2018년 10월 10일)

〈한겨레〉, "국회의원 여성 비례후보, 반드시 홀수순번 배치해야", 2018.3.30.
http://www.hani.co.kr/arti/politics/politics_general/838452.html(검색일:
2018년 10월 10일).

〈조선일보〉, "'유리천장 국회'…4급 보좌관 여성비율 7% 불과," 2018.02.28
http://news.chosun.com/site/data/html_dir/2018/02/28/2018022800820.html
(검색일: 2018년 10월 10일).

제4장 일본군'위안부' 운동과 시인(recognition)의 정치
: 한국의 사회적 기억 공간을 중심으로

김명희(2016a), "한국 이행기 정의의 감정동학에 대한 사례연구: 웹툰 〈26년〉을 통해
본 5·18 부인(denial)의 감정생태계", 『기억과 전망』, 통권 제34호, pp.55-101.

_____(2016b), "동아시아 분단체제의 재구성 장치로서 친밀적 공공권(親密的 公共圈)의
가능성: 코리언 디아스포라 생활세계 비교연구를 위한 하나의 시론", 『민주주의와
인권』, 제 16권 2호, pp.351-398.

_____(2017), "일본군'위안부' 문제와 부인(denial)의 정치학: '『제국의 위안부』 사태'
다시 읽기", 『한국여성학』, 제33권 3호, pp.235-278.

_____(2018), "일본군 '위안부' 문제와 시인(recognition)의 정치: 한국의 사회적 기억
공간을 중심으로", 『한국여성학』, 제34권 3호, pp.113-146.

김부자(2017), "한국의 평화의 소녀상과 탈진실(post-truth)의 정치학: 일본의 식민주의/

남성중심적인 내셔널리즘과 젠더를 검토한다", 『한국여성학』, 제33권 3호, pp.279-322.

김서경·김운성(2016), 『빈 의자에 새긴 약속: 평화의 소녀상 작가 노트』, 서울: 말.

김수진(2013), "트라우마 재현과 구술사: 군'위안부' 증언의 아포리아", 『여성학논집』, 제30권 1호, pp.35-72.

김영석(2013), "제 6차 사회과 교육과정 개정 과정에 대한 기억의 재구성: 국민에서 시민으로", 『사회과 교육연구』 제20권 2호, pp.13-28.

김유경(2002), "국민 국가의 집단 기억과 역사 교육·역사 교과서", 『창작과 비평』 통권 제115호, pp.396-411.

김준기(2016), "'평화의 소녀상'을 둘러싼 정치·사회·예술적 의미: '소녀상'의 예술학", 『문화+서울』, 2016년 4월호, http://www.sfac.or.kr/munhwaplusseoul/html/view.asp?PubDate=201604&CateMasterCd=800, 검색일: 2018.6.30.

니시오 칸지·후지오카 노부카즈(2001), 『국민의 방심』, 조재국(역), 서울: 지식 공작소(西尾幹二, 藤岡信勝, 『国民の油断―歴史教科書が危ない!』, 東京: PHP研究所, 1996).

다카하시 데쓰야 편(2009), 『역사인식 논쟁』, 임성모(역), 서울: 동북아역사재단(高橋哲哉, 『歴史認識論争』, 東京: 作品社, 2002).

드, 제롬 드 그루트(2014), 『역사를 소비하다: 역사와 대중문화』, 파주: 한울아카데미(De, Jerome De Groot, *Consuming History: Historians and Heritage in Contemporary Popular Culture,* London: Routledge, 2009).

모리스-스즈키, 테사(2006), 『우리 안의 과거: 미디어, 메모리, 히스토리』, 김경원(역), 서울: 휴머니스트(Morris-Suzuki, Tessa, *The Past Within Us: Media, Memory, History,* New York: W.W. Norton & Company, 2007).

문경희(2018), "호주 한인들의 '소녀상' 건립과 일본군 '위안부'운동: '코스모폴리탄' 기억 형성과 한인의 초국적 민족주의의 발현", 『페미니즘연구』, 제18권 1호, pp.47-92.

문소정(2015), "일본군 '위안부' 문제와 남북여성연대", 『통일과 평화』, 제7권 2호, pp.213-246.

밀그램, 스탠리(2009), 『권위에 대한 복종』, 정태연(역), 서울: 에코리브르(Milgram, Stanley, *Obedience to Authority: An Experimental View,* New York: HarperCollins Publishers, 1974).

바우만, 지그문트(2013), 『현대성과 홀로코스트』, 정일준(역), 서울: 새물결(Bauman, Zygmunt, *Modernity and Holocaust, Cambridge*, UK: Polity Press, 1991).

박유하(2013), 『제국의 위안부: 식민지지배와 기억의 투쟁』, 서울: 뿌리와 이파리.

박재원(2016), "집단기억의 정치사회학: 일본군'위안부' 피해 기억, 배제에서 확산으로", 연세대학교 석사학위논문.

서현주(2017), "한·일 중·고교 역사 교과서의 '위안부' 서술 비교", 『한일관계사연구』, 제25집, pp.445-484.

심영희(2000), "침묵에서 증언으로: '군위안부 피해자'들의 귀국 이후의 삶을 중심으로", 『정신문화연구』, 통권 제79호, pp.115-146.

알렉산더, 제프리(2007), 『사회적 삶의 의미: 문화사회학』, 박선웅(역), 파주: 한울(Alexander, Jeffrey, *The Meanings of Social Life: A Cultural Sociology*, New York: Oxford University Press, 2003).

야마구치 도모미·노가와 모토카즈·테사 모리스-스즈키·고야마 에미, 2017, 『바다를 건너간 위안부: 우파의 '역사전'을 묻는다』, 임명수(역), 서울: 어문학사(山口智美, 能川元一, Morris-Suzuki, Tessa, 小山, エミ, 『海を渡る「慰安婦」問題: 右派の「歴史戦」を問う』, 東京: 岩波書店, 2016).

양현아(2006), "증언을 통해 본 한국인 '군위안부'들의 포스트식민의 상흔(Trauma)", 『한국여성학』, 제22권 3호, pp.133-167.

우에노 치즈코(2014), 『위안부를 둘러싼 기억의 정치학』, 이선이(역), 서울: 현실문화(上野千鶴子, 『ナショナリズムとジェンダー 新版』(岩波現代文庫), 東京: 岩波書店, 2012).

올릭, 제프리(2011), 『기억의 지도: 집단기억은 인류의 역사와 사회, 그리고 정치를 어떻게 뒤바꿔놓았나?』, 강경이(역), 고양: 옥당(Olick, Jeffrey, *The Politics of Regret: On Collective Memory and Historical Responsibility*, New York: Routledge, 2007).

이나영(2017), "일본군 '위안부' 운동 다시 보기: 문화적 트라우마 극복과 공감된 청중의 확산", 『사회와 역사』, 제115권, pp.65-103.

이동기(2016), "공공역사: 개념, 역사, 전망", 『독일연구: 역사, 사회, 문화』, 제31호, pp.119-142.

이동후(2003), "국가주의 집합기억의 재생산: 일본역사교과서 파동을 중심으로", 『언론과 사회』, 제11권 2호, pp.72-110.

이원순(1968), 『국사』, 서울: 교학사.

이혜숙(2013), "일본군 '위안부' 문제와 지역여성운동: 경남지역 활동을 중심으로", 『한국 사회의 사회운동』, 김동노·노중기·노진철·신진욱·이승훈·이정옥·이혜숙·조대협· 홍성태, 서울: 다산출판사, pp.123-151.

정희선(2013), "소수자 저항의 공간적 실천과 재현의 정치: 일본군 '위안부' 문제 해결을 위한 수요시위의 사례", 『한국도시지리학회지』, 제16권 3호, pp.101-116.

최은주(2016), "위안부='소녀'상과 젠더: '평화의 비'를 중심으로", 『동아시아 문화연구』, 제66권, pp.243-261.

코언, 스탠리(2009), 『잔인한 국가, 외면하는 대중: 왜 국가와 사회는 인권침해를 부인하 는가』, 조효제(역), 서울: 창비(Cohen, Stanley, States of Denial: Knowing About Atrocities and Suffering, Cambridge: Polity Press, 2001).

허영란(2017), "역사교과서와 지역사, 기억의 굴절", 『역사문제연구』, 제37권, pp.133-171.

호네트, 악셀(2006), 『물화: 인정이론적 탐구』, 강병호(역), 파주: 나남(Honneth, Axel, *Reification: A Study in Recognition Theory*, Frankfurt am Main: Suhrkamp Verlag, 2005).

Diethelm, P. and M. McKee(2009), "Denialism: What is It and How Should Scientists Respond?", *European Journal of Public Health*, 19(1), pp.2-4.

Casey, Edward(2004), "Public Memory in Place and Time", in K. P. Pillps, Browe, Stephen, & Biesecker, Barbara(eds.), *Rhetoric, Culture, and Social Critique: Framing Public Memory*, Alabama: University of Alabama Press, pp.17-31.

Goodall, Jane and Christopher Lee(eds.)(2014), *Trauma and Public Memory*, New York: Palgrave Macmillan.

Leebaw, Bronwyn(2011), *Judging State Sponsored Violence*, Cambridge: Imagining Political Change.

Sayer, Faye(2015), *Public History: A Practical Guide*, London et al.: Bloomsbury.

(1차 자료 및 신문기사)

김종수·정승교·여호규·박종린·임화영·김용석·임명희·이종대(2014), 『고등학교 한국사』, 서울: (주)금성출판사.

김형종·강종훈·노대환·허수·박진훈·김규대·김정희·조예진·김홍환·장문석·박범희·김정경·김해용(2013), 『중학교 역사2』, 서울: (주)금성출판사.

권희영·이명희·장세욱·김남수·김도형·최희원(2014), 『고등학교 한국사』, 서울: (주)교학사.

도면회·이종서·이건홍·김향미·김동린·조한준·최태성·이희명(2014), 『고등학교 한국사』, 서울: 비상교육.

이문기·장동익·윤희연·김희곤·허 종·강태원·유경아·이상분·정은주·김돈호·남정호·문경호·김영화·황대현·이성원·송영심·남한호·조한경·조영선·이은주(2013), 『중학교 역사2』, 서울: 동아출판.

정선영·송양섭·이예선·이환병·이종대·한성욱·김지연·전병철·김원섭(2013), 『중학교 역사2』, 서울: 미래엔.

조한욱·이병인·이종서·이건홍·안형주·최태성·최현희·신승원·권효신·안선미·이은석(2013), 『중학교 역사2』, 서울: 비상교육.

한철호·강승호·김나영·김정수·남종국·박진한·박효숙·방대광·송치중·왕홍식·전영준·조왕호(2013), 『중학교 역사2』, 서울: 좋은 책 신사고.

한철호·강승호·권나리·김기승·김인기·박지숙·임선일·조왕호(2014), 『고등학교 한국사』, 서울: 미래엔.

손승철·조법종·김보한·한명기·신주백·한기모·김해용(2014), 『고등학교 동아시아사』, 서울: (주)교학사.

최준채·윤영호·안정희·남궁원·박찬영(2014), 『고등학교 동아시아사』, 서울: ㈜리베르.

황진상·김웅기·손민호·서세원·김병찬·이다지(2014), 『고등학교 동아시아사』, 서울: 비상교육.

「강원도민일보』, 2017.6.1., "평화비 전국연대, 평양에 소녀상 건립 추진", http://www.kado.net/?mod=news&act=articleView&idxno=856542, 검색일: 2018.4.30.

_____, 2018.3.22., "강릉여고 '작은 소녀상' 건립 모금운동: 학생·교직원·졸업생 등 참여", 2018. 3. 22.,http://www.kado.net/?mod=news&act=article View&idxno=903757, 검색일: 2018.4.30.

「뉴시스」, 2018.4.16., "부산 강제징용노동자상 건립비용 모금운동 1억700만원 모여", http://www.newsis.com/view/?id=NISX20180416_0000282713&cID=10811& pID=10800, 검색일: 2018.4.30.

「동아일보」, 2001.7.12., "[교육]여성부, 중고교과서 日위안부 관련사항 수정안 제출", http://news.naver.com/main/read.nhn?mode=LSD&mid=sec&sid1=102&o id=020&aid=0000074506, 검색일: 2018.4.30.

「아시아경제」, 2017.8.11., "금천구, 평화의 소녀상 제막", http://www.asiae.co.kr/news/view.htm?idxno=2017081108130451223, 검색일: 2018.4.30.

「연합뉴스」, 2017.8.14., "광주 소녀상에 담긴 우리 할머니들의 5가지 모습", http://www.yonhapnews.co.kr/bulletin/2017/08/14/0200000000AKR20170 814099900054.HTML?input=1195m, 검색일: 2018.4.30.

_____, 2018.3.1., "의왕서 삼일절 맞아 '서 있는 소녀상' 제막", http://www.yonhapnews.co.kr/bulletin/2018/03/01/0200000000AKR20 180301057900061.HTML?input=1195m, 검색일: 2018.4.30.

_____, 2018.7.1., "위안부 피해자 김복득 할머니 별세…생존자 27명으로 줄어", http://www.yonhapnews.co.kr/bulletin/2018/07/01/0200000000AKR 20180701023351052.HTML?input=1195m, 검색일: 2018.7.15.

_____, 2018.7.29., "'잊지 말아야 할 역사'…장성서 내달 14일 평화의 소녀상 제막", http://www.yonhapnews.co.kr/bulletin/2018/07/27/0200000000AKR2018 0727064200054.HTML?input=1195m, 검색일: 2018.7.30.

「통일뉴스」, 2018.7.2., "남북 공동으로 일본에 과거청산, 배상 요구할 때", http://www.tongilnews.com/news/articleView.html?idxno=125371, 검색일: 2018.7.15.

정신대문제대책협의회 홈페이지, http://www.womenandwar.net/contents/gen-eral/general.asp?page_str_menu=307, 검색일: 2018.4.30.

제5장 지방의회 선거와 여성후보자의 성격(1995-2018)

문상석·김범수·서정민(2017), "정당공천제도와 지방정치변화에 대한 고찰: 제도의 전용에 대한 분석을 중심으로", 『한국정치학회보』, 제51권 1호, 한국정치학회, pp. 129-152.

송광운(2008), "한국지방선거 정당공천제의 한계와 과제", 『동북아연구』, 제23권 2호, 조선대학교 사회과학연구원, pp. 119-137.

이혜숙(2016), 『지방자치와 여성의 정치 세력화』, 서울, 다산출판사.

황아란(2014), "2014년 지방선거의 특징과 변화", 『21세기정치학회보』, 제24권 3호, 21세기정치학회, pp. 319-342.

중앙선거관리위원회 선거통계시스템(http://www.info.nec.go.kr).

Jones, N. A. (2006). *Gender and the Political Opportunities of Democratization in South Korea.* London: Palgrave Macmillan.

Kim, J. (2014). The Party System in Korea and Identity Politics. In L. J. Diamond & G. Shin (Eds.), *New Challenges for Maturing Democracies in Korea and Taiwan.* Palo Alto: Stanford University Press.

Kim, W., & Lee, S. (2015). Analysis of the Party Nomination Process in the 19th General Election and Measures to Increase Female Representation. *Gender Studies and Policy Review, 8,* 20-42.

Krook, M. L. (2014). Electoral Gender Quotas: A Conceptual Analysis. *Comparative Political Studies, 47(9),* 1268-1293.

Krook, M. L., & Norris, P. (2014). Beyond Quotas: Strategies to Promote Gender Equality in Elected Office. *Political Studies, 62(1),* 2-20.

Lee, H., & Shin, K. (2016). Gender Quotas and Candidate Selection Processes in South Korean Political Parties. *Pacific Affairs, 89(2),* 345-368.

Norris, P. (1987). Politics and Sexual Equality: *The Comparative Position of Women in Western Democracies.* Brighton: Wheatsheaf.

Oh, K. (2016). Women's Political Participation in *South Korea – Focusing on the Adoption of Gender Quota System and Feminist Organizations' Activism.* Paper presented at the 9th EGEP Workshop, Seoul.

Park, C. W. (2005). Local Elections and Local Political Elites in Democratized Korea. In Ahn Chung-Si (ed.), *New Development in Local Democracy and Decentralization in East Asia.* Seoul: Seoul National University Press.

Paxton, P., & Kunovich, S. (2003) Women's Political Representation: The Importance of Ideology. *Social Forces, 81*(5): 87-114.

Paxton, P., Kunovich, S., & Hughes, M. M. (2007). Gender in Politics. *The Annual Review of Sociology, 33,* 263-284.

Paxton, P., & Hughes, M. M. (2017) *Women, Politics and Power3rd* edition. Los Angeles: Sage.

Rule, W. (1987). Electoral System, Contextual Factors and Women's Opportunity for Election to Parliament in Twenty-three Democracies. *Western Political Quarterly, 40*(3), 477-498.

Rule, W. (1994). Parliaments of, by, and for the People: Except for Women? In W. Rule & J. F. Zimmerman (Eds.), *Electoral Systems in Comparative Perspective: Their Impact on Women and Minorities.* Westport, Conn.: Greenwood Press.

Shin, J. H. (2013). Voter Demands, Access to Resources, and Party Switching: Evidence from the South Korean National Assembly, 1988-2008. *Japanese Journal of Political Science, 14*(4), 453-472.

Shin, K. (2014). Women's Sustainable Representation and the Spillover Effect of Electoral Gender Quotas in South Korea. *International Political Science Review, 35*(1), 80-92.

Song, B. K. (2009). Does the President's Popularity Matter in Korea's Local Elections? *Pacific Affairs, 82*(2), 198-209.

Yoon, J., & Shin, K. (2015). Mixed Effects of Legislative Quotas in South Korea. Women, *Politics and Gender,3rd* ed edition 11(01), 186-195.

제6장 여성후보 당선에 영향을 미치는 요인: 2018년 지방선거를 중심으로

김민정(2005), "17대 총선에 나타난 여성유권자의 투표성향과 시민단체의 영향" 조현옥 편, 『한국의 여성정치세력화 운동』, 서울: 사회와 연대.

_____(2014), "여성유권자는 여성후보를 지지하였는가?-6·4지방선거", 한국여성정치문화연구소, 창립기념세미나 발표논문(2014. 7).

김민정 외(2012), 『여성국회의원의 경력지속』, 국회 용역과제 보고서.

김정숙·김민정(2016), "여성후보의 당선에 영향을 미치는 요인-20대 총선", 『Oughtopia』, Vol.31, N.2.

김영하(2000), "6·4 지방선거에 나타난 대구·경북지역 유권자의 후보자 선택기준", 한국 지방자치학회, 하계학술대회발표논문집.

김원홍·김은경(2010), 『2010 지방선거와 남녀유권자의 정치의식 및 투표행태에 관한 연구』, 한국여성정책연구원.

김원홍·김혜영(2012), 『19대 총선을 통한 여성의 정치참여 평가와 향후과제』, 한국여성정책연구원.

김은경(2002), "16대 총선을 통해 본 남녀 유권자의 여성후보 선택 요인", 『페미니즘 연구』, 2호.

송건섭·이곤수(2011), "지방선거와 유권자 투표선택: 종단 분석", 한국 행정학회, 공동학술대회 발표논문집.

오유석·김현희(2005), "여성유권자에 대한 잘못된 편견들" 조현옥 편, 『한국의 여성정치 세력화 운동』, 서울: 사회와 연대.

이갑윤·이현우(2000), "국회의원선거에서 후보자 요인의 영향력", 『한국정치학회보』, 제34집 2호.

정성호·이제영(2007), "후보자의 자질 및 이슈가 투표의사에 미치는 영향 연구", 『정치커뮤니케이션연구』, 6호, 한국정치커뮤니케이션학회.

조현걸·박창규(2000), "6·4 지방선거에서 선거공약이 유권자의 투표행태에 미친 영향분석-대구, 경북지역 유권자들의 의식조사를 중심으로", 『대한정치학회보』, 제8권 2호.

황아란(2002), "국회의원후보의 당선경쟁력에 대한 성차연구", 『한국정치학회보』, 제36집 1호.

제7장 지방선거와 여성의 정치참여
: 2018년 6.13 지방선거 경남지역을 중심으로

경남도민신문, 2018.6.18.

경남도민일보, 2018.6.21.

경남신문, 2018.6.14.

경남신문, 2018. 6. 17.

곽승희(2018), "배드 페미니스트 구의원 후보의 지방선거 돌아보기", 젠더정치연구소 여.세.연, 아름다운재단(2018), 『아재 원팀 정치를 끝낼 페미니스트 정치 모색: 6.13 지방선거 결과토론회』, 2018 .6. 21. 서울스페이스노아커넥트홀.

권수현(2018), "6.13 지방선거결과 개괄", 젠더정치연구소 여.세.연, 아름다운재단(2018), 『아재 원팀 정치를 끝낼 페미니스트 정치 모색: 6.13 지방선거 결과토론회』, 2018. 6 .21. 서울스페이스노아커넥트홀.

권향엽(2018), "더불어민주당 6·13 지방선거 여성 당선자 현황과 과제", 한국여성의정(2018), 『6.13 지방선거 무엇이 문제인가』, 자료집, 2018. 6. 26. 국회의원회관 제9간 담회실, pp. 23-30.

김원홍·김복태(2013), 『지방선거 공천제도 변화와 여성의 정치적 대표성 전망 및 과제』, 한국여성정책연구원.

김은주(2018), "6·13 지방선거와 여성 대표성", 한국여성의정(2018), 『6.13 지방선거 무엇이 문제인가』, 자료집, 2018. 6. 26. 국회의원회관 제9간담회실, pp. 11-21.

김은희(2018), "지금 여기, 페미니스트 정치: 6.13 못다이룬 여성할당제와 지역여성", 경남여성단체연합(주관/주최), 『경남 성평등 민주주의를 위한 "경남 여성정치참여 전략을 論하다"』, 2018 이후 경남 여성정치참여 과제와 비전 특강 자료집.

배주임(2018), "2018. 6. 13 지방선거를 치루고서...", 경남여성단체연합(주관/주최), 『경남 성평등 민주주의를 위한 "경남 여성정치참여 전략을 論하다"』, 자료집, pp.15-16

약사공론, 2018. 7. 23.

여성신문, 2018. 6. 18.

유순희(2018), "토론", 한국여성의정(2018), 『6.13 지방선거 무엇이 문제인가』, 자료집, 2018. 6. 26. 국회의원회관 제9간담회실, pp. 59-63.

이혜숙(2016), 『지방자치와 여성의 정치세력화』, 다산출판사.

정치개혁공동행동(2018), "6.13 지방선거 결과는 선거제도 개혁을 요구하고 있다", 논평

젠더정치연구소 여.세.연, 아름다운재단(2018), 『아재 원팀 정치를 끝낼 페미니스트 정치 모색: 6.13 지방선거 결과토론회』, 2018. 6. 21. 서울스페이스노아커넥트홀.

조선희(2018), "페미니스트 후보가 말하는 정당과 선거", 젠더정치연구소 여.세.연, 아름다운재단(2018), 『아재 원팀 정치를 끝낼 페미니스트 정치 모색: 6.13 지방선거 결과토

론회』, 2018. 6. 21. 서울스페이스노아커넥트홀.

중앙선거관리위원회 선거통계시스템(http://info.nec.go.kr).

페미니스트 저널 일다. 2018. 6. 25.

한국여성단체연합(2018. 6. 15), "성평등한 지역 정치 실현이 시대적 과제이다", 2018년
　　제7대 6.13 지방선거 결과에 관한 논평.

한국여성의정(2018), 『6.13 지방선거 무엇이 문제인가』, 자료집, 2018. 6. 26. 국회의원
　　회관 제9간담회실.

홍미영(2018a), "아재 원팀 정치를 끝낼 페미니스트 정치 모색", 젠더정치연구소 여.세.연.

제8장 지방선거 여성지원 선거법·제도가 여성대표성에 미친 영향과 향후 과제

김원홍·김복태·김혜영·전선영·김은주(2015). 『여성의 정치적 대표성 관련 선거법제도
　　의 효과성 연구』. 서울: 한국여성정책연구원.

김원홍, 김복태(2013). 『지방선거 공천제도의 변화와 여성의 정치적 대표성 전망 및 과제』.
　　서울: 한국여성정책연구원.

김원홍·윤덕경·김은경(2006). 『기초의회 선거제도의 변화가 여성의 대표성에 미치는
　　효과와 향후 과제: 2006. 5. 31. 지방선거를 중심으로』. 한국여성개발원.

국회입법조사처(2013), 『주요정책의 연혁 및 쟁점.17』, NARS 종합정책정보. 서울: 국회
　　입법조사처. 2013.

여성신문. 2016. 10. 17 "여성정치발전기금, 정당 당직자 인건비로 소진"

중앙선거관리위원회 선거통계시스템(http://info.nec.go.kr).

한국여성정책연구원(2013). 『2014년 지방선거와 여성의 정치적 대표성 확대를 위한 과제』.

홍미영(2004), "열린우리당 여성정치발전기금 활용에 대한 성찰과 바람직한 운영에 대
　　해", 『정당 국고보조금 중 여성정치발전기금 사용실태 및 집행계획에 관한 토론회
　　자료집』, (사) 여성정치세력민주연대.